Bettino Craxi

UNO SGUARDO SUL MONDO

Appunti e scritti di politica estera

MONDADORI

Dello stesso autore
in edizione Mondadori

Io parlo, e continuerò a parlare
La notte di Sigonella

librimondadori.it
anobii.com

Uno sguardo sul mondo
di Bettino Craxi

ISBN 978-88-04-70284-9

I edizione settembre 2018

Indice

Prefazione

di Nicola Carnovale, Fondazione Craxi

La visione internazionale di Bettino Craxi rappresenta con tutta probabilità il lascito più significativo che il leader socialista ha consegnato in eredità al presente e al futuro. Ha guardato al mondo con gli occhi della speranza, con lo sguardo e l'audacia di un eroe ottocentesco il cui impegno per la democrazia e la libertà, la pace e il benessere, non conobbe confine e resistenze.

Armato di convinzioni profonde e di una determinazione che rasentava l'ostinazione, Craxi ha saputo dare una lettura non ordinaria alle dinamiche e agli accadimenti che caratterizzarono la sua contemporaneità, con una visione lucida e pragmatica, fuori da schemi precostituiti, che gli ha consentito di comprendere con largo anticipo parabole e destini di fenomeni complessi e di processi politici e sociali articolati.

È quindi il tempo, il suo trascorrere che trasforma il passato in storia e il frastuono di un presente compresso in contraddizioni globali sempre più stridenti, che impreziosisce la lettura delle pagine di questo volume, il quale, sebbene si caratterizzi per la frammentarietà dei suoi scritti in un andirivieni temporale, intende restituire una prima visione complessiva della politica estera «craxiana».

Una politica fatta di dialogo e di confronto, di conoscenza diretta degli scenari e delle realtà internazionali, ben radicata nello strenuo sostegno dei valori universali e nella tutela dei diritti dell'uomo, con un legame atlantico solido ma mai subalterno che non gli impedì, neanche nei contesti istituzionali, di denunciare le contraddizioni e le ingiustizie che gli si posero di fronte.

Il suo *europeismo* e il suo *atlantismo*, al pari dell'*anticomunismo*, non furono mai di natura dogmatica, né rappresentarono un ostacolo per avanzare valutazioni critiche e prese di posizione forti e controcorrente. Tali scelte, piuttosto, furono il frutto di un'adesione consapevole e ragionata, né banale né scontata, poiché maturate in anni non facili della storia italiana ed europea e del movimento socialista internazionale.

Sono, per inciso, gli stessi anni in cui il giovane Bettino acquisisce un bagaglio di conoscenze e di rapporti internazionali unico e di prim'ordine, che contribuisce a formare il sapere e la coscienza critica dell'uomo e del politico e che segnerà profondamente ogni sua scelta futura.

Viaggia così in lungo e in largo, conosce le dissidenze di mezzo mondo e le atrocità dei regimi, sposa le cause dei popoli oppressi dalla fame e dalla dittatura e attraversa frontiere per lo più sconosciute ai politici nostrani, tessendo rapporti e sinergie, rinsaldando amicizie e alleanze.

Tra un volo e un viaggio di fortuna verso le destinazioni più disparate, ma con il ritorno in una Milano che assumeva una vocazione sempre più europea e internazionale, si forgia una leadership autenticamente riformista, originale per contenuti e linguaggi, che matura come tale in campo internazionale ancor prima che in Italia.

A quella fase di impegno, culminata tra il 1972 e il 1976 con il ruolo di responsabile Esteri del Psi e di vicepresidente dell'Internazionale socialista, segue il «nuovo corso», con l'avvento di Craxi alla segreteria del Partito e, nel 1983, alla presidenza del Consiglio; una serie di eventi che segna tanto una *rupture* per i socialisti e la sinistra italiana quanto un cambio di paradigma nella vita politica interna, determinando un rinnovato protagonismo italiano nella scena internazionale.

Proprio nella politica estera, che con tutta evidenza occupava per Craxi una dimensione sovraordinata, si condensano i grandi successi della sua esperienza di governo. È una parentesi proficua, esaltante, segnata da convergenze ampie ma non priva di tensioni e scontri, che segna l'ingresso dell'Italia nel G7 e il sorpasso della nostra economia – che si afferma tra le prime cinque del pianeta – a discapito della Gran Bretagna di Margaret Thatcher.

All'Italia, Craxi, di certo ispirato in questo anche da Pietro Nenni, guardò sempre con gli occhi del mondo, non solo immaginando e tratteggiando una politica estera dinamica, condizione necessaria per un rilancio anche economico e commerciale del Paese, ma anche come elemento indispensabile per comprendere le vicende interne.

In una piccola-grande nazione che in molti, in un quadrante o nell'altro del globo, considerano tuttora a sovranità limitata, lo statista socialista ha avuto il coraggio di immaginare per l'Italia una politica autonoma, risoluta, di dignità, aperta al mondo e alle sue sfide, che parlasse il linguaggio franco della verità e svolgesse nel bacino del Mediterraneo un'azione forte e autorevole nel suo interesse e nell'interesse di un'Europa e di un Occidente su cui, oggi come ieri, pesa il divario crescente tra il Nord e il Sud del mondo.

Fu così che il Mediterraneo divenne nella visione di Craxi non più il *mare nostrum* di memoria coloniale, ma un *mare di pace* in cui popoli, culture, identità e tradizioni avrebbero dovuto confrontarsi, dare vita a un incontro prospero di civiltà e rappresentare quella *cerniera* di un mondo che, con la caduta dei blocchi del secondo dopoguerra, doveva ricercare un nuovo «ordine globale» all'insegna di un multilateralismo tutto da costruire, la cui lettura richiedeva chiavi di decodificazione assai più particolareggiate.

Sono proprio le crisi del nostro tempo che attraversano il pianeta in ogni sua latitudine e longitudine, senza risparmiare economie e Paesi che con l'avvento della *globalizzazione* credevamo più vicini e solidali, a mettere in risalto e corroborare il disegno di insieme sottinteso alla visione geopolitica di Craxi.

Una visione, come emerge dalla lettura di ogni singolo frammento di quest'opera, di un uomo *totus politicus*, forse solo in questo figlio del suo tempo, la cui forza risiedeva innanzitutto nel suo pensiero e nelle sue idee, ancor prima che nel suo temperamento. La sua vita, una frenetica corsa a ostacoli proiettata verso un domani tutto da costruire, è quindi il racconto esaltante di un socialista moderno, passionale e sanguigno, con una vocazione innata nello scrivere e nel far scrivere pagine di storia, senza mai restarne ostaggio.

Così nelle cronache del nostro tempo, nelle miserie di una quotidianità in cui tutto si consuma in un solo istante per diventare subito dopo effimero e stantio, si affaccia ancora oggi il volto beffardo di un uomo che, sebbene taluni vorrebbero condannato alla *damnatio memoriae*, indica rotte e orizzonti che, per quanto conosciuti, sono stati inesplorati da una politica sempre più preda di se stessa.

Le pagine che seguono sono pertanto il frutto non raccolto di un uomo che scrutava l'orizzonte con le lenti del futuro, mai annebbiate e mai riposte nel cassetto neanche nei tristi anni dell'esilio che, pur da un osservatorio tutt'altro che privilegiato, gli consentirono di lanciare un grido di allarme sulle storture della costruzione politica e monetaria europea, lo strapotere dei mercati e della finanza e le problematiche epocali che avrebbero investito e trasformato nel profondo, specie con l'affermarsi di nuovi attori internazionali, le nostre vite e la nostra società, le nostre democrazie e le nostre economie.

Anche questi scritti, al pari dei precedenti e di molti altri allo stato ancora inediti, possono essere arruolati in quella che Craxi definì la *battaglia della storia*, come contributo per chi avrà in animo di scrivere pagine di verità e restituire nella giusta prospettiva gli accadimenti italiani, i cui destini hanno di certo influito anche e soprattutto negli equilibri internazionali, specie nelle evoluzioni mediterranee e comunitarie.

Questo nuovo lavoro che la Fondazione Bettino Craxi ha inteso promuovere e curare nel solco delle precedenti pubblicazioni edite da Mondadori è quindi una scelta doverosa. Lo è per molteplici ragioni che non afferiscono esclusivamente né a quelle del cuore, né tantomeno a quelle statutarie.

Sebbene questi scritti, in larga parte inediti, rappresentino una base e un punto di riferimento per gli studiosi del pensiero contemporaneo che continueranno a cimentarsi nella lettura dell'epopea craxiana e non solo, è nostro desiderio e ambizione contribuire all'asfittico dibattito che caratterizza i nostri giorni proponendo una voce dal «futuro».

La volontà di far continuare a parlare Craxi, già di per sé suggestiva ed emozionante, non è solo un mero espediente letterario, ma rappresenta uno stimolo e un elemento di riflessione collettiva, a larghi tratti di proposta, utile al nostro Paese e al nostro tempo, che si distingue per autorevolezza e che trascende gli angusti confini temporali.

Quella che proponiamo è quindi la voce di un leader globale. La sua forza non risiede nella retorica che agita masse inquiete sollecitandone reazioni incontrollate, ma nella lungimiranza del suo sguardo. Al lettore, alla sua sensibilità, alla sua curiosità e coscienza, affidiamo pertanto ogni valutazione e giudizio.

Roma, luglio 2018

Introduzione

di Viviana Meschesi e Valeria Moroni

> Gli impegni sono molteplici e complessi: ci sorregge la convinzione che la nostra politica muove nella direzione giusta, si sviluppa in coerenza con i nostri principi, in aderenza alle possibilità, agli interessi ed al prestigio della nostra Nazione.
>
> B. CRAXI*

Questo volume racconta la «visione sul mondo» di Bettino Craxi attraverso i documenti, in parte inediti, da lui redatti nel corso della sua attività politica e durante l'esilio ad Hammamet. Discorsi, articoli, appunti, racconti, lettere sono il materiale con cui lo sguardo dello statista prende forma in una osservazione panoramica della situazione mondiale.

Lo sguardo di Craxi, infatti, che inaugura quel «new deal» della politica estera italiana degli anni Ottanta orientato a definire con maggior precisione i campi e gli obiettivi di un'azione autonoma e non appiattita ad alcuna subalternità, si sofferma su tematiche che spaziano dall'Italia e l'Europa al Medio Oriente, dall'America all'Urss e alla Cina, focalizzando questioni quali il futuro del Mediterraneo, il debito dei Paesi del Terzo Mondo, i flussi migratori e la globalizzazione.

* Intervento del presidente del Consiglio su temi di politica internazionale, 14 marzo 1985.

Attraverso il suo personalissimo stile, franco e tagliente, egli ci consegna delle analisi puntuali e inedite, non risparmiando aneddoti e retroscena su eventi e personaggi.

Il libro si divide in aree tematiche che si ispirano a un'intelligenza geopolitica e che, raccogliendo riflessioni e analisi diacroniche, permettono di mostrare uno sguardo capace di delineare immagini lucide e di profonda lungimiranza rispetto a questioni ancora oggi oggetto di dibattito.

Il capitolo di apertura ci riporta immediatamente a uno dei temi di grande attualità: l'Europa. Craxi, convinto europeista, si spese molto per la costruzione di un'Europa dei popoli e, in quanto tale, seppe anticipare tutte le criticità e le storture di un progetto che si andava modificando in maniera deteriore sotto il peso di logiche economico-finanziarie.

Gli scritti di Craxi ci consentono anche di ricostruire la temperie internazionale di fine millennio, attraverso l'analisi e la ricostruzione degli avvenimenti drammatici del Kosovo e della vicenda Öcalan. Craxi non manca di cogliere il fallimento di quella politica e quella diplomazia che cedono il loro primato negoziale di fronte alle complessità delle crisi internazionali.

La parabola politica di Craxi, sin dagli esordi, è stata caratterizzata da un'intensa attività per le cause di libertà dei popoli, ovunque si trovassero. Pertanto non stupisce rinvenire tra i suoi documenti impressioni e testimonianze della sua strenua difesa del popolo cileno.

Craxi ci apre poi il suo archivio personale su una delle vicende che più scalpore hanno destato negli anni Novanta. Dalle carte vergate durante l'esilio, lo statista ci permette di conoscere le interpretazioni non ufficiali del controverso rapporto tra Italia e Unione Sovietica.

In queste pagine possiamo apprezzare l'autentico e sentito pacifismo di Craxi e il profondo rifiuto per soluzioni «muscolari» che non soddisfano se non l'ego di chi le propugna. Il netto *no* alle bombe come soluzione alle controversie internazionali e il disconoscimento del mito della forza aerea possono essere pienamente apprezzati negli scritti e riflessioni dedicati alla drammatica questione irachena.

Uno sguardo sul Mediterraneo conduce infine Craxi a individuare nel Terzo Mondo e nell'unità europea le parole chiave delle sue analisi: egli infatti in queste pagine mostra un attivismo inedito rispetto alla tradizione italiana, non stancandosi mai di ribadire la necessità di interventi nel bacino del Mediterraneo, in Medio Oriente, in Africa improntati a iniziative economiche e politiche che rendano possibile una grande area di pace poiché «la difesa dei diritti dei popoli, la difesa dei diritti umani, la lotta alle diseguaglianze nel mondo sono le parole d'ordine che completano il messaggio di una nazione libera, civile e pacifica».* Auspica così una cooperazione euro-araba che esca da dinamiche colonialiste e neocolonialiste di stampo eurocentrico e che veda Italia ed Europa protagoniste di iniziative efficaci per includere a pieno titolo la zona mediterranea nello scacchiere internazionale.

La tematica della «multipolarità» guida invece analisi e previsioni sulla realtà cinese, raccontata da Craxi in prima persona attraverso i suoi diversi viaggi, di cui il primo nel 1958 «da clandestino», sino a giungere alle riflessioni da Hammamet su come la Cina «farà i conti con la storia».

Il Rapporto sul debito che egli fu incaricato di presentare all'Onu, a New York nel 1990 (e che fu approvato all'unanimità), attraversa invece il capitolo *Voci da Sud* e, grazie a esso, declinato nei suoi prodromi e nelle reazioni da esso suscitate, lo sguardo di Craxi ci offre una panoramica a tutto tondo della dinamica strutturale e profondamente attuale del problema del debito dei Paesi del Terzo Mondo, riflettuta amaramente poi da Hammamet a causa della sordità dei «grandi ricchi occidentali» alle proposte da lui avanzate.

Lo sguardo di Craxi non mancherà di soffermarsi anche

* B. Craxi, *Relazione per il 44° Congresso del Psi*, Rimini, 31 marzo 1987.

sull'Italia e sul sistema giustizia italiano e in particolare lo farà, con non poca ironia, attraverso le posizioni di giornalisti, scrittori, analisti e giuristi stranieri, pubblicate dal 1992 al 1994, in relazione a questioni quali la carcerazione preventiva sistematica e la lesione dei diritti umani da parte della magistratura milanese nell'era di Tangentopoli.

Anche la globalizzazione è oggetto di acute e laconiche analisi che sottolineeranno l'ineludibilità del primato della politica come garanzia della gestione dei mutamenti globali, nonché la proposta di obiettivi e alternative.

Non mancheranno infine uno sguardo ai grandi uomini della storia, quali Martin Luther King, Atatürk, Eduard Bernstein, John Kenneth Galbraith, Olof Palme e i carteggi privati con personalità del calibro di Arafat, Reagan, Mubarak (per citarne alcuni). Anche dalle parole di queste personalità politiche sarà possibile ricostruire l'incisività e l'innovatività dell'azione politica di Craxi in ambito internazionale, nonché permettere al lettore di scoprire come, attraverso le grandi battaglie per i diritti dei popoli, Craxi avesse costruito una rete di solidi legami di stima e rispetto.

Arricchisce l'edizione anche uno «sguardo su» Craxi, ovvero alcune suggestive analisi internazionali sulla sua azione politica e di governo che garantiscono un giudizio sommativo degli «anni di Craxi»: dai maggiori quotidiani mondiali a un rapporto «confidential» declassificato del Dipartimento di Stato americano, lo sguardo su Craxi e sulla sua politica estera ci offre un quadro chiaro della volontà dello statista di vedere l'Italia svolgere un importante ruolo di guida internazionale.

Tutti gli scritti raccolti, all'esito di un lungo lavoro di ricerca, ci permettono di delineare il profilo politico e umano di un grande protagonista della scena politica nazionale e internazionale che ha saputo anticipare e analizzare i tanti eventi della storia di cui è stato testimone con lungimiranza e grande coerenza.

Uno sguardo sul mondo

I

L'Europa verso l'Inferno

Una crisi profonda sta investendo la comunità europea, la sua politica e le sue istituzioni.
Essa ha retto di fronte a prove importanti ma nell'insieme, ormai, ristagna per difetto di strumenti, carenza di iniziative, lentezza e ritardi. Da più parti è auspicato un nuovo impulso alla vita della comunità e al rinnovamento delle sue istituzioni.
O riprende con forza lo slancio europeistico verso più impegnative forme di unità politica ed effettive e più consistenti capacità di intervento in tanti settori, all'interno della comunità, nella politica commerciale, agricola, in quella energetica, come in quella sociale e regionale, e all'esterno verso i Paesi associati e verso il Terzo Mondo, o la crisi in atto finirà con l'assumere forme sempre più dissolventi. Questo è il senso delle iniziative che si stanno moltiplicando dirette a rianimare la vita delle istituzioni comunitarie e ad accrescerne i poteri e le capacità d'azione.

B. CRAXI

L'Europa in ritardo

L'Atto unico europeo, sottoscritto da dodici Stati membri nel febbraio 1986, rappresenta la prima modifica sostanziale del Trattato di Roma (25 marzo 1957) per la realizzazione di un rafforzamento politico dell'unione da affiancare alla Cee (Comunità economica europea). Il documento sancisce la volontà di ampliare ed estendere i poteri dell'unione in ambito politico ed economico e, tra le principali disposizioni, si stabilisce che entro il 1° gennaio 1993 si realizzi la creazione di un grande mercato unico.
Craxi interviene in qualità di segretario del Partito socialista al con-

vegno organizzato dal Pci su «L'Europa nella nuova fase della politica internazionale» nell'aprile 1988 e in quella sede, in vista della scadenza del 1992, ricompone pragmaticamente il quadro delle prospettive per la realizzazione del progetto di integrazione europea, i passi fatti e le persistenti resistenze che rallentano il percorso. È convinto sostenitore della necessità di un'Europa unita integrata e forte. Nella sua storia politica si è reso protagonista e fautore di importanti modifiche e accelerazioni alla concretizzazione del progetto europeo, lo stesso Atto unico deve la sua genesi alla determinante iniziativa del presidente del Consiglio di mettere a votazione nel Consiglio Europeo tenutosi a Milano il 28-29 giugno 1985 la proposta tedesca della convocazione di una Conferenza intergovernativa (Cig) per la riforma dei trattati. Ma l'Europa immaginata e voluta da Craxi è un soggetto politico forte, democratico, solidale e autorevole, l'Europa sotto i suoi occhi che si prepara all'adozione del mercato unico è una realtà che sottostima l'importanza della dimensione sociale e il suo ruolo nell'ordine mondiale.

Persistono anche tra i Paesi europei, che pure hanno creato istituzioni ed associazioni comuni, marcati nazionalismi, forti egoismi e diffusi particolarismi che hanno frenato e frenano il cammino di una Unione Europea più evoluta, più ampia, più solidale e più autorevole. Grava peraltro su gran parte dell'Europa occidentale un peso conservatore che ha fatto e fa segnare il passo in molti campi, da quello dello sviluppo coerente delle istituzioni comunitarie, a quello degli squilibri sociali, sino al campo della cooperazione politica, sovente asfittica, timorosa e balbuziente, vincolata dagli indirizzi, dalle contraddizioni, dalle esigenze diverse dei governi nazionali. E tuttavia, sia pure a passo ridotto, il movimento ha continuato a progredire, una più matura coscienza europea si è diffusa, e si viene consolidando. La stagnazione è rifiutata da grandi settori della pubblica opinione e dalle forze politiche e sociali organizzate, si vanno meglio delineando i compiti e gli obiettivi per tutti. Una azione politica efficace, attiva, convergente, di forze di progresso di diversa origine, estrazione e natura, può consentire di recuperare molti ritardi e rimediare a molte assenze. I Paesi europei hanno di fronte a sé prospettive molto simili ed un destino che non potrà che essere comune.

Ipotizzare che questo o quel Paese europeo possa stare come un'isola verde in un deserto è fuori ormai di ogni logica della realtà e della storia. Ha una dimensione europea il problema dello sviluppo come quello della disoccupazione, regioni ricche e regioni povere convivono all'interno di un'area economico-sociale che è tra le più potenti e sviluppate del mondo. Gravitano attorno all'Europa comunitaria, e guardano ad essa con speranza, molti Paesi interessati a nuovi rapporti, nuovi accordi e scambi più intensi. Senza più vasti accordi e maggiori intese nella politica della ricerca, dell'innovazione tecnologica, della cooperazione industriale, la crescita europea è destinata ad arrestarsi, gli squilibri destinati ad aggravarsi. Sarà difficile per tutti porre argine a ridurre le sacche della disoccupazione se non si vaglierà adeguatamente tutta l'importanza della dimensione sociale nel processo di integrazione economica. Rispetto a questi problemi tutta l'Europa è in ritardo e la stessa scadenza del 1992, con l'attuazione del mercato unico, non fa che sottolineare la necessità e l'urgenza di una rinnovata attenzione ai problemi dell'europeismo.

L'Europa appare in ritardo anche in rapporto ai problemi d'ordine mondiale che pure la investono direttamente e sui quali si possono e si debbono pronunciare parole importanti ed influenti: il miglioramento dei rapporti Est-Ovest e la riduzione degli armamenti; le molte crisi regionali, a partire dalla tormentata area mediterranea; lo sviluppo della cooperazione Nord-Sud; il rafforzamento dei regimi democratici di recente formazione; l'espansione dell'area della libertà e il rispetto degli accordi sui diritti umani. C'è bisogno di una maggiore unità europea ma anche di una maggiore chiarezza e coerenza di direzione politica. È il solo modo per consentire all'Europa di esprimere tutta la forza e la credibilità che sono necessarie per rappresentare un soggetto politico attivo, un fattore non contraddittorio di

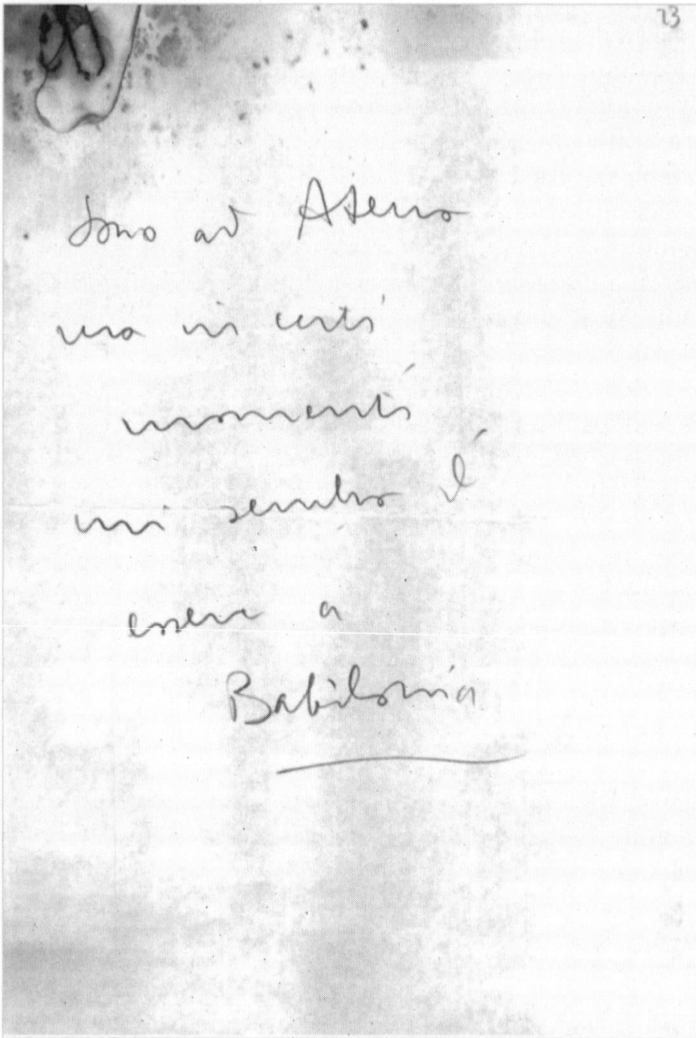

23

Sono ad Atene
ma in certi
momenti
mi sembra di
essere a
Babilonia

Sul Consiglio Europeo di Atene, 4-6 dicembre 1983

sviluppo e di stabilità. È un ruolo che l'Europa deve svolgere non solo per accrescere la fiducia Est ed Ovest ma per concorrere a risolvere i fattori di tensione e i punti di crisi che costellano la scena internazionale e che costituiscono una minaccia strisciante e permanente per tutti.

Vi è una Regione, quella mediorientale, che più di ogni altra è travolta da tensioni e conflitti e dove perciò è più sentita l'esigenza di una azione pacificatrice. L'Europa ripete le sue dichiarazioni di principio che sono certo meglio del nulla ma troppo poco rispetto a ciò che sarebbe necessario. L'Europa dovrebbe essere in prima fila nella ricerca di una soluzione negoziale per superare una situazione di stallo contrassegnata da sofferenze e da tragedie che scandiscono il loro orrore ed il dolore quotidiano.

C'è una grande «questione sociale» del nostro tempo che si colloca ormai sempre più nel rapporto tra i popoli, nelle diseguaglianze che debbono essere risolte tra Paesi ricchi e Paesi poveri, tra aree industrializzate ed aree depresse, che stabilisce una gerarchia internazionale di classi che deve essere affrontata, modificata, riequilibrata.

Tentare di unire gli sforzi per le buone cause è sempre un dovere. Riuscire a farlo è comunque un successo per tutti.

Euromissili

Nel dicembre 1979 il Consiglio Atlantico deliberò lo schieramento in Europa di missili nucleari statunitensi a medio raggio (conosciuti come euromissili) in risposta all'analogo schieramento da parte sovietica di SS-20 puntati sull'Occidente, al fine di riportare l'equilibrio delle forze dispiegate sul campo e contemporaneamente offrendo di rinunciarvi a fronte dello smantellamento dei missili da parte dell'Urss (doppia decisione). A questa delibera fece immediatamente seguito un ampio dibattito all'interno della stessa Alleanza e un'importante mobilitazione dei movimenti pacifisti in tutte le piazze europee. La Germania, che avrebbe dovuto ospitare il maggior numero di missili, dichiarava di non essere disposta a dar corso alla decisione Nato senza l'appoggio unanime di tutti i Paesi del Patto Atlantico. Nonostante le resistenze *dei principali partiti politici e un dibattito pubblico ostile, Craxi, alla guida del Psi, appoggia tenacemente la strategia della doppia decisione e fa in modo che l'Italia diventi il primo Paese ad affiancare la Germania con l'installazione dei missili nella base militare Nato di Comiso. Zbigniew Brzezinski, consigliere per la sicurezza nazionale durante la presidenza di Jimmy Carter, avrebbe in seguito affermato: «Senza i missili Pershing e Cruise in Europa la Guerra Fredda non sarebbe stata vinta; senza la decisione di installarli in Italia, quei missili in Europa non ci sarebbero stati; senza il Psi di Craxi la decisione dell'Italia non sarebbe stata presa. Il Partito socialista italiano è stato dunque un protagonista piccolo, ma assolutamente determinante, in un momento decisivo. Anche solo per questo passerà alla storia».* In questa memoria proveniente da Hammamet, Craxi difende quelle scelte e ricostruisce il clima politico nel quale si trovò ad agire.*

Io decisi per l'installazione in Italia degli Euromissili non per fare un piacere a Washington ma perché i Sovietici avevano installato in Europa Orientale dei missili atomici che potevano raggiungere ogni punto dell'Italia. È ciò che dissi a Mosca a Gorbaciov e a Gromiko che insistettero con me perché desistessi dalla mia decisione.

In Italia i comunisti mi aggredirono in tutti i modi accusandomi di dare il via ad un nuovo riarmo militare. Avvenne invece il contrario.

La decisione italiana favorì la decisione presa successivamente da altri Paesi europei. Fu così che l'Urss si decise a negoziare e quel negoziato aprì le porte al nuovo dialogo Est-Ovest. Per questo i governanti degli Usa mi manifestarono la loro gratitudine politica.

Andreotti era allora il ministro degli Esteri del mio governo ed in questa veste condivise ed approvò la nostra linea e le decisioni seguenti.

* Cit. in Ugo Intini, *L'occasione mancata della sinistra italiana*, ilsocialista.com, 4 novembre 2009.

Opzione zero

All'indomani di un primo accordo raggiunto al vertice di Reykjavík dell'ottobre 1986 tra Stati Uniti e Urss per l'eliminazione delle armi nucleari entro il 2000, Craxi ricorda le tappe e le scelte di campo rese coraggiose dal clima complicato della Guerra Fredda nel quale la propaganda sovietica e i messaggi veicolati da diversi partiti rendevano l'opinione pubblica ostile al percorso intrapreso dal Partito socialista. Anche in questa occasione dalle sue considerazioni non può che scaturire una ulteriore riflessione sulla necessità e la centralità di una rafforzata integrazione europea anche sul terreno militare per il consolidamento del ruolo politico dell'Europa sugli scenari internazionali, considerazioni ben rappresentate dall'idea di un Consiglio Europeo di difesa.

L'obiettivo dell'«opzione zero» fu tenuto ben alto lungo tutto il difficile negoziato che noi volevamo aprire con la «doppia decisione» del dicembre 1979.

L'«opzione zero» fu considerata da qualche parte, in polemica con noi che la sostenevamo, nient'altro che la foglia di fico stesa su di una inconfessata volontà di riarmo, lo spunto demagogico per una falsa propaganda. Ricordiamo bene come la decisione di installare gli euromissili venne poi denunciata come il peggiore ed il più nefasto degli errori possibili, un bastone gettato tra le ruote di ogni eventuale sbocco negoziale. Tutti ricordano i toni della propaganda sovietica di quegli anni e di quel momento, le pressioni che furono esercitate sull'opinione pubblica dei nostri Paesi, i movimenti ed i partiti che si fecero interpreti di analoghi messaggi. Poi il corso degli avvenimenti è andato nella direzione esattamente contraria e fortunatamente migliore. Il riequilibrio delle forze non ha ostacolato ma ha semmai determinato le condizioni del negoziato. Si è potuto ristabilire un clima più costruttivo. Il lungo negoziato si è concluso con un accordo. Quella che sembrava un'idea astratta, che molti consideravano impossibile, è divenuta una realtà concreta. Sminuire oggi il valore di questo accordo è quanto di peggio si possa fare. Si tratta di un accordo di grande importanza. Esso non nasce per caso. È anche il frutto di una mutata condizione politica, di un miglioramento dei rapporti tra le maggiori potenze, e, senza dubbio, anche di una evoluzione in senso più aperto, e senz'altro più positivo, della politica sovietica.

Quando veniva illustrato e perseguito l'obiettivo della «opzione zero» tutti conoscevano perfettamente le condizioni delle difese in Europa, la consistenza delle forze in campo, la natura e i limiti degli equilibri esistenti, gli elementi di forza e gli elementi di debolezza degli schieramenti. Ora, io sconsiglio vivamente di lasciarsi frastornare dai tamburi di allarme che in più parti d'Europa hanno rullato al profilarsi dell'accordo sovieto-americano sugli euromissili. Nulla potrebbe giustificare oggi una psicosi di nervosismo o addirittura di paura. Noi accogliemmo l'Appello di Budapest per la riduzione delle forze in Europa come un gesto di buona volontà suscettibile di imprimere nuovo vigore al negoziato di disarmo. Lo salutammo come una testimonianza concreta e realistica dell'emergere in Europa di un modo nuovo di concepire una sicurezza rafforzata, fondata sempre meno sugli arsenali militari e sempre più su di un intreccio di comuni interessi e convergenze nel campo politico, economico, culturale.

L'idea di un Consiglio Europeo di difesa, che veda presente un certo numero significativo di Paesi dell'Europa occidentale, è una buona idea. Cattiva al contrario è l'idea della dispersione non meno di quella che vorrebbe prefigurare assi preferenziali o speciali direttorii. Una sede politica di alto livello darebbe, nel modo più autorevole ed efficace, gli impulsi ai sottostanti processi di maggiore coordinamento militare, potrebbe orientare in modo univoco le prospettive negoziali cui l'Europa è vitalmente interessata, rendere più limpido e diretto, ed anche più soddisfacente, il rapporto euro-americano nell'ambito di una Alleanza atlantica che ne risulterebbe in tal modo non indebolita ma rafforzata.

Attraverso una più stretta unione politico-militare nasce

e si consolida il più generale e più complesso ruolo politico dell'Europa occidentale che si avvale già delle varie forme esistenti di associazione, di integrazione e di istituzioni comuni. Un ruolo che è e vuol essere essenzialmente di pace e progresso. Serve da un lato una rete di prevenzione e di difesa ed una capacità comune di iniziativa, ivi compreso un comune impegno nelle missioni di pace, serve soprattutto una politica attiva condotta con continuità, con autorevolezza ed unità di intenti sorretta dalla volontà di non delegare solo ed esclusivamente ad altri, alle grandi potenze, responsabilità ed iniziative che non possono vedere assente, ininfluente ed estranea la grande realtà dei Paesi europei che rappresentano un insieme di società e di Stati tra i più progrediti, i più ricchi, i più liberi nel mondo.

Meglio essere lungimiranti e mettere in atto tutto ciò che può risultare utile al cambiamento, al rinnovamento, e quindi anche alle relazioni più estese, più dirette, più libere. Certo tutti sanno che la pace è e resta la condizione di tutto. La sicurezza resta la condizione essenziale della pace. Un dialogo sempre più intenso che non ignori le differenze che certo non sono poche, ma che si proponga di ridurre le distanze. Un dialogo volto a costruire il futuro: un futuro di progresso, stabilità e pace.

«A Vienna, niente»

All'indomani della conclusione dei lavori del Consiglio Europeo tenutosi a Vienna dall'11 al 12 dicembre 1998 Craxi scrive le sue considerazioni sull'esito di questo incontro svoltosi in un «clima di paralisi». Dalla prospettiva della distanza imposta dall'esilio il suo sguardo non può non cogliere le contraddizioni e le incertezze precipitate dalla riunione dei quindici che non ha prodotto dichiarazioni di intenti e rinvii e non ha affrontato nella sostanza i temi difficili. La vigilia del vertice era stata accompagnata da dichiarazioni impegnative tra le quali quella del presidente della Commissione europea Jacques Santer che lo aveva annunciato come uno «spartiacque». Su questa linea la conclusione viene annunciata in Italia con soddisfazione dal primo ministro in carica Massimo D'Alema con enfasi sull'impegno preso dagli Stati membri per la definizione di un patto europeo per l'occupazione sul quale però immediatamente pende la scure dell'invito della Bce, per bocca di Otmar Issing, a «non desistere dal rigore per favorire l'occupazione».

Uno spruzzo di sociale. Un giro di pista sul finanziamento della Comunità. Qualche accenno alla detassazione e un pranzo con i candidati all'ingresso nell'Unione. I dirigenti europei hanno tenuto un vertice per quasi niente. «Non si può inventare il mondo tutti i giorni» ha detto il primo ministro lussemburghese Claude Juncker. Il dibattito più importante del vertice è stato dedicato all'opportunità di rinviare oltre il 1° luglio 1999 la soppressione delle vendite non tassate negli aeroporti e nelle stazioni ferroviarie europee, una decisione che era già stata presa all'unanimità nel 1991.

I rappresentanti europei avrebbero dovuto dare degli impulsi decisivi ai negoziati sulla riforma delle politiche comuni e sul finanziamento futuro della Comunità europea prima del suo allargamento verso i Paesi dell'Est. La discussione è stata bloccata per l'opposizione di gran parte dei Paesi del Nord che vorrebbero le spese della Comunità al loro livello attuale il che, in termini reali, significherebbe un ribasso e i Paesi del Sud che vogliono continuare a beneficiare degli aiuti per aggiustare i loro ritardi strutturali. Le rivendicazioni particolari, come la volontà della Germania di ridurre il suo contributo al bilancio comunitario, hanno poi come effetto quello di complicare il negoziato. Il presidente Santer aveva avvertito che era necessario che i Quindici «affrontassero il fronte dei temi difficili» per aprire la strada ad un accordo nel marzo del 1999. «Un fallimento» ha detto Santer «inaugurerebbe un periodo di incertezza e di crisi.» Non gli hanno dato molto ascolto.

È evidente che il negoziato complessivo dovrebbe essere concluso assolutamente per primavera perché l'attività finanziaria che riguarda il 2000-2006 possa entrare in vigore. Ma questo obiettivo collocato a poche settimane dalle elezioni europee del giugno 1999 non sembra realisticamente a portata di mano. Lo ha confermato del resto il presidente francese Jacques Chirac: «Dall'ideale al reale c'è una certa distanza. Saranno sufficienti i tre mesi a venire nel contesto di elezioni europee? Non è chiaro». Secondo il primo ministro belga i Quindici erano ben contenti di non aver affrontato a Vienna un negoziato che poteva finire «nel sangue». In questo clima di paralisi di una riforma che è preventiva rispetto all'allargamento della Comunità, i rappresentanti degli undici Paesi venuti a pranzare a Vienna con i loro omologhi non potevano attendersi una accelerazione del calendario. I negoziati concreti continueranno con i sei Paesi selezionati un anno fa – e cioè Polonia, Ungheria, Repubblica Ceka, Slovenia, Estonia e Cipro –, senza tuttavia fissare date relative alla fine del processo, per non creare false speranze. I cinque esclusi dalla prima ondata – e cioè Romania, Bulgaria, Lettonia, Lituania e Slovacchia –, che si auguravano di poter raggiungere il gruppo di testa nei negoziati, sono rimasti esclusi. Visti i risultati così magri e inconcludenti del vertice di Vienna, i Quindici si sono impegnati a negoziare un «Patto sociale europeo» esattamente un anno dopo aver definito delle «linee direttrici» per l'occupazione. A questo proposito Jean-Luc Dehaene ha dichiarato: «Patto per l'occupazione certo suona meglio che non "linee direttrici", ma per il resto è la stessa cosa». L'unico a suonare peana di grande e incomprensibile soddisfazione è stato D'Alema e con lui un coro di informatori italici. Forse si è trattato della debolezza del neofita e dell'opportunismo degli altri.

«Un'Europa per i cittadini»

Come Craxi più volte e in diverse occasioni ha modo di esprimere, la nazione e gli Stati non possono far parte di organismi e organizzazioni internazionali o sovrannazionali senza mantenere la consapevolezza e le prerogative del proprio ruolo, pena lo svuotamento del senso stesso delle entità che si intendono costituire. Da sempre convinto assertore della necessità del rispetto del diritto dei popoli, per Craxi le chiavi della dialettica tra lo Stato e l'Europa sono l'integrazione e la partecipazione attiva in assoluto contrasto con le ipotesi di una fusione indifferenziata e dell'appiattimento politico su posizioni non negoziate. Dal suo esilio tunisino Craxi porta la propria riflessione su uno dei temi cruciali di questo inizio di XXI secolo: la sovranità nazionale all'interno dello spazio europeo.

Uno dei grandi padri fondatori del socialismo francese, Jean Jaurès, amava ripetere: «Un po' di internazionalismo ci allontana dalla Patria, molto internazionalismo ci riporta a lei».

Jospin sembra aver fatto proprio il pensiero di Jaurès. Nel 1997, durante la campagna per le elezioni politiche anticipate, il suo slogan europeistico suonava così: «Voglio l'Europa, ma un'Europa per i cittadini. Voglio l'Europa senza rinunciare alla Francia». Come primo ministro Jospin ha dichiarato subito che si proponeva di «ridare un senso al nostro Paese...» e cioè a dire: «un forte significato, la Francia deve rianimare la propria identità mal messa, e una direzione». Jospin ha così sottolineato i caratteri della sua concezione della «Nazione». «La Nazione deve essere un luogo dove batte il cuore della democrazia, è un insieme nel quale si annodano le solidarietà più profonde.» La Nazione «è il quadro più naturale delle riforme di cui il nostro Paese ha bisogno». Prima la Nazione poi l'Europa. Jospin sul punto è chiaro: «Per me l'Europa deve essere uno spazio supplementare di democrazia, deve aprire nuove prospettive alla cittadinanza». Il leader socialista francese tiene alta l'idea della «nazione» di fronte a quanti, tanto a sinistra quanto a destra, concepiscono la costruzione dell'Europa come una sorta di spazio politico destinato a prendere il posto degli Stati-nazione del XIX secolo e proprio nel momento in cui, con l'avvento dell'Euro, un sentimento e un timore di perdita di sovranità nazionale rischiano di crescere e di diffondersi.

«Il tamburo»

In queste righe composte ad Hammamet, Craxi coglie le contraddizioni e l'incertezza che accompagnano l'avvento dell'Unione monetaria. In Italia un sentimento diffuso di convinto europeismo stride con l'indeterminatezza che incombe su un passaggio cruciale dell'integrazione europea. In altri Paesi invece si affacciano fondate perplessità sugli incerti meccanismi di attuazione e sulle ripercussioni di questi sulla vita dei loro cittadini.

Solo in Italia sono tutti europeisti purosangue, giovani, vecchi, donne e bambini, da Prodi a Berlusconi. Non spiegano bene di che cosa si tratta e si tratterà ma sono egualmente europeisti al cento per cento. Che cosa si debba fare, secondo le regole in vigore oggi, per entrare nell'Unione Monetaria Europea non si dice, o che cosa bisognerà fare soprattutto per restarci non lo si dice a nessuno.

Nel frattempo altri, che sono un po' più seri, mettono invece le mani avanti. Le mette l'Inghilterra in vista ormai della vittoria laburista. Le mette la Danimarca che prende dal canto suo le distanze. Si levano voci di perplessità e di preoccupazione in diversi Paesi europei interessati che hanno dismesso l'abito del facile ottimismo e fanno capire che qualcosa di questo benedetto trattato andrebbe rivisto.

Si agita anche l'equipaggio della nave ammiraglia, e cioè la Germania. Siamo passati dai toni di chi detta legge a quelli di chi fatica a tenere il passo con la legge. In Germania il sindacato ha cominciato ad alzare la voce: «I lavoratori tedeschi accetteranno l'Unione Monetaria solo se il biglietto di ingresso non dovrà essere acquistato al prezzo di un più alto numero di disoccupati e di un ulteriore smantellamento dello Stato Sociale» ed il sindaco di Amburgo sostiene addirittura che la partecipazione della Germania alla moneta unica dovrebbe essere decisa da un referendum popolare. In Italia invece tutti o quasi rullano i tamburi facendo un rumore tale che serve solo a confondere le idee.

«*Euroitalia. L'euro non sarà un miracolo*»

Negli anni dell'esilio Craxi, tra il 1996 e il 1998, torna a riflettere sulla logica della «fanfara europeista» italiana mettendo a fuoco i limiti e i pericoli rappresentati da una visione acritica dell'Europa come unica fonte di risposte e soluzioni piuttosto che come oggetto di dibattito e di una ben strutturata analisi politica.

Euforia ulivista in Italia. Prudenza socialdemocratica in Germania. L'Europa presentata come la frontiera della salvezza. L'Europa considerata come una marcia in salita. L'Ulivo e per la verità anche tanta parte dell'opposizione parlano il linguaggio di Kohl.

Il candidato della Spd alla Cancelleria Gerhard Schröder è di tutt'altro avviso. Non risparmia le critiche al processo che conduce «all'euro». L'«Avanti!» torna a sottolinearlo.

«L'Unione Monetaria fatta in modo precipitoso è condotta ad una nascita prematura, malaticcia...» Il leader socialdemocratico non nasconde le sue preoccupazioni che riguardano soprattutto lo «sviluppo, l'occupazione e lo Stato Sociale»: «Perché un piccolo nasca e faccia la gioia dei suoi genitori» dice Schröder «noi dobbiamo curare rapidamente le condizioni politiche adeguate e, innanzitutto, degli standard paragonabili in materia di politica fiscale, sociale e dell'ambiente. Diversamente si porrà il problema della concorrenza: chi è pronto a lavorare per salari più bassi e peggiori prestazioni sociali?».

La Germania è, per certi aspetti, una potenza con i piedi d'argilla, con punte di disoccupazione che nella Germania dell'Est, ex Rdt, raggiunge il 24%, e il leader socialdemocratico ne è pienamente consapevole. In Italia si suona la fanfara europeistica. In Germania c'è chi suona i campanelli d'allarme. «I cittadini debbono essere coscienti» dice Schröder. «La moneta unica non creerà alcun paesaggio fiorito. Costerà dapprima dei posti di lavoro» e aggiunge «bisogna discutere senza pregiudizi dei rischi dell'euro». Anche Schröder punta il dito su Italia e Belgio e avanza una riserva esplicita: «Sono due Paesi suscettibili di causare delle difficoltà alla politica monetaria europea in ragione del loro alto livello di indebitamento».

Italia vigilata speciale. Se per l'Europa nel suo insieme, secondo Norbert Walter, economista della Deutsche Bank, sarà necessario attendere «un lungo periodo» prima che il ciclo virtuoso della moneta unica possa avviarsi e tradursi in una dinamica di crescita e di occupazione, che ne sarà allora dell'Italia posta sotto controllo in un quadro di parametri rigidi che, benché superati dalla logica, sono stati accettati senza discutere come fossero dei dogmi e delle leggi auree?

È certo che in ogni caso l'euro non sarà un miracolo per nessuno. Per l'Italia pone e porrà problemi su cui ancora non si discute come si dovrebbe fare e cioè seriamente, apertamente e sinceramente.

«Non saremo diventati comunisti?»

All'indomani del vertice di Lussemburgo del dicembre 1997 il leader comunista francese Robert Hue auspica la costruzione di un'Europa che dovrebbe essere portata avanti in modo tale da non escludere nessuno dal campo del progresso.

La parole del leader francese incontrano la visione di un'Europa sociale e solidale della quale Craxi è sempre stato fautore e promotore, consapevole della necessità di un ripensamento delle logiche alla base della costruzione europea nella direzione di una ridefinizione e ampliamento della sua capacità di strutturazione del sociale.

«Sulle questioni europee noi ci siamo pronunciati per un riorientamento della costruzione europea. I dirigenti socialisti d'altra parte hanno accolto favorevolmente questa idea di un rilancio strategico. L'euro viene varato in condizioni che sono inquietanti. Il patto di stabilità non è stato rimesso in discussione. Il vertice del Lussemburgo ha mostrato la possibilità di riorientare la costruzione europea ma la sua logica, contrariamente a quanto vanno dicendo i nostri alleati socialisti, non è fondamentalmente cambiata. Noi vorremmo riorientare l'Europa perché essa sia veramente sociale, in una dinamica che, a priori, non esclude nessuno dal campo del progresso.»

Sono parole del leader comunista francese Robert Hue. Ci troviamo abbastanza d'accordo con quanto ha detto.

Non saremo diventati comunisti?

Dove andiamo?

Convinto europeista, Craxi però è riluttante ad affidare nelle mani di un progetto scarsamente definito la fiducia in un futuro di prosperità economica e concordia sociale per l'Italia. C'è necessità di chiarimenti da parte dei politici e di domande dei cittadini per capire verso cosa e come l'Italia affronta il suo futuro in Europa. In questo testo scritto per l'«Avanti!» del 21 maggio 1997 da Hammamet ironizza sulla politica economica del governo italiano, fossilizzata sull'unico scopo di entrare in Europa.

Dove va l'Italia? Andremo in Europa. A fare che? Ripetiamo. Dove va l'Italia? Se il nostro Paese è grande importatore di materie prime non è colpa di nessuno. Se è ormai anche grande importatore di beni alimentari qualche domanda se la deve pur porre. Se è sempre più dipendente nelle alte tecnologie, ci si deve chiedere seriamente perché. Se il Paese dovrà fare conti sempre più salati con i produttori del Terzo Mondo, nei campi che alimentano l'esportazione italiana, di chi mai sarà la colpa? Se le aree depresse del Sud italiano, criminalizzate all'estremo, non hanno nessun avvenire, la colpa di chi è? I politici dovrebbero spiegare in modo più preciso, comprensibile e convincente come si dovrebbe organizzare il futuro economico e sociale dell'Italia. I cittadini e i giovani in prima fila non dovrebbero stancarsi di porre domande.

Non saranno di certo le nazioni europee che verranno a risolvere i nostri problemi, visto che hanno già tanto da fare con i loro.

Quale sarà allora il futuro dell'Italia?

II

Crisi di fine millennio

La politica e la diplomazia non possono dichiarare fallimento. La bomba può essere considerata la via facile ma la pace continuerebbe ad essere difficilissima.

B. CRAXI

Il caso Öcalan

«A calci»

Il 12 novembre 1998 il leader del Partito dei lavoratori del Kurdistan (Pkk) Abdullah Öcalan atterra a Roma a bordo di un aereo proveniente da Mosca, accompagnato dal deputato di Rifondazione comunista Ramon Mantovani. Il Pkk in Turchia è considerato illegale e da altri Paesi è definito come organizzazione terroristica. Braccato da due mandati di cattura (l'uno turco, l'altro tedesco), Öcalan giunge in Italia dopo essere stato allontanato prima dalla Siria e poi dalla Russia dove era approdato in cerca di protezione. Non appena atterrato a Fiumicino si consegna alla polizia italiana nella convinzione di riuscire a ottenere asilo politico in pochi giorni. Le sue aspettative vengono disattese poiché la veemente reazione turca e la minaccia di boicottaggio delle imprese italiane in Turchia inducono il neoformato governo D'Alema dapprima all'impasse decisionale e infine a invitarlo a lasciare l'Italia con destinazione Kenya. Öcalan viene arrestato a Nairobi il 15 febbraio 1999 da agenti dei servizi segreti turchi. In queste righe del febbraio 1999 Craxi critica la linea politica del governo italiano e la gestione della vicenda.

Öcalan prima è stato invitato in Italia poi è stato cacciato. C'era chi voleva che fosse cacciato «a calci nel sedere». Di fatto poi è stato così. Ad Öcalan non è stata data la possibilità ed il tempo di scegliersi un Paese nel quale potersi rifugiare. Ha lasciato l'Italia letteralmente allo sbando. C'è da chiedersi quale sia stato in tutto questo il ruolo dei servizi italiani. Öcalan è stato mandato allo sbaraglio verso un inevitabile tragico destino. Chi lo ha cacciato in fretta e furia non poteva non saperlo. Si possono naturalmente scaricare le responsabilità sull'Europa ma questo nulla toglie alle responsabilità della condotta italiana, sotto ogni profilo inqualificabile. L'Italia non se n'è lavata le mani. L'Italia ha consegnato Öcalan ai turchi, e non potevano farlo per ragioni di principio. Questa è una pagina di chiarissima lettura ed è una pagina che non si potrà cancellare. D'altra parte se è, per le sue attività guerrigliere, benché condotte per la causa dei diritti del suo popolo in Turchia, un «terrorista», pena capitale a parte, è giusto che sia stato catturato, che sia processato e naturalmente condannato.

«Dire la verità»

«Non c'è stato nessun contatto ufficiale con Öcalan o altri esponenti del Pkk.» Così il presidente del Consiglio Massimo D'Alema nella conferenza stampa del 16 novembre 1998 tenta di allontanare dal suo governo le ombre di una vicenda che genera imbarazzo in Italia ed è causa di un'aperta crisi diplomatica con la Turchia. Nonostante le dichiarazioni di totale estraneità del governo all'ideazione e realizzazione del piano che ha portato Öcalan sul territorio italiano, per Craxi i fatti e le informazioni conducono alla conclusione che il governo sapesse del suo arrivo ma non avesse adeguatamente calcolato e valutato il rilievo che avrebbe assunto e le conseguenze che avrebbe generato. Così lo esprime in questo articolo composto per l'«Avanti!» nel novembre 1998 a firma di Edmond Dantès.

Öcalan, venendo dalla Siria, si era rifugiato in Russia e da ottobre viveva alla periferia di Mosca. A Mosca c'è una rappresentanza stabile del suo movimento. Le autorità russe lo sapevano perfettamente e molto probabilmente lo sapeva anche il governo turco. Sta di fatto che Öcalan si è normalmente imbarcato su di un aereo Aeroflot diretto a Roma. Non sappiamo che cosa sappiano sul punto i servizi italiani ma secondo le nostre informazioni, provenienti del resto da fonte autorevole, le autorità russe hanno subito informato le autorità turche della partenza di Öcalan da Mosca, della sua destinazione ed anche del numero del suo volo. Lo stesso primo ministro russo Primakov si è premurato di inviare al primo ministro turco Mesut Yılmaz un telegramma personale per avvertirlo dello spostamento di «Apo».

La prima domanda che ci si pone è allora molto semplice. È mai possibile che il primo ministro russo non abbia avvertito il primo ministro italiano e che questi dal canto suo non abbia provveduto ad avvertire i ministri degli Interni, degli Esteri, della Giustizia? Ma indipendentemente da Primakov, gli italiani erano già stati perfettamente informati. Lo ha affermato Akif Hassan, porta parola in campo europeo del movimento di Öcalan: «Öcalan aveva avvertito il presidente del Consiglio e il ministro degli Esteri prima di lasciare la Russia» e precisa che i contatti con il governo italiano si erano mantenuti attraverso degli «intermediari». Non si trattava di contatti diretti con il presidente del Consiglio o con il ministro degli Esteri ma di contatti con i servizi della presidenza del Consiglio e del ministero degli Esteri, condotti attraverso «negoziatori».

Sempre secondo Hassan, il leader curdo Abdullah Öcalan «non è entrato in Italia in modo improvvisato. Prima del suo arrivo noi abbiamo lavorato per un po' di tempo su questa vicenda». Un altro responsabile del Pkk in Europa, Yılmaz Kani, ha confermato: «Non c'era niente di nascosto. Gli italiani sapevano». E infatti sapevano benissimo e alla frontiera non lo hanno certo rinviato come avrebbero potuto fare. Erano invece intenzionati ad accoglierlo e ad affrontare il caso che probabilmente consideravano delicato ma non prevedevano fosse così scottante e gravido di conseguenze come invece si sta rivelando.

La lista degli «intermediari» e dei negoziatori è probabilmente una lunga lista. Öcalan scende quindi a Roma e, come d'accordo, viene inviato in ospedale mentre scattano le grandi manifestazioni popolari per le quali, è assolutamente evidente e peraltro noto, erano in corso già da qualche tempo i preparativi in diversi Paesi europei. Il governo non dica perciò che non c'entra. Non dica che gli è capitato tra capo e collo un affare incandescente. Dica la verità. Detta la verità, senza rinvii e tergiversazioni, faccia il suo dovere, come ha dichiarato di voler fare, che non è altro se non quello di rispettare i principi della Costituzione, le leggi dello Stato, e le regole dei trattati internazionali.

Resta da aggiungere che se le difficoltà del governo italiano sono evidenti l'atteggiamento della Turchia e dei suoi governanti è intollerabile. Una reazione appropriata deve venire dall'Italia ma anche dall'Europa e dai governi europei. Resta semmai da chiedersi come mai la Turchia non ha protestato con la Russia per l'ospitalità data ad Öcalan e al suo movimento e come mai Öcalan non è stato richiesto ai russi con la stessa virulenza con la quale viene richiesto all'Italia, manifestando contro l'Ambasciata italiana, bruciando il tricolore, intimorendo i residenti e i turisti italiani, minacciando sanzioni economiche.

«*Ankara cambia*»

In un articolo per l'«Avanti!» dell'aprile 1999 Craxi analizza le ripercussioni della vicenda Öcalan sul rapporto tra la Turchia e l'Europa. La prima richiesta di piena adesione formulata dalla Turchia risale al 14 aprile 1987, tuttavia la sua inclusione tra i Paesi membri non è ancora avvenuta. L'incidente Öcalan genera perplessità nei leader politici turchi e diffidenza nei confronti dell'intera Unione Europea.

Ecevit, il vincitore delle elezioni turche, diffida fortemente dell'Europa che ritiene in preda ad un «complesso anti-turco».

La questione della richiesta di adesione della Turchia all'Unione Europea sembra tutt'altro che all'o.d.g. I nazionalisti turchi, arrivati secondi nella competizione elettorale, parlano piuttosto di una unione pan-turca degli Stati turcofoni dell'Asia Centrale. Anche i partiti filoeuropei si sono raffreddati. L'affare Öcalan in tutto questo ha avuto ed ha un grande peso. Il quotidiano liberale «Radikal» parla di «delusione, sfiducia, e sensazione di essere stati ingannati». È un cambiamento di rotta storico rispetto alla tradizione di Atatürk, che diceva ai turchi: «È essenziale per il progresso della nostra nazione che essa possa partecipare alla civiltà europea». Decenni dopo la Turchia, seguendo questo insegnamento, aveva chiesto nel 1959 lo statuto di Paese associato alla Comunità Europea e aveva chiesto la piena adesione nel 1987. Dieci anni dopo, nel 1997, al vertice del Lussemburgo la candidatura di Ankara non era stata ancora accettata.

«Pena di morte»

Durante la permanenza di Öcalan in Italia la Turchia avanza una richiesta formale di estradizione, che l'Italia non può accogliere stante il divieto costituzionale per lo Stato italiano di estradare in un Paese dove vige la pena di morte, così come di decretare l'estradizione passiva per reati politici. Per alcuni un terrorista, per altri un patriota rivoluzionario, sulla vicenda del leader curdo pesano le scelte dei Paesi che lo hanno ospitato, come l'Italia che ha preferito convincerlo a partire nella difficoltà di gestire una situazione carica di tensioni. Craxi affida le sue perplessità a queste righe pubblicate dall'«Avanti!» nel marzo 1999. Il Tribunale civile di Roma concederà l'asilo politico a Öcalan il 4 ottobre 1999 quando questi è già detenuto nel carcere di massima sicurezza di İmralı, un'isola del Mar di Marmara dove è tuttora detenuto, essendo stato condannato all'ergastolo dopo l'abolizione della pena di morte in Turchia nel 2002.

Il caso Öcalan tornerà presto alla ribalta. Contrariamente ai loro predecessori ottomani che si limitavano a deportare i capi ribelli kurdi, i vari governi della Turchia hanno condannato a morte ed impiccato tutti i leader delle insurrezioni kurde del XX secolo. Il leader del Pkk sarà giudicato in un processo che si svolgerà nella stessa isola in cui oggi è prigioniero. Il penitenziario di İmralı è generalmente riservato ai condannati a morte. In quest'isola furono giustiziati nel 1960 il primo ministro Adnan Menderes e due suoi ministri. Öcalan sarà processato e condannato il prossimo aprile. In virtù dell'art. 125 del codice penale per il reato di alto tradimento è prevista la condanna a morte. I militanti del Pkk non si fanno illusioni. Da un lato sperano in un intervento degli Stati occidentali che possa salvare la vita di Öcalan, dall'altro diffondono questa frase che attribuiscono ad Öcalan: «La mia morte servirà la causa kurda più ancora della mia vita». Il primo ministro turco Ecevit, nazionalista di sinistra, parla di una «pretesa questione kurda creata da centrali straniere». C'è chi continua a ripercorrere il triste vagabondaggio di Öcalan per i Paesi di Europa. Ci si chiede quali siano le responsabilità russe, italiane, greche. Il governo di Nairobi, si sa, nel caso Öcalan ha fatto quello che gli è stato ordinato di fare.

Guerre iugoslave

Kosovo italiano

La morte di Tito nel 1980 segna la fine della politica della «Fratellanza e Unità» sulla quale aveva costruito e tenuto insieme la Repubblica Socialista Federale di Iugoslavia. La scomparsa del suo principale architetto scatena il riemergere di forti spinte nazionaliste e indipendentiste che dal 1987 trascinano la federazione in una serie di conflitti armati in Slovenia (1991), Croazia (1991-1995), Bosnia ed Erzegovina (1992-1995) e Kosovo (1996-1999).
Nella Repubblica Sociale Federale di Tito, il Kosovo è una regione a maggioranza albanese che gode dello status di provincia autonoma e nel suo territorio la lingua albanese-kosovara quello di lingua co-ufficiale accanto alla lingua serbo-croata. Nel 1989, su pressione del governo serbo guidato da Slobodan Milošević, viene revoca-

ta l'autonomia e sono eliminati tutti i riconoscimenti formali all'etnia albanese. Se in un primo momento la maggioranza albanese, di religione musulmana, mette in atto forme di resistenza non violenta nei confronti della repressione e dei soprusi imposti, dalla metà degli anni Novanta la costituzione dell'organizzazione paramilitare dell'Esercito di Liberazione Albanese segna l'inizio dell'inasprimento e una degenerazione del conflitto.
Craxi in questo scritto dell'aprile 1999 rilegge il rapporto tra Serbia e Kosovo attraverso il più ampio respiro della prospettiva storica.

La storia della Serbia e del Kosovo è una storia molto tormentata. Essa si è snodata nei secoli, attraversata da continue tensioni e conflitti tra la maggioranza albanese e la minoranza serba. In una «lettera aperta all'opinione francese» datata 1989 i serbi accusavano gli albanesi di aver provocato nel XVIII secolo un esodo «che prese le dimensioni di un genocidio al fine di separare i territori serbi per la sicurezza degli Ottomani». Convertiti all'Islam gli albanesi si erano intimamente legati ai sultani turchi. La dinastia egiziana che regnò al Cairo dal 1805 al 1952 e cioè sino a re Faruq era stata fondata da un albanese. Tuttavia nella regione dell'Albania e del Kosovo continuarono a vivere numerose comunità cristiane che si sottomisero allo status imposto allora dai mussulmani. La città cristiana di Pec, nel Kosovo, era considerata la «Gerusalemme serba».

All'inizio dell'Ottocento, dopo la rivoluzione francese, ebbe luogo una rivolta dei cristiani kosovari. Sono gli anni in cui già compare, a danno dei cristiani, la tragica nozione di «pulizia etnica». La Serbia proclama la sua indipendenza nel 1878. Nel 1913 anche l'Albania diviene uno Stato indipendente ma il Kosovo, benché abitato da una popolazione in maggioranza albanese, viene aggregato alla Serbia. È una decisione che viene confermata nei trattati del 1920. Quando nel 1941 Hitler travolge la Iugoslavia, il Kosovo viene annesso nuovamente all'Albania, che da due anni fa già parte del Regno d'Italia. Anche il Kosovo viene così a far parte del Regno d'Italia e Albania. Come si ricorderà, Vittorio Emanuele III era re d'Italia, d'Albania e imperatore di Etiopia. La popolazione ancora una volta si divide. Una parte prende le vie della montagna, della resistenza armata o dell'esilio, l'altra saluta la nascita della «Grande Albania», il tutto in un nuovo scenario di violenze, persecuzioni, espulsioni.

Quando Tito mette mano alla costruzione della Repubblica Iugoslava, il Kosovo riceve lo Statuto di Repubblica autonoma nell'ambito della Federazione Iugoslava. Nel 1974 la nuova Costituzione iugoslava riconosce al Kosovo diritti pressoché simili a quelli delle altre repubbliche federate. Nel Kosovo tuttavia esplodono manifestazioni di protesta che chiedono «una Nazione costituente» in seno ad una «repubblica iugoslava del Kosovo». Decine di migliaia di serbi sono costretti ad abbandonare il Kosovo. Nel 1986 l'Accademia delle Scienze e delle Arti di Belgrado in un suo rapporto accusa i kosovari di praticare contro i serbi una sorta di «pulizia etnica». L'anno dopo Milošević revoca al Kosovo lo Statuto di autonomia. Ma il disastro dell'impero comunista, ed anche della costruzione titina, è ormai alle porte. È un dissolvimento che porta alla nuova crisi del Kosovo e al disastro dei giorni nostri, che ha assunto proporzioni spaventose in una prospettiva che è a tutt'oggi causa delle più inquietanti ipotesi, mentre l'accusa di «pulizia etnica» viene rivolta verso i serbi.

«Il mito della forza aerea»

Nel marzo 1998 il conflitto in Kosovo tra serbi e albanesi sperimenta un'escalation della crisi con conseguente inasprimento dello scontro e aumento delle vittime civili e non. Il 31 marzo il Consiglio di Sicurezza dell'Onu emana la risoluzione 1160 con la quale condanna l'eccessivo uso della violenza da entrambe le parti. A maggio la comunità internazionale mette sotto embargo per gli armamenti la Federazione Iugoslava, vengono schierate forze terrestri al confine con la Macedonia. Il 23 settembre una nuova risoluzione dell'Onu (1199) ribadisce la condanna delle violenze e chiede la cessazione del-

le ostilità. Nessuno di questi ammonimenti convince il leader serbo Milošević a tornare al tavolo della diplomazia. Si valuta l'opzione militare e Craxi in quei giorni si interroga sulle conseguenze del fallimento della politica e della diplomazia.

Siamo forse alla vigilia di bombardamenti Nato sulla Serbia. E non ci sembra vero. La Nato, alleanza difensiva, non ha mai fatto nulla di simile. La Nato riporta la guerra in Europa. Sembra una operazione dalle conseguenze imprevedibili e incalcolabili. I problemi del Kosovo non saranno risolti. Problemi di questa natura non si risolvono a colpi di bombe. La politica e la diplomazia debbono prevalere ed essere capaci di risolvere anche le questioni più intricate. Una guerra in una regione vicina all'Italia è un evento terribile ed impressionante.

Su tutta la vicenda inoltre pesano interrogativi che non hanno avuto risposta. Chi arma la rivolta in Kosovo? Che risultato avrebbero i raids aerei? La Serbia è un grande Paese e questo non può non essere calcolato. Si vogliono provocare rivolte in Serbia? Si useranno prima gli aerei e poi si manderanno gli uomini a morire? I figli dei Paesi liberi andranno a morire per la libertà del Kosovo, o meglio, per i diritti della maggioranza del Kosovo di origine albanese? È un problema che è stato scoperto oggi? È un problema che può essere risolto a colpi di guerriglia e poi di guerra? I raids aerei non serviranno a molto. Non lo diciamo noi. Lo dice Marco Bertolini, capo di stato maggiore della Extradiction Force, e medaglia d'oro della missione nel Libano: «Il mito della forza aerea come forza totale è proprio solo un mito». E quanto ad un attacco da terra, l'alto ufficiale italiano risponde: «Spero non ce lo chiedano mai».

«La bomba facile»

Le bombe rappresentano la soluzione alle crisi? Per Craxi non possono rappresentare l'alternativa alla ricerca di soluzioni politiche negoziate. La politica e la diplomazia devono esercitare le loro prero-

gative e assumersi la responsabilità di imporre i loro strumenti. In queste righe del marzo 1999 da Hammamet Craxi riflette sulla situazione internazionale e l'assurdità del frequente ricorso alle bombe come strumento di risoluzione delle situazioni di crisi.

I bombardamenti dell'aviazione americana ed inglese, almeno sino ad ora, sembrano da qualche tempo il bastone con il quale ci si industria a governare le situazioni distorte che si presentano nel mondo. Le bombe dovrebbero essere la soluzione miracolosa destinata a distruggere il male e a far rifiorire il bene. Di bombardamenti del resto, solo nell'ultimo anno, se ne possono ormai elencare non pochi. Si sa tutto di loro e dei loro bagliori, si sa poco o nulla dei risultati che le imprese della più grande, moderna e sofisticata aviazione del mondo abbiano potuto ottenere. Sappiamo poco o nulla del bombardamento che all'improvviso fu fatto nel Sudan. Non sappiamo se distrussero una centrale di armi chimiche o una fabbrica di medicinali. Non si è mai saputo nulla di che cosa abbiano colpito, distrutto, eliminato i bombardamenti in Afghanistan, in zone controllate da un capo terrorista. Lui di certo è vivo e del resto non se ne è più sentito parlare. Non si sa esattamente quali siano i risultati complessivi dei raids aerei sull'Iraq e cioè se abbiano eliminato pericolose fabbriche di armi chimiche o peggio ancora di armi atomiche o comunque di armi particolarmente pericolose.

Ora preme il dramma del Kosovo. Come esso sia riesploso, chi abbia incoraggiato gruppi kosovari albanesi a scendere sul terreno della lotta armata contro la Serbia per un obiettivo di indipendenza, è tutto da ricostruire. La Serbia reagisce con durezza mettendo in campo la sua forza militare con azioni che talvolta sconfinano nel crimine contro cittadini inermi. Tutta la popolazione civile del Kosovo ne fa le spese che sono particolarmente dolorose.

Questa situazione terribilmente intricata verrà risolta a colpi di bombe? Molto difficile. Le bombe provocheranno altri disastri ed altre vittime ed apriranno la strada a nuovi conflitti ed ad una estensione pericolosa delle reazioni e delle contro reazioni. Ripetiamo ciò che ha detto dall'alto della sua esperienza ed anche della sua saggezza un ufficiale italiano, una medaglia d'oro, che non può essere accusato di essere un pauroso. Il mito dell'arma aerea, come provano i fatti, potenza risolutrice, è giustappunto un mito. Se si dovesse passare allo scontro umano si toccherebbe un fondo che si sperava ormai estraneo alla storia delle nazioni europee. La politica e la diplomazia, senza il continuo rincorrersi di minacce e di ultimatum, debbono trovare la forza e la strada per giungere ad imporsi. La politica e la diplomazia non possono dichiarare fallimento. La bomba può essere considerata la via facile ma la pace continuerebbe ad essere difficilissima.

«Il dominio dell'aria»

Dopo il fallimento della via diplomatica il 24 marzo 1999 l'allora presidente degli Stati Uniti d'America, Bill Clinton, annuncia l'operazione Allied Force, una campagna di attacchi aerei portata avanti dalla Nato contro la Repubblica Federale Iugoslava di Slobodan Milošević, con l'obiettivo di fermare la pulizia etnica voluta dal presidente serbo contro la popolazione albanese e ricondurre la delegazione serba al tavolo delle trattative. Le operazioni di attacco della Nato, che opera senza mandato Onu, verranno sospese il 10 giugno 1999 all'indomani della firma dell'Accordo di Kumanovo tra lo stato maggiore della Repubblica Federale di Iugoslavia e la Nato. Fedele al riconoscimento del primato della politica e della diplomazia, nei giorni dei bombardamenti Craxi riflette sull'efficacia dell'opzione militare aerea, i limiti e i possibili conseguenti sviluppi. In merito è opportuno ricordare che proprio con l'inizio degli attacchi la pulizia etnica e la repressione scoppiarono con maggior intensità.

O riescono a distruggere totalmente le forze avversarie e a spingere la popolazione verso un atteggiamento a loro ostile oppure i raids aerei non servono francamente a molto. Restano un'azione violenta che può aprire la via ad un regolamento di conti per via terrestre. Raramente preparano un regolamento politico di una crisi. L'inventore della strategia dell'attacco aereo fu un generale italiano, Giulio Douhet. Circa ottant'anni fa aveva scritto *Il dominio dell'aria*. Un insegnamento che ha continuato ad avere seguito.

Negli anni Venti Douhet fissava tre obiettivi per la dimensione aerea di un conflitto: la paralisi al suolo della forza aerea avversaria, la distruzione delle infrastrutture militari e dei centri di produzione bellica, e infine, come tappa finale, l'annientamento della volontà popolare di resistenza attraverso dei bombardamenti massicci. A questa vecchia lezione s'ispira in buona parte almeno il piano in tre fasi del generale Clark. Di questa strategia aerea che privilegia l'offensiva, sono stati pionieri i tedeschi che sin dall'inizio della Seconda guerra mondiale lanciarono potenti raids aerei, in primo luogo contro la Polonia. Gli stati maggiori americani ripresero a loro volta le tesi del generale Douhet, sviluppandole, basandosi anche sull'apparizione del missile di crociera e delle bombe guidate che permettevano la guerra a distanza.

Ma tanto la guerra del Vietnam che quella del Golfo hanno mostrato i limiti di una teoria messa in atto soprattutto per compensare le insufficienze di una armata di terra. In Iraq le forze armate irakene hanno fatto «lo sciopero della guerra». Succede così che ancora oggi, dopo otto anni, gli americani bombardano in Iraq per mettere fuori pericolo un'armata che dispone ancora di mezzi di difesa importanti. C'è da ritenere che questi bombardamenti non siano stati tanto pericolosamente efficaci. Gli eserciti iugoslavi hanno appreso la loro tattica da quello dell'ex Urss. Sono truppe di repressione che si uniscono alla forza dei carri armati e dell'artiglieria con una grande capacità di mobilità e di flessibilità sul territorio. Si tratta di truppe dette speciali e insieme si confondono unità regolari ed unità di polizia. È possibile colpire al cuore questo dispositivo e infliggergli delle perdite irreparabili? Il rischio della Nato è che i bombardamenti in corso non raggiungano alla fine questi risultati. La Nato, se non intervengono altri fattori di ordine politico, non potrà perciò che continuare a intensificare i bombardamenti nella speranza che lo stato maggiore iugoslavo, di fronte a danni irrimediabili, chieda a Milošević di arrendersi e negoziare. Altri ulteriori scenari sono, come si sa, ancora più tragici.

«Terra – Aria»

Il 14 aprile 1999 il comando della quinta forza Nato dichiara: «Due Amx Ghibli *(italiani) sono stati utilizzati all'interno di una formazione di velivoli dell'Alleanza con compiti di difesa integrata ed è stato sganciato del munizionamento». Immediate le proteste delle forze politiche della maggioranza di governo alle quali il presidente D'Alema risponde: «Quando c'è la guerra ci si difende con le armi». Mentre aerei della coalizione atlantica si alzano in volo dalle basi italiane rimane al vaglio l'opzione dell'offensiva terrestre, che esporrebbe però i militari coinvolti a maggiori rischi. La possibilità di maggiori perdite in termini di vite umane è un'eventualità che spaventa i Paesi del Patto Atlantico in considerazione del crollo del consenso da parte dell'opinione pubblica che avrebbe comportato.*
Nell'analisi delle opzioni strategiche in campo e delle voci che alimentano il dibattito a livello nazionale e internazionale Craxi, a tre giorni dall'operazione militare realizzata dalla Nato, sottolinea l'occasione perduta dall'Italia di provare a percorrere le strade della diplomazia pur avendo una posizione privilegiata ed esclusiva dalla quale tentare di evitare la soluzione militare.

Tutti lo negano. La guerra terrestre non ci sarà. La vita degli uomini di terra della Nato non sarà messa a rischio. Lo dice Clinton e, per quel che conta, lo dice anche Scognamiglio [ministro della Difesa. *NdC*]. Anche i falchi di casa nostra hanno fatto un passo indietro. Tutti lo negano ma tutti lo pensano. Lo pensano anche i serbi che da tempo si preparano per uno scontro sul terreno. In queste settimane non hanno fatto altro che predisporre mezzi di difesa sia che si trattasse di campi minati, di trincee, di depositi di armi ben nascosti. I serbi pensano ad una guerra partigiana con una rete di installazioni nelle zone più impervie del Kosovo. Pensano alle esperienze dei partigiani di Tito e la propaganda ricorda la resistenza accanita che i serbi opposero alla invasione di ventidue divisioni naziste. Su grandi striscioni nella capitale serba si legge «Armata Rossa non temere, ci sono i serbi dietro di te».

Sembra quasi che da parte di Milošević e dei suoi un attacco di terra da parte della Nato sia auspicabile. Tutto in realtà diventerebbe molto difficile anche per i serbi che si troverebbero alle prese con una probabile estensione del conflitto in aree contigue e con i commandos dell'Uck armati e diretti dalla Nato. Una guerra terrestre sarebbe dura e sanguinosa per tutti e non è affatto detto che risulterebbe definitiva. I serbi contano probabilmente di poter resistere per molto tempo e ritengono che a quel momento l'aiuto russo non potrebbe mancare. Su questo punto la posizione russa è negativa solo allo stato delle cose. In questo momento un aiuto militare alla Serbia non è ritenuto «necessario». L'augurio di tutti è che i bombardamenti, ridotti a distruggere ministeri disabitati, ponti e strade, scuole, industrie civili e abitazioni e financo una fabbrica di sigarette, siano destinati a cessare per lasciare il passo ad una equilibrata trattativa senza vincitori né vinti. Nel frattempo ci consoliamo con le parole del ministro della Difesa italiano «Gli italiani non saranno alla frontiera». Purtroppo gli italiani sono già alla frontiera. Il governo aveva detto così anche per l'aviazione. La Serbia aveva rotto le relazioni diplomatiche con tutti i Paesi della Nato tranne che con l'Italia. Era un ponte diplomatico che bisognava avere il coraggio di usare. Per tutta risposta abbiamo inviato i nostri aerei a bombardare, coprendoci sotto la formula della «difesa integrata» alla quale non crede nessuno.

«E gli italiani?»

Deciso l'intervento aereo, il governo D'Alema autorizza l'utilizzo dello spazio aereo italiano, delle basi Nato presenti sul territorio italiano e mette a disposizione un'importante aliquota di aerei militari sia di supporto che da combattimento. In quei giorni Craxi si interroga sulla percezione dell'opinione pubblica del ruolo dell'Italia in questa operazione militare sulla quale non c'è unanime consenso né sul fronte interno né a livello internazionale.

Che cosa pensano gli italiani di ciò che sta accadendo nel Kosovo. La politica delle bombe incontra il favore dell'opinione pubblica? Pare che non ne siano affatto entusiasti negli Usa. E in Italia? E negli altri Paesi di Europa? L'opinione italiana è più sensibile alle parole del Papa o alla faccia feroce di esponenti politici di sinistra, di centro e di destra, del governo e dell'opposizione? Fanno eccezione coloro che si oppongono apertamente al linguaggio della guerra e che sono pochi, e coloro che non lo condividono e lo respingono, che sono tantissimi e che restano muti. Tutto è avvenuto quasi all'improvviso anche se la determinazione americana a colpire con le armi la Serbia era da tempo assolutamente evidente.

I sondaggi di opinione, così pronti in altre occasioni, non si sono ancora visti e probabilmente sono in macchina. In televisione si sono susseguiti uno dopo l'altro, con qualche eccezione autorevole guidata dalla dichiarazione di Enrico Mentana, una sequela di cerberi con la spada in mano anche se si capiva lontano un miglio che loro il «militare» non lo avevano mai fatto. È stato un corteo imbarazzato, giustificazionista, bombarolo, negoziatore, vittimistico a senso unico. Dopo l'offensiva propagandistica politica, giornalistica e soprattutto televisiva in favore della guerra, sarebbe ora importante sapere che cosa effettivamente ne pensa l'opinione pubblica italiana. L'operazione in corso divide certamente l'opinione pubblica ma soprattutto divide drammaticamente il mondo. Il mondo non è solo la Nato, né la

Nato è mai stata concepita come il braccio armato del governo del mondo. La stessa Europa è divisa ed in primo luogo l'occhio deve essere rivolto alla Russia che difficilmente si limiterà ad alzare una voce di protesta senza poi ricorrere ai fatti a sostegno di un popolo e di una nazione amica come la Serbia. Nel frattempo dalle basi italiane si susseguono le partenze degli aerei carichi di bombe dirette sul territorio serbo. Gli aerei si chiamano con le loro sigle. Gli aeroporti si chiamano con il nome di città italiane. Sembra che nella guerra l'Italia sia in prima fila.

III

Ma l'America è lontana

Una verità certamente incontestabile è che il mondo ricco ha accumulato ritardi miopi, ingiustificabili ed inspiegabili nei confronti delle aree più povere del mondo.

B. CRAXI

«Caro Augusto»

Craxi non abbandonò mai il popolo cileno e nella sua azione di politica estera il pensiero della dittatura di Pinochet è costante. Costante l'impegno per un «concorso internazionale coraggioso, attivo e lungimirante da parte dei Paesi democratici per supportare i cileni nella loro causa di libertà».
E così lo esprime nel suo intervento del 1985 alla Camera dei rappresentanti degli Stati Uniti a Washington: «Sopra ogni altra sovrasta la richiesta di libertà del popolo cileno e questa richiesta ha bisogno dell'incondizionato appoggio di tutti noi».
A questo scritto proveniente da Hamammet Craxi affida il compito di raccontare un episodio chiarificatore di quale fosse la posizione degli Stati Uniti rispetto al dramma della dittatura cilena.

Un documento sul quale è trascritta una conversazione tra Henry Kissinger e il generale Augusto Pinochet dà un'idea piuttosto chiara di quale fosse la posizione del governo Usa di fronte al golpe dei militari cileni. La conversazione tra i due uomini ebbe luogo l'8 giugno 1976.

PINOCHET – Innanzitutto ci tengo a dirvi quanto io vi sia grato perché siete venuto alla Conferenza. [Si teneva a

Santiago una Conferenza della Organizzazione degli Stati americani. *NdC*]

H. KISSINGER – È per me un onore. Sono stato molto colpito dalla accoglienza popolare al mio arrivo. In Cile io sento una reale amicizia.

PINOCHET – I cileni sono gente calorosa e amante della libertà. È per questo che hanno respinto il comunismo che voleva impadronirsi del Paese.

H. KISSINGER – Negli Stati Uniti, come voi sapete, noi siamo di tutto cuore con voi. Io resto convinto che il precedente governo [di Salvador Allende. *NdC*] era l'alleato dei comunisti. Vi auguro di riuscire. Sarà utile che voi ci informiate delle misure che prendete in materia di diritti dell'uomo. Non si tratta di portare danno al vostro governo. Tutto ciò che voglio è che voi riusciate e mi auguro di potervi aiutare. Se noi diamo scacco all'emendamento Kennedy [il senatore Edward Kennedy aveva fatto adottare un testo per sospendere gli aiuti al Cile sino a quando il governo cileno non avesse dato prova di rispettare i diritti umani. *NdC*] vi invieremo gli F-5E [aerei da caccia. *NdC*] come d'accordo. Se abbiamo omesso di farlo per un certo periodo è stato per non dare argomenti ai nostri nemici.

«¡Un paso mas y tiro!»

L'11 settembre 1973 un golpe militare rovescia e uccide Salvador Allende, ventinovesimo presidente del Cile, democraticamente eletto, tra i fondatori del Partito socialista del Cile. Assume il potere una giunta militare guidata dal generale Augusto Pinochet. Craxi, da leader del Psi, è il primo politico italiano a recarsi in Cile dopo il golpe, al seguito di una delegazione dell'Internazionale socialista. Una volta a Santiago la delegazione si sposta a Viña del Mar con l'obiettivo di raggiungere il cimitero di Santa Inés per rendere omaggio ad Allende sulla sua tomba. In questo documento Craxi, attraverso il ricordo del giorno nel quale il regime impedì che quell'omaggio fosse reso, descrive le suggestioni di un viaggio in un Paese schiacciato e oppresso dalla brutalità della dittatura. Intervistato in quei gior-

ni dalla stampa italiana Craxi dichiara: «Ancora un passo e sparo! Questo credo che simboleggi assai bene il carattere del regime cileno e cioè la violenza contro la ragione».
Il 23 ottobre racconta al giornale «l'Europeo» quell'episodio intenso ed emblematico del clima vissuto durante i cinque giorni trascorsi in Cile.

Di buon mattino eravamo partiti da Santiago e avevamo raggiunto Viña del Mar che è a un centinaio di chilometri dalla capitale. Eravamo un folto gruppo. Quando arrivammo al cimitero di Santa Inés alla periferia di Viña e dove Allende è sepolto nella tomba della famiglia Grove (i Grove sono i parenti della moglie di Allende) tutto pareva calmo, regolare. Le prime avvisaglie di quello che doveva succedere, si sono avute all'ingresso del cimitero, quando mi rivolsi all'impiegato dicendogli in spagnolo: «Siamo qui per visitare la tomba del presidente Allende». L'uomo, un giovane, mi guardò come sorpreso, poi abbassò gli occhi senza rispondere. Ho insistito più energicamente, alzando un poco la voce. E lui zitto. Faceva finta di riordinare certe sue carte e non osava alzare lo sguardo. Ho capito che aveva paura.

In quel momento arrivò un ragazzino, un bambino anzi, non avrà avuto più di cinque o sei anni, uno di quei bambini tragici e meravigliosi che si incontrano in tutti i Paesi sottosviluppati e che si guadagnano la vita a far da guida agli stranieri davanti alle chiese o ai monumenti o ai bazar o appunto davanti ai cimiteri. Il bambino ci dice: «Vi insegno io dov'è la tomba del presidente». E così ci incamminiamo lungo un grande viale deserto. Era una giornata splendida e il cimitero di Santa Inés appariva quasi allegro nella luce limpida e fresca del mattino.

Questa atmosfera idilliaca durò poco. Avremo fatto sì e no cinquanta passi che si parò davanti a noi un manipolo di «carabineros», faccia truce e mitra puntati. Io ero in fondo alla fila e sulle prime non mi resi ben conto di cosa stesse succedendo. Quando mi avvicinai udii chiaramente, sinistramente il «clic» della pallottola in canna. Era il più giovane dei soldati che, piantato a gambe larghe, puntava il mitra carico contro di noi. In spagnolo ci ordinò di andarcene. Qualcuno non aveva capito e fece l'atto di proseguire. «*Un paso mas y tiro*» fu la risposta del militare, la canna del mitra ormai a pochi centimetri da noi. Allora abbiamo deposto i fiori sulla ghiaia del viale, e siamo tornati verso l'uscita. Ho avuto paura? Forse. Ma più che paura era rabbia. Rabbia per il senso di impotenza, un senso di impotenza che mi accompagnò, devo dire, per tutto il tempo in cui sono rimasto in Cile.

Nell'atrio del cimitero trovammo altri soldati e altri mitra. Cominciarono a perquisirci e a sequestrare tutte le macchine fotografiche. L'operatore italiano della Rai si sedette su una tomba e cambiò, con straordinaria rapidità e senza farsi accorgere, il rullino. Poi mi venne vicino e mi disse: «Mi dà una sigaretta, onorevole?», e poi mi buttò il rullino nel giubbotto. Io mi apersi la camicia e feci girare il rullino sulla schiena. Tutto si svolse così velocemente che i «carabineros» non si accorsero di nulla. Negli uffici del cimitero rimanemmo due ore, sotto strettissima sorveglianza. Nemmeno la pipì ti lasciavano fare senza seguirti. Alla fine ci lasciarono andare. All'uscita dal cimitero ci fu una scena che mi colpì profondamente. Il quartiere dove si affaccia il cimitero di Santa Inés è un quartiere pieno di vita, come può esserlo un quartiere popolare la mattina. Si vedevano, attraverso le porte aperte, gli uomini intenti al lavoro nelle officine, e le donne sulle porte delle case, e i ragazzi che giocavano. Bene. Tutti quanti sapevano o immaginavano quello che stava succedendo. Avevano visto il corteo delle macchine, avevano visto i militari, avevano visto i gipponi. Ma nessuno si era avvicinato. Non osavano neanche guardarci. Lo facevano solo con la coda dell'occhio stando ben attenti a non farsi vedere dai militari. A un certo punto, io ero già salito in macchina, vidi staccarsi da un portone una donna, una popolana sui quarantacinque anni. Mise la testa nel finestrino e disse tutto di un fiato: «*Clemencia por los chilenos en sus paises*». Chiedete solidarietà per i cileni nei vostri Paesi. Poi si è girata ed è tornata di corsa in casa.

A Santiago vedevo paura e odio. I volti degli abitanti di Santiago erano pallidi di paura e di odio. E non solo nei quartieri bassi, ma anche nel Barrio Alto, nei quartieri ricchi, residenziali. Io non ho visto, come invece scrissero, che i quartieri bene erano imbandierati, allegri, in festa. No, non è vero. Anche fra i ricchi c'era paura e odio. Per ragioni diverse, ovviamente. Perché temevano che la «Junta» potesse essere rovesciata, perché temevano la vendetta dei figli, dei fratelli, dei compagni degli uomini di sinistra che erano stati massacrati e fucilati per le strade di Santiago e in tutto il Cile. Del resto la moglie di un senatore che era al confino all'isola di Dawson, o almeno si presumeva che fosse a Dawson, perché dal giorno del suo arresto non se ne sapeva più nulla, mi disse che fra le «*poblaciones*» circolavano volantini che dicevano: «Chi colpirà gli uomini di Unità Popolare subirà, prima o poi, vendetta spietata e senza appello». Perciò i cileni si guardavano tutti, l'un l'altro, con sospetto.

Tra tutti i tragici aspetti di una guerra civile, questo è forse il più orribile. Non si può immaginare cosa sia una città grande come Santiago alle sei e mezzo di sera quando il coprifuoco è fissato per le otto. È tutto un correre, un affannarsi, un fuggi fuggi generale. Vedi passare i pullman, i piccoli pullman zeppi di gente, con le persone a grappoli avvinghiate alle portiere. Sembrava di rivivere certe scene dell'Italia della guerra o dell'immediato dopoguerra. E nessuno può immaginare, se non l'ha visto con i propri occhi, che cosa sia una città cinque minuti prima del coprifuoco. I pochi passanti che corrono disperatamente, le porte degli alberghi e degli uffici pubblici chiuse a metà, mentre già si sentono i passi delle pattuglie, mitra contro il cielo. Una atmosfera da incubo, allucinante. E poi la notte l'eco degli spari; le grida, i comandi secchi degli ufficiali. E all'alba cominciano a circolare le notizie dei morti che erano stati trovati nel fiume o nei prati della periferia.

Proprio il giorno in cui arrivammo un giornalista mi raccontò di aver visto con i suoi occhi cinque cadaveri galleggiare sul Mapocho. Io stesso contai nei pochi giorni che sono stato in Cile trenta fucilazioni. E nel giorno in cui ripartimmo per Buenos Aires ne uccisero altri sedici. E questi erano dati ufficiali forniti dalla «Junta» che tendeva ovviamente a minimizzare e mascherare la realtà. La realtà invece era che il Cile era divenuto un grande orrendo mattatoio. L'esercito aveva mano completamente libera grazie al famigerato Bando 24 che consentiva ai militari di fucilare *«en el lugar de los hechos»*, sul posto, chiunque fosse sorpreso a «cospirare» o chiunque tentava la fuga.

Un giornalista che riuscì ad intrufolarsi alla «morgue» di Santiago mi disse di aver visto cadaveri di uomini e di donne e di aver contato in una sola mattinata dai trenta ai cinquanta cadaveri scaricati dai camion militari. E ci fu poi la testimonianza di un prete che disse di aver visto cremare trecento morti. E ci fu la confessione di un membro della stessa «Junta», che disse che i morti nella sola Santiago erano stati 3500. E poi a simbolizzare tutti questi orrori, autentico monumento della tragedia cilena, c'era il Palazzo della Moneda con le occhiaie vuote delle sue finestre, il corpo della parte anteriore completamente sventrato e la parte posteriore, dove oggi ci sono gli uffici del ministero degli Esteri, intatta. Gli ufficiali dell'aviazione hanno menato vanto di questo. Hanno detto: «Avete visto come siamo stati bravi. Allende non credeva che saremmo riusciti a bombardargli la Moneda senza toccare il resto».

Le posizioni all'interno del comando militare, al di là della apparente e pubblica unità, erano tuttavia diverse. Si ebbe la conferma, ad esempio, che l'esercito era stato in forse fino all'ultimo e che decise di appoggiare il golpe addirittura nella giornata di lunedì, solo ventiquattro ore prima del colpo di Stato. E resistenze si sono avute nella stessa Marina che pur ha poi guidato tutta l'operazione. È noto che a Valparaiso sono stati fucilati dei marinai che si erano rifiutati di eseguire gli ordini di Pinochet. Resistenze, quindi, all'interno dell'esercito, ci furono. Lo si vedeva, lo si sentiva, lo si notava sullo stesso viso di molti soldati. Te ne accorgevi dal modo in cui obbediscono ai comandi. Io lo vidi allo stesso cimitero di Viña del Mar. Certi occhi bassi, certa sia pur contenuta insofferenza, certa vergogna. Sono sfumature, ma sono importanti.

Naturalmente poi c'erano gli altri, soprattutto gli ufficiali, completamente presi dalla propaganda del regime, da questa farisaica esaltazione della funzione «salvatrice» dell'esercito. Li vedevi camminare per le strade a testa alta, sicuri, arroganti, convinti di vivere la loro grande stagione. E ti scorrono i brividi giù per la schiena. Comunque, per quel che ho visto, mi pare di poter dire che accanto a soldati che erano convinti di quel che facevano, ce ne erano altri, moltissimi altri che convinti non lo erano affatto e ai quali il regime di terrore fece piegare la testa. Sono passati da allora tanti anni ma il ricordo di quei giorni a Santiago è rimasto indelebile.

«Democrazia spazzatura»

Quella che segue è un'analisi a firma Edmond Dantès, redatta da Craxi nel novembre 1996, sui contraccolpi della fine del sistema comunista mondiale sull'isola di Cuba, e la strenua difesa da parte del presidente Fidel Castro del ruolo della Repubblica cubana quale ultimo bastione del comunismo nel mondo. La sua resistenza al cambiamento viene superata dagli eventi ma le concessioni all'economia di tipo capitalistico da sole non mettono Cuba sulla strada della democrazia. Una riflessione amara sul destino che i totalitarismi impongono a quei Paesi che li subiscono. Ineludibile per Craxi, anche in questo caso, il richiamo al ruolo e alle opportunità sprecate dal mondo ricco di attuare strategie di umanità e civiltà che avrebbero potuto spingere i Paesi poveri a colmare una distanza non solo economica.

Quando nel 1989 inizia la crisi finale del Sistema comunista mondiale, il regime cubano di Fidel Castro si trovò inchiodato in una posizione di grandissima difficoltà che sembrava allora insormontabile.

Gli avvenimenti del biennio successivo, con i loro effetti ancora più travolgenti, provocheranno alla fine il crollo dell'impero comunista, la dissoluzione dell'Urss e la caduta dello stesso Gorbaciov, l'uomo della «perestrojka», considerato da Fidel Castro alla stregua di un traditore del comunismo.

Il leader cubano aveva respinto sin dall'inizio il nuovo corso avviato dall'ala gorbacioviana del Pcus. Trasparenza, revisionismo, avvio della liberalizzazione, pluralismo politico rappresentavano un miscuglio di fattori che affermandosi rischiavano di investire e di travolgere il regime cubano, sempre circondato dalle soffocanti pressioni americane, isolato, e sotto la costante minaccia di una parte massiccia di popolazione cubana, quale era ed è quella degli emigrati ed esiliati in Florida, negli Usa e altrove.

Di fronte all'Assemblea nazionale cubana, il 26 dicembre 1989, Castro non usa perciò mezzi termini quando dichiara: «L'isola sprofonderà nel mare prima che siano ammainate le bandiere della rivoluzione e della giustizia». Cuba deve restare, costi quel che costi, l'ultimo bastione del comunismo nel mondo.

La «rivoluzione» è in crisi da tempo e la «giustizia» è quella della rivoluzione, ma Castro conferma in modo intransigente e radicale tutti i fondamentali orientamenti ideologici e politici del regime che, con la nuova situazione, è però destinato ad entrare in una disastrosa parabola di una grave ed ulteriore recessione economica.

La dissidenza interna, anche tra i quadri dirigenti, viene brutalmente soffocata con la forza. Nel 1989, uno dei sei eroi storici della «Rivoluzione cubana», il generale Arnaldo Ochoa, ed altri tre ufficiali superiori vengono accusati di traffico di droga, condannati e passati per le armi.

Contro i tentativi di opposizione che si muovono sull'onda di ciò che sta avvenendo nel comunismo soprattutto europeo, il regime cubano organizza una energica repressione. I dissidenti vengono arrestati. Si formano delle «brigate di repressione rapida». Sono milizie volontarie che debbono impedire qualsiasi iniziativa popolare di protesta. Riprendono anche le esecuzioni capitali. Quando il ritorno alla democrazia era già una realtà nei Paesi ex comunisti, chiudendo il Congresso del Partito nell'ottobre del 1991, Castro dichiara che «Il multipartitismo è una multicoglioneria» e che «la democrazia occidentale è una spazzatura» mentre «il sistema cubano è il più democratico del mondo». Parole singolarmente simili a quelle di coloro che hanno criminalizzato il sistema democratico italiano, illustrato e giudicato come un sistema criminale, con la morte civile in luogo della esecuzione capitale.

Seguono per Cuba anni terribili, con una economia ormai ridotta allo stremo. Dal 1989 al 1992 la recessione produttiva è del 35%. Il 1993 sarà, sotto questo profilo, un anno ancora peggiore. Molte industrie chiudono, mancano le materie prime, i tradizionali alleati non ci sono più e hanno, con la loro assenza, determinato un grande vuoto.

La parola d'ordine è ormai non più «Vinceremo» ma «Resisteremo».

Di fronte ad una situazione diventata impossibile, è solo allora che il «lider maximo» comincia a modificare la linea di intransigenza e di chiusura, lasciando il passo a nuove misure. Si può usare a Cuba il dollaro dell'imperialismo americano.

Si liberalizza nel mercato agricolo e nelle attività minori. Si cerca di incoraggiare l'investimento estero secondo la formula «Socialismo e joint-ventures». Questa nuova linea di apertura da un lato favorisce innanzitutto un flusso turistico importante, anche se questo trascina con sé lo sviluppo della prostituzione e del contrabbando, e dall'altro non frena né l'esodo dei cubani che continuano a cercare rifugio negli Stati Uniti, né riduce l'opposizione politica organizzata che ha le sue principali centrali a Miami e a Madrid, e che diffondono la loro propaganda tra le masse degli esiliati cubani, mentre anche all'interno si manifestano nuove opposizioni.

Una situazione tutt'altro che normalizzata e tutt'altro che risolta, con il regime castrista alle prese con le macerie del «nuovo ordine», sulle quali si tenta di ricostruire e di cambiare riformandolo, facendo soprattutto appello ai forti impulsi nazionalisti della popolazione cubana, tanto nella borghesia civile e militare che tra gli strati popolari poveri, tra i quali tuttavia cresce il ruolo e l'influenza della Chiesa Cattolica e delle organizzazioni umanitarie dedite alla realizzazione di programmi di assistenza.

Una Chiesa del dialogo, secondo l'insegnamento di papa Wojtyła che anche quando, negli anni Ottanta, dalla stampa dell'Est comunista veniva definito come «uno dei papi più reazionari del secolo», non aveva mai cessato di ricercare un dialogo. Le sue parole furono: «Uno scambio fondato sulla verità e non uno scambio di concessioni fondamentali» nella speranza di ottenere, per questa via, liberalizzazioni anche parziali nei sistemi autoritari.

Per il resto, venendo alle polemiche romane, una verità certamente incontestabile è che il mondo ricco ha accumulato ritardi miopi, ingiustificabili ed inspiegabili nei confronti delle aree più povere del mondo. Inspiegabili perché aveva i mezzi per fare molto di più di ciò che ha voluto e saputo fare.

Ingiustificabili perché di fronte ad una denuncia universale non ha saputo costruire una più efficace strategia di umanità e di civiltà. Miope perché un riequilibrio dei mercati mondiali non può che dare alla distanza un sicuro vantaggio anche ai Paesi industrialmente più avanzati.

Ricordo il piano di sostegno al Terzo Mondo, che anni fa, a nome del Segretario dell'Onu, ebbi l'onore di proporre alla Assemblea delle Nazioni Unite. Una strategia che fu approvata alla unanimità e che fu poi nei fatti in gran parte ignorata, almeno dalla maggioranza.

Ma per tornare a Fidel, resta difficile dimenticare che il maggiore responsabile delle difficoltà che attanagliano Cuba sia stato il corso comunista e totalitario che egli volle imprimere, ed imporre per decenni ad una rivoluzione che era nata come una rivoluzione di libertà e di giustizia.

Altri rivoluzionari latino-americani, faccio l'esempio dei Sandinisti del Nicaragua, si sono posti da tempo nel terreno della democrazia.

Lo ricordo perché non si possa dire ciò che scrive un filosofo rumeno: «La gente ha dimenticato prima ancora di avere ricordato».

IV

Il muro di carta

In Italia sono stati violati principi costituzionali, leggi della Repubblica, norme dei Trattati internazionali, norme dei Trattati europei. Al di là dei nostri confini, in questi anni, su tutto questo si è diffusa una sorta di miopia acuta.

B. CRAXI

Relazioni Italia-Urss: il dossier Mitrokhin

«*Miopia acuta*»

Il dossier Mitrokhin è costituito dal materiale raccolto sino al 1984 dall'ex funzionario del Kgb Vasilij Nikitič Mitrokhin sulle attività illegali dei servizi segreti sovietici in Italia. A partire dal marzo 1995 sino al 1999 il servizio di controspionaggio inglese consegna al Sismi 261 schede che documentano la rete logistica del Kgb in Italia, i finanziamenti al Partito comunista italiano, i collaboratori italiani e i loro compiti e il nome di un colonnello sovietico implicato nel caso Moro. In questo documento, datato ottobre 1999, Craxi affronta alcuni dei temi posti dalle rivelazioni contenute nei documenti e soprattutto la questione dell'uso politico che si vorrà fare delle informazioni riportate nelle schede del dossier, strategia che non rappresenterebbe una novità per l'Italia.

1. È un dossier che ha soggiornato per anni negli scaffali dei governi. Avrà preso un po' di polvere e forse si sarà qua e là scolorito. L'affare può essere ridotto ai minimi ter-

mini, oppure provocare l'apertura a catena di altri, più importanti e più impegnativi. Il Kgb in Italia era di casa.

2. L'autonomia socialista fu una mia scelta di gioventù. Ad essa sono sempre rimasto coerente assumendomene, nelle varie fasi del mio impegno politico, tutte le responsabilità relative. Il Partito socialista da me diretto non è mai dipeso né dall'Urss né dagli Usa.

3. Nel dossier figurano i nomi di alcuni esponenti socialisti, che avrebbero rivestito ruoli vari. Rispondano loro. Alcuni lo hanno già fatto. C'è chi è apparso convincente e chi meno. In ogni caso la politica socialista che io ho rappresentato e diretto non ha mai subito condizionamenti dovuti a pressioni sovietiche provenienti da agenti, referenti o consiglieri del Kgb.

4. Sette anni fa parlando di fronte al Parlamento io mi espressi esattamente in questi termini: «Sta di fatto che il rapporto dei comunisti italiani con l'Urss e con gli Stati comunisti dell'Est era un rapporto intimo anche sul piano finanziario. Le fonti erano molteplici ed erano costituite o direttamente dai bilanci sia del Pcus che del Kgb o da attività dirette, indirette, partecipate di import-export o in relazione ad attività e progetti di imprese italiane in Urss e in altri Paesi del Comecon». Le mie parole finirono nel vento.

Sempre sette anni fa denunciai che il senatore comunista Pecchioli aveva gestito una rete di ricetrasmittenti clandestine dislocate in tutta Italia. Per tutta risposta il sen. Pecchioli, eravamo nel 1992, fu nominato nientemeno che presidente del Comitato parlamentare di controllo dei servizi segreti. Eravamo nel pieno della «falsa rivoluzione». Nessuno indagò al proposito e la mia denuncia cadde nel vuoto. Solo nelle settimane scorse, a seguito di ricerche avviate con ritardo di anni, dopo l'apparizione del famoso dossier, sono state ritrovate alcune di queste postazioni radio clandestine. La verità è che allora bisognava cancellare tutto il passato e sfondare ad ogni costo. «L'anticomunista Craxi» doveva essere travolto e tolto definitivamente di mezzo.

5. In Italia per anni è stata usata l'arma della «giustizia politica». È capitato altre volte nella storia. Per poterlo fare in uno Stato di diritto bisogna violarne e sconvolgerne le regole. Ed è quello che è stato fatto. Naturalmente doveva anche trionfare il principio dei «due pesi e due misure». C'è chi è stato aggredito e praticamente distrutto, come il Partito socialista, e chi è stato salvaguardato e protetto. E questo stato di cose per certi aspetti continua. Ci sono ora nuove azioni da fare, nuovi obiettivi da colpire, nuovi traguardi da raggiungere. L'arma della «giustizia politica» ha dimostrato tutta la sua efficacia e ad essa si intende ancora ricorrere per colpire e, se possibile, distruggere gli avversari.

6. In Italia sono stati violati principi costituzionali, leggi della Repubblica, norme dei Trattati internazionali, norme dei Trattati europei. Al di là dei nostri confini, in questi anni, su tutto questo si è diffusa una sorta di miopia acuta.

Influenze e infiltrazioni

Sono 645 le pagine che vengono consegnate ai giornalisti, suddivise in 200 schede dalle quali emergono i nomi di politici, giornalisti, giornali e appartenenti al corpo diplomatico italiano. Tra questi il nome di Francesco De Martino, segretario del Partito socialista sino al 1976, descritto nel rapporto come «contatto confidenziale» del Kgb. Prendendo le mosse dalla sua testimonianza sul segretario socialista del quale fu successore, Craxi, nel novembre 1999, per una testata non identificata, ripercorre e rivendica la storia di libertà e autonomia del suo partito e ricostruisce uno spaccato della vita politica negli anni della Guerra Fredda. Il dossier Mitrokhin porta alla ribalta solo alcune delle pagine di un libro che «andrebbe riscritto per intero».

Il Psi si era sottratto da tempo alle «influenze» sovietiche. Un conto del resto sono le influenze, un conto sono le infiltrazioni che sono sempre possibili. Gli anni difficili erano stati altri. Furono gli anni in cui il Psi veniva finanziato dal Pcus e poi, per anni ancora, dalla corrente cosiddetta «carrista» che diede vita al Psiup. Da allora molte cose erano cambiate e di certo De Martino non era un uomo di Mosca come, in quegli anni, lo era invece ancora Berlinguer.

Il Psi, in quegli anni, non ebbe mai incertezze o ambiguità di politica internazionale almeno su questioni essenziali che riguardavano l'indipendenza dei popoli e i diritti umani. De Martino e con lui il Psi, sinistra compresa, avevano le idee abbastanza chiare sul «socialismo reale».

Nenni aveva tagliato i ponti con i sovietici nel 1956 nel corso della tragedia ungherese e De Martino lo aveva seguito, a differenza di altri che si organizzarono con i soldi russi per rovesciarlo. Non mi pare invece inverosimile che suoi collaboratori, vista anche l'opposizione che veniva dai comunisti, che, come si sa, non risparmiarono Nenni ma neppure De Martino, per non parlare di Craxi, abbiano manovrato per tentare di coprirgli le spalle. Da qui ad una attività spionistica ci passa. D'altra parte i dissensi nel centrosinistra di allora, vicepresidente De Martino, che io ricordi, non nascevano su questioni di politica internazionale.

Sulla questione degli euromissili nel partito incontrai una certa resistenza. La punta di diamante fu Lombardi. Non ricordo se il gruppo parlamentare votò compatto o se ci furono dissidenze ed assenze. Basta verificarlo. Da qui mi è difficile.

Per anni Michele Achilli, praticamente isolato nel partito e staccatosi anche dalla sinistra lombardiana, andava conducendo una specie di politica estera in proprio. Eravamo un partito abbastanza unito ma poco disciplinato. Di certo non lo sospettavamo di essere un agente di servizi stranieri.

Enrico Manca, per anni, sino al Midas, stretto collaboratore di De Martino era uno che non stava mai fermo. Può darsi che abbia avuto contatti anche in quella direzione. Di cosa possa essersi trattato non saprei dire. Per Francesco Gozzano cado addirittura dalle nuvole. Vecchio nenniano, autonomista di lunga data, scrittore anche del regime craxiano, che cosa mai abbia potuto combinare con i sovietici non saprei proprio dire. Ce lo dirà lui. La lotta interna al Psi ci paralizzò per anni. Andavamo all'assalto per conquistare sezione per sezione, federazione per federazione. Ci persi anni della mia vita e della mia gioventù. Io e tanti altri con me hanno conosciuto gli anni difficili. Contendevamo il controllo del Psi alla influenza comunista e sovietica. Per noi, di quel periodo e di quella generazione, non fu come per altri che si trovarono poi la pappa fatta.

A partire dalla invasione sovietica dell'Afghanistan, a seguito della posizione assunta dal Pci, il Pcus sospese il finanziamento proveniente dal «Fondo di solidarietà internazionale». Il Pcus iniziò allora nei confronti del Pci una sorta di doppio gioco. Da un lato assicurò un finanziamento stabile a Cossutta perché organizzasse la lotta interna al Pci per un ritorno alla «ortodossia marxista leninista», che aveva ben poco a che vedere tanto con Marx che con Lenin, ma che non era altro che l'obbedienza all'Urss, dall'altro mantenne buoni rapporti, anche attraverso diversi finanziamenti, con il Pci sempre alla ricerca di una via di riavvicinamento sulle questioni essenziali. Credo per esempio che negli anni successivi ebbe un suo ruolo il «Fondo per la pace» che era assai più consistente del «Fondo di solidarietà». I sovietici non accettavano l'eurocomunismo e l'adesione di fatto all'Alleanza atlantica e men che meno le due cose insieme. Ricordo che quando incontrai il comunista portoghese Álvaro Cunhal, di stretta osservanza sovietica, gli chiesi che cosa pensava dell'eurocomunismo. Mi rispose ironico: «Che cosa è?».

La maggioranza ha un problema di non poco conto. Come si fa a dire a Cossutta «tu prendevi i soldi dall'Urss»? Lui potrebbe rispondere «e voi da dove venite?». C'è una «contraddizione che non lo consente». La verità è che, in tutti questi anni, si poteva rileggere la storia italiana in modo onesto e critico. Si è preferita la via degli extra-terrestri e cioè di quelli che avevano vissuto i decenni precedenti sulla luna.

Il caso Moro continua a vivere con i suoi misteri. Quelli veri e quelli creati ad arte. Se e quando nella vicenda Moro sia calata una mano straniera nessuno è mai riuscito a dimostrarlo

Conoscevo bene Cavallari. Negli anni Settanta veniva al Raphael. Era grande amico di Spartaco Vannoni, divenuto antisovietico tutto di un pezzo. Non so cosa abbia combinato poi. Di malintenzionati in via Solferino ce ne era più di uno. Cavallari non era addentro alle segrete cose del potere economico, finanziario, militare. Avrebbe potuto essere un eccellente «consigliori» politico-letterario. La cosa migliore che aveva era la penna.

Questo materiale non è che un capitolo, e neppure essenziale, di un libro. È il libro che andrebbe riscritto per intero. Se in questa lista non ci sono comunisti, di nessun genere, vuol dire che sono stati tolti o che stanno in un'altra lista. Non è affatto una bufala. Scopriamo cose che non sapevamo e naturalmente tutti noi ne vorremmo sapere delle altre. Chi è andato a cercare carte? Risulta che un funzionario dell'Archivio di Stato italiano ha passato mesi a Mosca a spulciare negli archivi del Pcus. A chi ha reso conto? Per saperne di più sulle relazioni italo-sovietiche ci rivolgeremmo anche alla ditta italiana che anni addietro informatizzò la Novosti, l'agenzia sovietica controllata dal Kgb.

De Benedetti-Urss

Le informazioni contenute nel Dossier Mitrokhin generano interrogativi e domande di chiarimento e approfondimento sulle relazioni tra Italia e Urss. Craxi, intervistato dal «Giornale» nel settembre 1999, propone un punto di partenza nella ricostruzione dell'intreccio politico-economico nella struttura di queste relazioni partendo dalla vicenda che vede come protagoniste l'azienda italiana Olivetti e la sovietica Novosti.

Il rapporto ombelicale De Benedetti-Pci e poi Pds ha radici antiche. Affondano, oltre alle numerose operazioni che ebbero luogo in Italia, anche negli eccellenti rapporti con l'Urss, di cui la storia ricorda esempi particolarmente significativi. Diamo un'occhiata ad una scheda De Benedetti-Urss.

SCHEDA DE BENEDETTI IN URSS

De Benedetti – Brežnev – Andropov – Cernenko:

Fine anni Settanta-primi Ottanta, grossa commessa per la fornitura di computers alla Novosti. Dire Novosti è come dire Kgb, tant'è che nell'intera struttura, sia interna che esterna, il «vice» di ciascuna sezione è sempre un ufficiale della Lubjanka.

L'Olivetti era allora considerata particolarmente amica dell'Unione Sovietica, secondo la testimonianza del generale del Kgb Oleg Kalughin. Il grado di amicizia era determinato dalla qualità delle referenze offerte al Pci. A parte l'informatizzazione della Novosti, quindi della Tass e dell'Aeroflot, vi è la vicenda della fabbrica Elektronmash di Leningrado (1982-1985), per la produzione di microchips. L'Olivetti provvide a costruire l'azienda sovietica Elektronmash, aggirando le severe norme del Comitato Nato, che vietavano la vendita all'Urss di tecnologia avanzata. L'Elektronmash, forse per inadempienze contrattuali della Olivetti, non poté mai entrare in funzione e De Benedetti ne ricavò un buco di circa 200 milioni di dollari, mai più recuperati perché l'Urss non riconobbe il debito verso il partner straniero, forse approfittando del fatto che De Benedetti, essendo tutta l'operazione illegale, non poteva ragionevolmente farne uno scandalo. Da notare che per simili intraprese economiche in Urss era pregiudiziale la «raccomandazione» del Pci e il benestare del Kgb. La Nato per la violazione delle norme Cocom sulle tecnologie avanzate chiamò in causa la Olivetti. La vertenza fu chiusa con gli americani per un intervento del governo Andreotti.

«Al compagno Ponomarev»

Nel maggio 1998 l'«Avanti!» pubblica un documento del Kgb datato 1981 nel quale si dà conto della presenza in Italia di stazioni radio del servizio segreto russo sotto la gestione del Partito comunista italiano. Per Craxi il documento rappresenta ancora un'occasione per ribadire l'esigenza di riscrivere la storia politica del nostro Paese prendendo le distanze dalle versioni semplicistiche e scarsamente radicate alla verità dei fatti attraverso le quali è stata divulgata.

Effettivamente, come afferma Andreotti, già nel 1977, il Pci prese posizioni a favore della Nato. Purtroppo in tutto questo c'era non poco doppiogiochismo. In Parlamento si votavano ordini del giorno «atlantici», nella realtà nel Paese funzionava a pieno ritmo, sotto la gestione diretta del Pci, con personale appositamente addestrato nell'Urss, una rete di circa venti radio ricetrasmittenti installate in Italia dal ministero degli Esteri bulgaro, tramite apposito finanziamento del Kgb. Non nel 1977, anno ricordato da Andreotti, ma ancora nel 1981 il sistema di strutture e collaborazione spionistica Urss-Pci è ancora in pieno funzionamento. Aveva reso i suoi servizi anche durante la «Unità nazionale». Potevano non sapere D'Alema o Violante ma di certo non poteva non sapere Berlinguer e non poteva non sapere Napolitano. Lo sapevano benissimo gli allora dirigenti del Pci e con loro Ugo Pecchioli che era, per incarico del Pci d'intesa con il Pcus e il Kgb, il responsabile di questo servizio segreto prima di divenire, con la rivoluzione del 1992, presidente del Comitato di controllo dei Servizi di Sicurezza della Repubblica italiana. Non ricordiamo, all'epoca, dove fosse collocato Occhetto.

In un documento, classificato «segretissimo», del 22 giugno 1981, indirizzato al compagno B.N. Ponomarev «personale» si può leggere:

«Il rappresentante del Partito comunista italiano, Rapaprelli, ha fatto sapere nel maggio scorso al nostro rappresentante che la direzione del Pci aveva deciso di smantellare e di distruggere per ragioni di sicurezza tre stazioni radio ricetrasmittenti fornite da noi nel 1973 (vedi delibera V. 91/3 del 17 maggio 1973). Questo perché la polizia, nel quadro delle operazioni per debellare gli estremisti di destra, stava compiendo rastrellamenti per localizzare emittenti clandestine.

«All'inizio di giugno Raparelli ha informato che le emittenti in questione erano state distrutte dagli amici. I tecnici degli amici che si trovano in altre zone del Paese continuano a ricevere, con i ricevitori di cui dispongono, le nostre trasmissioni-prova. La situazione in queste zone è tranquilla.

«Raparelli ha pregato di riferirlo al CC del Pcus. V. Krjuckov»

Il documento è firmato Krjuckov, che all'epoca era il capo della prima Direzione centrale del Kgb. Nel 1988 diventerà capo di tutto il Kgb. In testa al documento compare un timbro con la scritta «CC del Pcus, 1952, 23 giugno 1981, Dipartimento 6, da restituire alla Sezione affari generali». In calce compaiono due annotazioni a mano «Al compagno Ponomarev» e «Per l'archivio segreto». Dunque le cose erano più complicate e diverse da come sono state descritte da chi, nonostante la sua posizione, evidentemente non era ben informato, da chi non poteva esserlo, e da chi, sapendo come erano, ha sempre mentito, e sono altresì diverse da come sono state raccontate da testimoni, cronisti, giornalisti e scrittori, manipolatori dell'informazione e della storia.

Relazioni Italia-Urss: l'archivio di Craxi

«Prodi e il golpe russo»

Craxi apre il suo archivio personale a un giornale di Mosca nel 1996 per ricostruire i giorni del golpe russo, conosciuto anche come «il putsch di agosto», organizzato nel 1991 da alte cariche del governo sovietico per destituire il presidente Michail Gorbaciov. Attraverso le tante carte e appunti conservati dà conto del singolare atteggiamento di Romano Prodi in quei giorni considerata la sua consolidata esperienza di consulente internazionale e di politico.

Ultimamente un giornale di Mosca mi ha chiesto una intervista politica sugli uomini e le vicende italiane. Ho risposto che sono fuori dalla politica italiana e che non mi considero perciò una voce né autorevole né bene informata. Avrei potuto semmai parlare di storia passata ed eventualmente testimoniare di storia più recente. In particolare mi veniva chiesto dei comunisti residui e chi in Italia, nel 1991, simpatizzò per il famoso tentativo di golpe a Mosca che destituì Gorbaciov e contro il quale si erse soprattutto la figura di Boris Eltsin, e chi oggi simpatizza in Italia per Zjuganov.

Alla seconda domanda ho risposto ricordando un recente incontro a Mosca tra Cossutta e Zjuganov. Per rispondere alla prima avrei dovuto invece metter mano all'archivio. Cosa che poi ho comunque fatto. Conservo tante carte e tanti appunti e, del resto, continuo a scriverne. Alla lettera «G» e al nome Gorbaciov trovo una sommaria descrizione dei fatti di allora. Alla vigilia della data che era prevista per la firma del nuovo trattato dell'Unione, e cioè il 20 agosto 1991, scattò il tentativo golpista contro il presidente sovietico. Le agenzie di Mosca, il 19 di agosto, annunciarono la sua «sostituzione perché incapace di svolgere le sue funzioni per ragioni di salute». Fu sostituito dal vicepresidente Gennadij Janaev, affiancato da un Comitato di otto membri, comprendenti il primo ministro Pavlov, i ministri degli Interni e della Difesa, il capo del Kgb. Venne decretato per sei mesi lo stato di emergenza, ristabilita la censura, proibita ogni manifestazione. Il popolo di Mosca scese allora in piazza. Fu Boris Eltsin a prendere la testa della rivolta. Il 21 agosto Gorbaciov era di nuovo libero. Il presidente americano George Bush salutò calorosamente il fallimento del golpe ed esaltò «il grande coraggio» e «l'immensa statura» di Eltsin.

Alla lettera «P», e al nome Prodi, mi è capitato invece tra le mani un ritaglio del «Corriere della Sera» proprio del

20 agosto 1991. Sembra incredibile, ma uno dei primi ad accettare il colpo di Stato in Urss del 19 agosto, senza un minimo di indignazione e di emozione, non fu il Pds, che in quella occasione propose ed ottenne dal Psi di fare un comunicato congiunto, di protesta e di allarme, ma invece Romano Prodi, l'ex presidente del Consiglio. Prodi, consigliere di Soros (il finanziere americano che, svelto come una volpe, in poche settimane guadagnò 450 miliardi partecipando all'attacco speculativo contro la lira, travolgendo la imprudentissima difesa della Banca d'Italia, che in quella occasione buttò letteralmente dalla finestra qualcosa come 14 mila miliardi di lire. Il finanziere Soros, come si ricorderà, dopo questa sua fortunata impresa, fu insignito della laurea honoris causa all'Università di Bologna, alla presenza dello stesso Prodi), al tempo di Gorbaciov pare fosse anche consulente di Enti di Stato sovietici. In ogni caso Prodi aveva eccellenti rapporti anche con gli uomini che avevano organizzato il «golpe». Uno di questi era appunto Valentin Pavlov, in quel momento primo ministro del governo sovietico, membro del «Comitato» che rovesciò Gorbaciov. Non so esattamente di quali consulenze si occupasse «l'Istituto» di Prodi, che aveva una sede a Mosca, pare in una struttura aziendale o ministeriale sovietica.

Non saprei se, come qualche spiritoso mi ha detto, potesse trattarsi di ricerche che riguardavano la «Transiberiana», o piuttosto dei problemi del gruppo Olivetti, o più ancora dei commerci e dei progetti del gruppo Ferruzzi, oppure di altri gruppi ancora. Comunque le consulenze erano consulenze e non riguardavano né il traffico di armi e probabilmente neppure l'esportazione in Urss, da parte del gruppo italiano guidato da De Benedetti, di materiale ritenuto strategico dall'Alleanza atlantica, che in casi di questo genere non mancava di protestare ad alta voce, come infatti fece anche con il governo italiano.

Sul «Corriere» di quel giorno, mentre a Mosca era in corso il golpe, si poté leggere, non senza sorpresa, questa illuminante dichiarazione di Romano Prodi: «Conosco bene Pavlov... Direi che per certi versi quello che ha fatto in queste ore è una scelta coerente. Mi aspetto entro pochi giorni passi decisivi per quanto riguarda la gestione dell'economia». Sembra una presa un giro, anzi lo era. Ma come, a Mosca c'erano i carri armati dei golpisti per le strade e attorno al Parlamento, contemporaneamente i «golpisti» avevano decretato per sei mesi lo stato d'emergenza, e Prodi, dopo avere sottolineato la «coerenza» di questi ultimi, si augurava che «entro pochi giorni» potessero essere compiuti «passi decisivi per la gestione dell'economia». A colpi di cannone. Sarebbe solo ridicolo se non si fosse trattato invece di un esempio, più unico che raro, di grossolana ipocrisia.

Chi si fosse affidato per avventura alle sue parole avrebbe dovuto ritenere che a Mosca non stesse accadendo assolutamente nulla di importante. Anzi Prodi, che «conosce bene Pavlov» (che verrà poi arrestato, e successivamente graziato dal Parlamento, entrato per questo in conflitto con la Presidenza) s'ingegnò anche a tranquillizzare l'opinione pubblica italiana e cercò di farlo con una dichiarazione, che si presenta in questo senso piuttosto esplicita. Prodi informò gli italiani che non c'era assolutamente ragione di preoccuparsi perché in Urss la vita scorreva regolarmente. «Il telex che abbiamo avuto stamattina dal nostro Istituto [la Nomisma di Mosca. *NdC*]» dice «parla chiaro. L'anno accademico, la cui inaugurazione era prevista proprio per oggi, è regolarmente iniziato.»

Era il suo atteggiamento che parlava chiaro, anzi parlava in termini inequivocabili. In sostanza significava questo: «Non esageriamo con questa storia del "golpe". A Mosca la vita continua a scorrere regolarmente». Pochi giorni prima lo stesso Prodi aveva già preso una formidabile cantonata, affermando che non c'era al mondo Paese più stabile dell'Urss, proprio mentre, con grande fatica, l'Urss aveva dovuto fare i conti con le spinte separatiste di alcune Repubbliche. L'Urss era tanto stabile che, come si è visto, ha finito poi con il dissolversi, e in modo tale che il crollo dell'impero comunista ha trascinato con sé anche il crollo del secolare impero russo.

Ora, davanti al golpe, la posizione serafica di Romano Prodi o era un atteggiamento di leggerezza e di placida ignoranza oppure era solo e soltanto manifestamente e calcolatamente interessata, non potendo egli in quel momento sapere da che parte avrebbe alla fine tirato il vento. Insomma proprio ciò che si addiceva ad un vero consulente internazionale. Poi, nella speranza che l'economia «entro pochi giorni» giungesse a compiere «passi decisivi», si avventurò persino in una singolare previsione sullo sviluppo degli avvenimenti moscoviti, dichiarando: «Non mi pare il caso di aspettarsi una sollevazione popolare a favore di Gorbaciov... E, secondo i nostri analisti, nemmeno Boris Eltsin, che è assai più popolare, dispone di una rete capace di promuovere una sollevazione». Gli analisti sbagliarono la loro analisi da cima a fondo. La sollevazione ci fu, il golpe fallì, e le cose presero poi un corso totalmente diverso. L'ex presidente del Consiglio italiano, non era solo un grande esperto di consulenze, che raccoglieva tanto ad Est come ad Ovest, ma è anche sicuramente un grande esperto di cose politiche internazionali nonché nazionali, benché in quel momento le sue previsioni, e probabilmente il suo auspicio, fossero completamente campati in aria.

V

Pace e disarmo

La pace è un principio e un dovere che non consente alternative.

B. CRAXI

Il dialogo come fondamento della pace

Il 2 luglio 1986 ha inizio a Roma il convegno «Il dialogo come fondamento universale della Pace»: in questa occasione Bettino Craxi è chiamato a pronunciare il discorso inaugurale in qualità di presidente del Consiglio dei ministri. Gli è offerta l'opportunità di esprimere e ribadire la necessità di soluzioni negoziate per raggiungere una pace che non sia circoscritta né precaria. Da sempre impegnato a favore di un primato della politica, la sola che possa affrontare il nodo della pace con una prospettiva omnicomprensiva capace di ricomporre le crisi internazionali in maniera stabile e duratura, Craxi ritiene che il dialogo rappresenti un fondamentale strumento per la ricerca di soluzioni a patto che si abbandonino miopi visioni particolaristiche. La pace non può essere raggiunta se non mediante la comprensione e la collaborazione su obiettivi comuni che coinvolgano l'intera società internazionale.

... Il dialogo è un essenziale strumento di pace e da esso la pace riceve un impulso di concretezza. Il suo approfondimento allontana le minacce di guerra, le sue conclusioni, anche se parziali, rendono meno precaria la pace.

Attraverso il dialogo avviciniamo gli Stati ma anche i popoli e gli uomini, facciamo opera di umanità con la fratellanza delle culture; colmiamo con il rispetto le differenze di fede e di idee; ripariamo con spirito di giustizia alle differenze sociali che costituiscono tuttora abissi più grandi di quelli che l'uomo è stato capace di esplorare nello spazio e nei mari.

Dovunque si stabilisca una comunicazione, dovunque si intrecci un dialogo, quello è un luogo di pace; moltiplichiamo i nostri sforzi, moltiplichiamo le occasioni di incontro: sono importanti contributi che ognuno di noi può dare alla pace.

Il panorama delle relazioni diplomatiche mette oggi in mostra un tasso assai modesto di realizzazioni in rapporto alle speranze aperte dall'incontro di Ginevra [tra Reagan e Gorbaciov del 1985. *NdC*].

Si era aperta una grande speranza, corriamo il rischio di una grande delusione. Una interruzione del dialogo ed un fallimento del negoziato è ciò che bisogna assolutamente evitare. Pare quasi impossibile che nell'ambito del negoziato sul disarmo non sia stata ancora raggiunta nessuna intesa soddisfacente per tutti, anche una intesa parziale che pure risulterebbe di grande importanza per mantenere aperto un processo che non deve ricadere nella paralisi.

I Paesi dell'Alleanza militare dell'Occidente vogliono la pace nella sicurezza: gli Stati Uniti spiegano e giustificano sempre le loro iniziative come predisposte esclusivamente a difesa della pace; l'Unione Sovietica afferma in ogni occasione la sua volontà ed il suo desiderio di pace ed in effetti essa appare bisognosa di un periodo di stabilità e di sviluppo di relazioni internazionali positive per dar corso ai disegni di rinnovamento e di riforma di cui si fanno portatori i suoi nuovi dirigenti. E tuttavia l'atmosfera resta nel suo complesso incerta, insicura, quando non polemica e nuovamente difficile. Occorre in queste condizioni un più deciso impulso per rinnovare il dialogo tra Est ed Ovest, e soprattutto il dialogo diretto tra le due maggiori superpotenze, e rimuoverlo dal suo attuale stato di sterilità. Il negoziato deve poter avanzare verso soluzioni positive e verso i punti di compromesso che sono necessari e che sono certamente possibili. Se il dialogo apertosi a Ginevra dovesse fallire, ciascuno potrà forse riversare la responsabilità sull'altro, ma il risultato vero sarà una sconfitta per tutti.

C'è un grande bisogno ed un grande desiderio di pace diffuso nel mondo. Una pace beninteso fondata sulla sicurezza, ma una sicurezza, beninteso, eguale per tutti. Ciò significa in primo luogo che nessuna delle maggiori potenze deve perseguire disegni egemonici ed aspirare ad una posizione di supremazia militare.

Larga è ormai l'opinione che l'equilibrio delle forze sia condizione essenziale perché la pace sia tutelata e garantita. Condizione essenziale ma non sufficiente.

Essa ha bisogno di un cemento più solido che si può ricavare solo da una piena fiducia tra gli Stati, da un clima di maggiore comprensione e di maggiore collaborazione su obiettivi generalizzati di crescita della società internazionale.

Questi obiettivi e questa collaborazione stanno invece indietro, troppo indietro. Pericolose tensioni continuano a percorrere la scena mondiale. Troppi focolai di crisi. Troppi conflitti. Tra quelli di più antica data, non uno ha trovato la sua composizione; al contrario, altri se ne sono aperti, non meno insidiosi e pericolosi.

Non ne faccio l'elenco, che tutti conoscono. Osservo che la catena dei punti di crisi ha prodotto, produce e può produrre pericolosi fattori di destabilizzazione. I conflitti anche se circoscritti irradiano i loro effetti negativi in intere regioni e non di rado nell'insieme delle relazioni internazionali aumentano le contrapposizioni, indeboliscono lo spirito di cooperazione.

La grande speranza è che alcuni buoni accordi in materia di disarmo aprano la strada ad altri accordi sugli altri punti di crisi. Ma sarebbe un errore limitarsi a questa attesa passiva. Occorre invece dialogare e negoziare su tutto per creare un effetto scambievole di aiuto alla pace.

Intensificare gli sforzi internazionali per imporre il metodo del negoziato e della ricerca delle soluzioni pacifiche nei conflitti locali e nelle crisi aperte o latenti è una necessità ed una urgenza.

... Non ho bisogno di ricordare a voi, che avete scelto per luogo del vostro convegno la capitale d'Italia, con quanta passione il governo italiano abbia operato per il miglioramento dei rapporti internazionali e come si sia prestato per il componimento dei conflitti che sconvolgono terre non lontano da noi.

Quando la situazione internazionale era grave, e una nuova guerra fredda bussava alle porte, noi abbiamo lavorato con impegno e con convinzione per far riemergere la fiducia, almeno quanta ne occorreva per una inversione di rotta. Abbiamo ovunque cercato di riannodare fili di dialogo e di pace, nel tentativo di guadagnare governi e popoli al metodo del negoziato che non è solo un modo civile di discutere i problemi ma è anche l'unico che può risolverli perché mai le armi, nemmeno le armi vittoriose, hanno costruito una vera pace. Il terrorismo, la nuova piaga che ha insanguinato anche l'Europa, ha mal ripagato i nostri sforzi e la nostra generosità. Eppure noi non dimentichiamo le cause più generali che lo alimentano o contribuiscono a diffonderlo e continuiamo a pensare che quelle cause vanno rimosse con soluzioni politiche giuste e lungimiranti.

Abbiamo il dovere di garantire la nostra sicurezza e di contribuire alla sicurezza generale. Lo facciamo con fermezza e senza iattanza. Ma con eguale fermezza continuiamo a condannare la violenza, che non paga nessuno, né vinti né vincitori, tanto meno le vittime e il sangue che sparge. I nostri moniti noi li indirizziamo soprattutto a chi arma, finanzia, organizza il terrorismo che senza questi appoggi non potrebbe operare.

È tempo di voltare pagina, di chiudere il capitolo delle azioni terroristiche, della violenza, delle aggressioni; bisogna ripristinare il rispetto dei principi che regolano la pacifica convivenza della comunità degli Stati e la legalità internazionale.

Noi vogliamo che le nostre città siano luoghi di pace e di incontri di pace. Esse sono i luoghi della nostra più alta civiltà ed esse offrono l'esempio di relazioni umane altamente positive. Non c'è città italiana che non abbia portato nel mondo il suo messaggio di pace, espressione di una genuina volontà popolare, di una profonda maturazione della nostra coscienza.

L'Italia è un Paese pacifico che sinceramente vuole la pace, che opererà per raggiungerla, che non mancherà mai di unire la sua voce a quella di tutte le volontà pacifiche che lavorano nel mondo.

Il ruolo dell'Italia nell'Alleanza atlantica

«L'Alleanza atlantica è il fulcro della difesa europea e tale rimarrà, in assenza di alternative valide. Quell'Alleanza si presenta come un patto fra Stati "determinati a salvaguardare le libertà dei loro popoli, la loro comune eredità e la loro civiltà fondata sui principi della democrazia, delle libertà individuali, del regno del diritto". La verità è che troppo spesso c'è stato un divario tra le enunciazioni e l'attuazione di tali principi. Noi chiediamo, cioè, che nell'Alleanza atlantica l'Italia non sia considerata solo oggetto di protezione, ma soggetto partecipe di una libera associazione; che l'alleanza non si presti ad essere uno strumento di ingerenza degli Stati più forti su quelli considerati più deboli.» Craxi che già con questa riflessione, espressa durante la seduta della Camera dei deputati del 10 agosto 1976, ci mostra la sua posizione dialettica tra atlantismo e ruolo dell'Italia, in questo scritto approfondisce e ribadisce la necessità di trasformazione del rapporto tra Alleanza atlantica ed Europa. Lo statista, che credeva nei valori di fondo dell'Alleanza atlantica, si oppone a una posizione acritica dell'Europa e intende chiarire che tale comunanza di valori non deve tradursi in un sacrificio dei legittimi interessi nazionali e in un più generale ruolo ancillare dell'Europa.

L'Alleanza atlantica ha attraversato in diverse occasioni momenti di crisi e di disaccordo. Da un lato ci sono state le accuse di rifiuto delle responsabilità, o di tendenza alla autofinlandizzazione, e dall'altro le accuse di incoerenza, di incertezza, di iniziative avventate e mal calcolate.

Gli aumentati fattori di crisi, l'aggravarsi del contesto politico internazionale, l'allargarsi della crisi economica e delle difficoltà degli Stati, la crisi degli equilibri e gli stacchi portati alla distensione inducono a delle riflessioni di fondo sullo stato dell'Alleanza atlantica ed in particolare dei rapporti tra l'Europa ed il maggiore alleato d'oltre Atlantico. Per molto tempo gli Stati Uniti hanno sviluppato delle strategie mondiali senza troppo curarsi dell'Europa e l'Europa dal canto suo si è preoccupata della propria crescita economica delegando sostanzialmente agli Stati Uniti gli aspetti fondamentali della politica militare e della politica della difesa. Le polemiche che si sono incrociate in questo senso avevano entrambe il loro fondamento. Da un lato la critica degli errori degli Stati Uniti, dall'altro la denuncia di una abitudine troppo disinvolta alla «sicurezza senza spese e senza responsabilità».

Sta di fatto che per un lungo periodo e del resto ancora oggi l'Alleanza atlantica si è fondata su di una sostanziale preminenza degli Stati Uniti e su una posizione distaccata se non proprio subordinata dell'Europa. Questo vecchio equilibrio è logorato e deve essere definitivamente superato. L'evoluzione dei rapporti all'interno dell'Alleanza atlantica è indispensabile per assicurarle vitalità ed efficacia.

Una tale evoluzione deve andare nel senso di un rapporto paritario, il che comporta una maggiore responsabilità dei Paesi europei.

Un corretto sviluppo dell'alleanza comporta la necessità di responsabilità assunte in comune, di decisioni collegiali e concertate, di consultazioni più intense e sempre meglio coordinate. Ciò deve avvenire nell'ambito della consultazione politica e nell'ambito della consultazione militare. È importante che l'amministrazione americana abbia raccolto senza reticenze la proposta sorta in Europa, in Italia e in Germania in particolare, per un negoziato sugli euromissili che si proponesse come sbocco la «opzione zero».

Ora è importante che in tutte le fasi del negoziato in cui è imminente l'apertura, la consultazione diretta tra europei ed americani costituisca in ogni momento la base delle decisioni che sono di interesse comune. Sembra contraddittorio il fatto che gli europei da un lato rivendichino un ruolo di maggiore rilievo e di maggiore responsabilità nell'ambito dell'Alleanza atlantica e non accettino di delegare decisioni di interesse comune alla sola potenza americana e dall'altro si apprestino ad assistere ad un negoziato diretto Usa-Urss su di una questione quale quella degli euromissili che riguarda in primo luogo gli europei, i loro Paesi, i loro territori.

E così sarebbe se i governi europei interessati si limitassero ad assistere senza intervenire attivamente, esercitare una influenza nella valutazione dell'insieme dei problemi sul tappeto, reclamare la indispensabilità di decisioni comuni, responsabilmente e collegialmente assunte. Questo deve essere il ruolo del comitato militare anglo-tedesco-italiano coordinato dall'Italia e in questo senso deve essere stabilita una forma di diretta consultazione a livello politico che coinvolga al massimo grado la responsabilità dei governi interessati. Il negoziato di Ginevra, almeno da parte occidentale, deve vedere non solo un negoziatore americano, ma una direzione politica del negoziato caratterizzata da una salda e preventiva intesa tra il governo americano ed i governi europei. Maggiori e più ampie sono le responsabilità cui è chiamata l'Europa sulla scena mondiale. Benché travagliata da una crisi economica che non trascura ormai anche le economie più forti, l'Europa ha realizzato nel suo insieme, nel corso di questi anni, un poderoso sviluppo economico che la pone ormai su di un piano di parità rispetto al colosso americano. Esso è tale da aumentare le sue responsabilità mondiali sia nel rapporto Est-Ovest che verso il Terzo Mondo ed in particolare l'Africa e la regione mediterranea.

La mancanza di una reale unità politica, la dispersione delle sue iniziative, l'incertezza con la quale muove i primi passi nel ginepraio delle crisi internazionali sono un elemento di remora e di ritardo rispetto allo sviluppo del ruolo che le spetta in una situazione mondiale volta verso un multipolarismo che solo una più attiva presenza dell'Europa può favorire e può consolidare.

Una posizione sempre valida

In queste pagine Craxi torna a parlare della Nato, della sua funzione e ruolo strategico di garanzia di difesa e sicurezza. Una Alleanza tra Paesi liberi e democratici ineludibile tanto per l'Europa come per gli Stati Uniti, nel perdurare della crisi dei rapporti tra Est e Ovest. Irricevibile per Craxi la proposta di un passaggio italiano nel novero dei Paesi non allineati che comporterebbe per l'Italia un disarmo unilaterale incompatibile con la naturale e strategica posizione del nostro Paese.
D'altro canto, l'idea di una forza militare permanente europea si scontra con le resistenze all'interno della stessa Europa e con la mancanza di una condizione di pace consolidata nell'ambito delle relazioni bipolari e della regione mediterranea. In questa riflessione Craxi torna a porre l'accento sulla necessità di una reale collaborazione e concertazione tra i Paesi aderenti alla Nato, una rivendicazione di piena dignità e condivisione che proporrà pragmaticamente nella gestione della crisi tra Italia e Stati Uniti per i fatti di Sigonella dell'ottobre 1985.

L'Italia, a più riprese, e con un consenso sempre più largo rispetto alla tormentata decisione originaria, ha confermato la sua presenza nella Alleanza atlantica e nel sistema militare integrato nella Nato.

Tale collocazione, nell'ambito della politica internazionale e di un sistema di difesa tra Paesi alleati, mantiene la sua validità, non viene posta in discussione anche se è difficile talvolta comprendere l'atteggiamento di forze politiche comuniste, ma non solo comuniste, che, pur non contestando la partecipazione dell'Italia all'Alleanza atlantica, in molte occasioni eccellono per un singolare atteggiamento di pregiudizio e di ostilità verso tutto ciò che ha sapore di Alleanza atlantica, esprimendo moti di sofferenza così ripetuti da rasentare la ripulsa, e paiono considerare il nostro maggiore alleato come un avversario non come un interlocutore difficile con il quale bisogna saper fare i conti, senza spirito di subalternanza o peggio di servilismo, ma verso il quale occorre mantenere quel rapporto di solidarietà che tra alleati è doveroso, o si prendono le distanze solo quando ciò è necessario per l'emergere di valutazioni e di interessi divergenti.

La Alleanza atlantica è una alleanza a carattere difensivo e tale deve restare il suo scopo principale. Il suo compito è quello di garantire la difesa, la sicurezza e l'indipendenza dei Paesi che ne sono membri contro qualsiasi minaccia, aggressione o atto di forza. Nessun Paese può sentirsi impegnato in azioni che si muovono fuori dalla sfera di questo fondamentale impegno. Essa è e deve restare una alleanza militare geograficamente limitata.

Nuove e diverse necessità che dovessero insorgere per salvaguardare interessi ritenuti vitali dai Paesi membri della alleanza non potrebbero automaticamente essere comprese tra i doveri dell'alleanza stessa, ma comporterebbero la libera valutazione e la libera decisione di ognuno dei Paesi che ne sono membri. L'Alleanza atlantica è una alleanza che si è stabilita tra Paesi liberi e democratici. Questa regola di principio non è stata sempre osservata in passato, vedi il caso della Grecia, e non è osservata oggi, di fronte al caso della Turchia. Le ragioni militari e strategiche hanno avuto la meglio sui principi politici determinando situazioni penose di anomalia.

La situazione greca, dopo una dolorosa parentesi, è ora definitivamente tornata alla normalità, la situazione turca deve tornarvi. L'Alleanza atlantica non può essere considerata un blocco dominato da una potenza egemone all'interno del quale viene esercitata una variante occidentale della «sovranità limitata» di stampo sovietico. Tendenze di questa natura si sono manifestate in passato. Ora non hanno più ragione di essere, non hanno possibilità di essere, si urterebbero contro nuove realtà e nuove volontà.

Essa rappresenta ancora oggi uno strumento difensivo essenziale per tutti i Paesi membri e che si realizza attraverso un ponte di solidarietà che unisce, pur nelle diversità che sovente si manifestano, la maggioranza dei Paesi dell'Europa occidentale e gli Stati Uniti d'America. Si tratta di una solidarietà e di una intesa che sono tanto più necessari quanto più incerta, insicura e confusa appare la situazione del mondo, e l'alternarsi di crisi nei rapporti tra Est e Ovest.

Nella attuale situazione mondiale per affrontare il difficile rapporto con l'Urss l'Europa ha bisogno degli Stati Uniti e gli Stati Uniti hanno bisogno dell'Europa.

Nessuno del resto ha proposto per il nostro Paese convincenti alternative al problema della sicurezza e della difesa. La meno convincente delle proposte è quella che suggerisce il nostro passaggio nel campo dei non allineati. Essa converge con le posizioni di aperto neutralismo e con le richieste di un sostanziale disarmo unilaterale che sono tutt'altro che rassicuranti per un grande Paese, collocato in una posizione strategica centrale cui si connette l'esigenza di elementari condizioni di sicurezza. Una proposta di questa natura non incontra l'adesione di nessuna delle grandi forze politiche nazionali, noi compresi.

Non è perseguibile per noi neppure il modello francese. La Francia mantiene la sua presenza nella Alleanza atlantica ma non partecipa al sistema militare integrato e sviluppa una forza militare convenzionale e nucleare autonoma pur considerandosi parte di un sistema difensivo comune.

Si torna a parlare talvolta dello sviluppo di una forza militare permanente europea. Un progetto di questa natura si urta oggi di fronte ad ostacoli non facili da superare e tra l'altro non è accettato in particolare dalla Germania che rifiuta in linea di principio ogni armamento nucleare autonomo.

Un progetto di questa natura potrebbe raggiungere una sua validità in un contesto internazionale profondamente mutato nei rapporti Est-Ovest e nell'insieme della regione mediterranea. Solo una prospettiva consolidata di pace, di sicurezza e di cooperazione potrebbe portare nel lungo periodo a modificazioni che oggi possono essere solo ipotizzate. Il mantenimento della Alleanza atlantica, il suo ruolo difensivo permanente, la solidarietà tra i suoi Stati membri, la soluzione delle esigenze e degli interessi nazionali che nel suo ambito vengono legittimamente posti, il fondamentale rapporto tra Europa e Stati Uniti, la necessità di una reale corresponsabilità e di una reale concertazione tra gli Stati membri sono i problemi che meritano l'interesse, l'iniziativa ed il concorso anche dell'Italia.

VI

Medio Oriente: la cerniera del mondo

Noi siamo attratti piuttosto da un sentimento di giustizia e dal desiderio di veder raggiunta la pace stabile e duratura.

B. CRAXI

«Il nodo iracheno»

La fine della prima guerra del Golfo (2 agosto 1990 - 28 febbraio 1991) segna tutt'altro che la soluzione della crisi internazionale generata dal regime di Saddam Hussein. Quando il 6 aprile 1991 accetta le condizioni di resa imposte dalle Nazioni Unite si apre un nuovo capitolo di tensioni tra l'Iraq e i Paesi della coalizione lungo oltre un decennio. La massima autorità irachena rimane saldamente al potere nonostante la sconfitta e la sua riluttanza a rispettare le risoluzioni Onu e le condizioni in esse imposte genera un aspro braccio di ferro con la comunità internazionale per la quale l'Iraq e il suo regime continuano a rappresentare una minaccia per la stabilità dell'area del Golfo Persico. Nel 1998, quando torna di attualità la possibilità di una nuova azione militare, Craxi fa un'analisi della situazione e degli elementi che intervengono a rendere difficile che il nodo iracheno venga realmente sciolto.

Le voci che in Italia si sono levate contro la minaccia di guerra contro l'Iraq sono state poche. Autorevoli ma poche. Veramente poche.

Molto attendismo, molto opportunismo, molto trasformismo. L'Italia ha dato l'impressione di essere pronta ad allinearsi al momento dato alla politica del pugno di ferro.

Tra i pochi che hanno sposato con determinazione, e senza sbandamenti, la causa della pace, c'è stato l'«Avanti!».

Abbiamo parlato subito chiaro, abbiamo parlato sempre, abbiamo potuto salutare alla fine con grande soddisfazione la soluzione politica, negoziata, pacifica, che ora ci auguriamo possa essere suscettibile di nuovi risultati e di nuovi progressi.

Il problema che presto o tardi dovrà in verità porsi e dovrà essere risolto è quello della fine dell'embargo contro l'Iraq.

Lo sostiene per esempio, e forse non del tutto isolato nel partito, il laburista inglese George Galloway. Dopo una visita in Iraq con una delegazione parlamentare britannica il deputato laburista ha auspicato la fine «immediata e completa di questo embargo inumano».

Dal canto suo l'Iraq rifiuta le proposte che mirano a far aumentare la quantità di petrolio che l'Iraq potrebbe essere autorizzato a vendere in cambio di beni alimentari, in modo da passare da 2 a 5,2 miliardi di dollari per semestre.

Secondo l'Iraq questa proposta allontanerebbe la prospettiva di una fine delle sanzioni adottate dall'Onu nel 1990. Sono passati da allora otto anni. In ogni caso le autorità irakene fanno sapere che l'Iraq non sarebbe in condizione di produrre per la vendita più di quattro miliardi di dollari di petrolio per semestre a causa dei problemi tecnici dovuti ai danni della guerra del Golfo e delle sanzioni.

La verità è che i nodi aggrovigliati nel Medio Oriente, uno dopo l'altro, debbono essere sciolti. Lo si deve fare con gradualità, prudenza e pazienza ma anche senza lasciar trascorrere il tempo inutilmente, senza preparare, senza negoziare e senza decidere. Il nodo irakeno, come del resto il nodo libico, sono forse assai meno complessi di quanto non si pensi e assai meno difficili a sciogliere di quanto non dica chi in verità vuole lasciare le cose come stanno. Nel frattempo le portaerei americane stanno ancora al loro posto di battaglia.

«Embargo basta»

Con la risoluzione 661 il Consiglio di Sicurezza dell'Onu il 6 agosto 1990 decreta l'embargo sull'Iraq in risposta all'invasione del Kuwait da parte delle truppe di Saddam Hussein avvenuta il 2 agosto 1990. Le sanzioni vengono confermate il 3 aprile 1991 con la risoluzione 687, che vincola la revoca dell'embargo all'ottemperanza di una serie di condizioni da parte dell'Iraq e negli anni vengono a più riprese prorogate a causa della mancata o incompleta soddisfazione di tali condizioni. Si tratta delle sanzioni economiche più estese e severe mai applicate sulle quali i rapporti delle principali organizzazioni umanitarie sono concordi nell'affermare che hanno un impatto drammatico sui diritti di sopravvivenza della popolazione. Craxi non ha dubbi nel mettere in discussione un preteso strumento di politica internazionale tanto sul piano politico quanto su quello morale e ribadisce la sua posizione in questo articolo per l'«Avanti!» datato 8 maggio 1998.

Si è voluto a tutti i costi confermare l'embargo all'Iraq. Si stenta a capirne il senso. Se l'Iraq venisse colto in fallo sulle armi chimiche si porrebbe un problema di ben altra natura. Così comunque, almeno sino ad ora, non pare che sia. Ci si chiede allora per quali ragioni un popolo debba essere costretto in uno stato di sofferenza sempre più insopportabile ed un Paese inchiodato ad una sorta di paralisi. Si dice che l'obiettivo è quello di provocare la caduta di Saddam Hussein. E se invece, questa sorta di tortura imposta ad un intero Paese, provocasse solo l'effetto contrario? Un impasto di nazionalismo, di fanatismo religioso, di vittimismo ed anche di ribellione verso ciò che appare più che mai come una grande ingiustizia non è un ostacolo che può essere facilmente rovesciato.

Il rifiuto dell'embargo all'Iraq accomuna ormai nazioni grandi e piccole, del mondo arabo, dell'Europa e del resto del mondo. Anche l'Italia potrebbe far sentire la sua voce. Debole che sia potrebbe unirsi efficacemente a quella delle altre Nazioni. L'Italia avrebbe due buone ragioni per farlo.

L'embargo è diventata una misura assurdamente disumana. Il danno che ne riceve l'Italia, in termini di mancate possibili esportazioni, è di una misura enorme. Nel frattempo l'uomo che ha trovato una via d'uscita alla crisi irakena e che ha evitato, facendo prevalere i mezzi diplomatici, una vera e propria guerra, si trova nell'occhio del ciclone di polemiche americane. Provengono da più parti. Sono aperte e sotterranee. C'è da augurarsi che almeno il segretario generale dell'Onu abbia tutta la stima e la solidarietà italiana.

L'importanza della mediazione

Nel 1998 si inaspriscono di nuovo i rapporti Usa-Iraq a seguito degli ostacoli posti da Saddam Hussein agli ispettori Onu addetti alla verifica del disarmo iracheno. Craxi dinnanzi a questa ennesima situazione di tensione torna a ribadire l'esigenza di risolvere la crisi attraverso la mediazione e la trattativa non riconoscendo nessuna possibilità di successo all'uso delle armi.

La politica delle bombe non piace a nessuno, così come la politica degli embarghi prolungati non ha risolto i problemi anzi li ha fatti marcire. Una guerra nel cuore del Medio Oriente in questo momento, delicatissimo e difficile per altri aspetti e per altri problemi, è quanto di peggio si possa immaginare. Speriamo che ancora una volta prevalga la voce dell'equilibrio, della saggezza, della ragionevolezza. I margini per un compromesso ci sono ed entro di essi ci si dovrebbe muovere con spirito costruttivo. Saddam dovrebbe riprendere la collaborazione con l'Onu, l'Onu dovrebbe venire incontro alle richieste di Saddam sull'embargo. Se agissero fuori del consenso dell'Onu gli Stati Uniti infliggerebbero un colpo gravissimo al prestigio ed alla autorità della maggiore Istituzione internazionale. Lo avvertono tutti e le reazioni cominciano a farsi sentire. Sembra che stia elaborando una sua posizione costruttiva anche l'Italia. Se fosse vero sarebbe un'ottima cosa. Per bocca diplomatica sono emerse non solo preoccupazioni ma anche proposte. La diplomazia deve essere discreta ma la politica deve avere il coraggio di esporre le sue idee ad alta voce. Ve ne è una semplice ed essenziale. L'ha già esposta il presidente francese Chirac «rafforzare il ruolo dell'Onu. Solo l'Onu dispone della legittimità per parlare ed agire a nome di tutti».

«Kofi Annan»

In questi due scritti risalenti a quei mesi, Craxi riporta le dure reazioni americane alla lettera che Kofi Annan, segretario generale dell'Onu, aveva inviato a Saddam Hussein nel febbraio 1998, per esortare il rais a riprendere la cooperazione con l'Onu e accettare il ritorno degli ispettori in territorio iracheno, risolvendo così diplomaticamente la crisi.

Kofi Annan ha salvato ancora una volta Saddam Hussein? L'Onu respinge energicamente questa versione dei fatti e risponde che i duri della Amministrazione americana sono alla ricerca di un capro espiatorio. Sta di fatto che l'iniziativa dell'ultimo minuto del segretario generale dell'Onu ha obbligato Clinton ad annullare gli ordini di attacco. Per i responsabili dell'Onu «si tratta di una disputa di politica interna americana» e aggiungono che da una parte se lo aspettavano e che dall'altra Kofi Annan non intende immischiarsi.

Dal canto suo al «Time» un responsabile della Casa Bianca, di cui non fa il nome, ha dichiarato «Noi ci siamo opposti tenacemente a questa lettera», riferendosi alla lettera che Annan ha inviato a Saddam con «l'esortazione» a riprendere la cooperazione con l'Onu. Secondo questa versione americana «Kofi Annan ha assolutamente deciso di testa sua». I diplomatici occidentali che hanno partecipato alla riunione del Consiglio di Sicurezza, che precedette l'invio della lettera, sostengono invece che il contenuto della lettera fu oggetto di una lunga discussione e che in fine di seduta il responsabile americano Peter Burleigh aveva informato il Consiglio che «aveva ricevuto nuove istruzioni da Washington e che non poteva accettare la lettera».

Fu a quel momento che Kofi Annan dichiarò che avrebbe assunto «le sue responsabilità». Questa versione è confermata dal porta parola delle Nazioni Unite Fred Eckhard che ha «categoricamente smentito» che Kofi Annan abbia agito senza il sostegno del Consiglio. «Non ci furono obiezioni» quando Annan dichiarò che avrebbe inviato una lettera né vi furono «proteste private» da parte degli Stati Uniti. Un diplomatico ha raccontato che in seno al Consiglio s'era creato uno stato di angoscia. Kofi Annan domandò al rappresentante americano: «Quanto tempo ho a disposizione per assicurare la protezione del personale Onu in Iraq?». Questi non rispose. La delegazione russa insistette: «È per quando?». E ancora non rispose. Tutti i membri del Consiglio ebbero l'impressione che l'attacco era imminente. Il responsabile americano citato dal «Time» ha dichiarato: «Avevamo fatto un lavoro notevole isolando Saddam Hussein e il Segretario Generale lo ha rovinato». Sempre secondo il «Time» il presidente Bill Clinton e il segretario di Stato Albright «sono stati sempre in contatto telefonico con Annan» per evitare ogni iniziativa da parte sua e in particolare per evitare che andasse a Baghdad come aveva fatto in febbraio quando risolse quella crisi. È stata la determinazione di Annan che ancora una volta, negoziando, ha trovato una soluzione politica.

Annan, negli Usa, è ancora sotto tiro. Gli si rimprovera il suo silenzio di fronte alla provocazione di Saddam. Senza mezzi termini gli si dice: «può definitivamente dimenticare un secondo mandato». Come si ricorderà Annan era stato il candidato degli americani. Annan è accusato dai «falchi» di avere spezzato la coalizione internazionale che si era formata. Quello che ha provocato la collera degli americani, già praticamente all'attacco, è stata la sua lettera personale a Saddam Hussein e la sua richiesta di una risposta. Gli ambienti Onu rispondono per le rime: «Queste critiche vengono da quanti a Washington hanno perso.

Certamente non la Casa Bianca». E aggiungono: «L'ambiente di Washington era in preda ad una grande frustrazione ed ad una profonda ambivalenza. Da un lato volevano punire il presidente irakeno ma dall'altra non sapevano che cosa avrebbero fatto il giorno dopo i bombardamenti». In ogni caso, nella sua qualità di segretario generale dell'Onu Kofi Annan «ha sempre il dovere di ricercare una soluzione pacifica».

«No alle bombe»

Il 16 dicembre 1998 il presidente Usa Bill Clinton e il primo ministro inglese Tony Blair lanciano una serie di attacchi aerei sull'Iraq nell'operazione denominata Desert Fox. Craxi si fa eco delle reazioni di condanna all'attacco angloamericano che rappresenta un'umiliazione senza precedenti per le Nazioni Unite.

La parola è alle bombe. Non si negozia, si bombarda. Non si contesta, si distrugge e si uccide. Nessuno in questo modo riuscirà a sciogliere i nodi difficili e a risolvere le crisi che richiedono impegni di ben altra natura. Non è in questo modo che nessuno riuscirà ad imporre la sua autorità nel mondo. Le reazioni all'improvviso, anche se prevedibile, attacco angloamericano all'Iraq sono molto diffuse ovunque nel mondo. Si passa dalla indignazione del governo russo, alla richiesta di una soluzione politica del governo francese, all'allarme di Arafat, alla preoccupazione del governo italiano. In Italia Forza Italia, a differenza di Alleanza Nazionale, chissà perché si è schierata con i bombaroli. L'Onu è stata umiliata come non mai. Il Vaticano ha levato la sua voce di protesta. Kofi Annan ha dichiarato «È una giornata triste». Lo hanno ripetuto governanti di un gran numero di Paesi. Noi lo ripetiamo in coro. Ma è dagli Usa che viene la denuncia più sconvolgente: il 73% degli americani ritiene che queste bombe non risolveranno alcun problema. Resta da giudicare la scelta del momento. Ognuno faccia la riflessione che crede.

«A quale scopo?»

Fermo nella condanna dell'uso delle armi, Craxi si interroga sull'efficacia dei bombardamenti in corso intravedendo la possibilità che gli obiettivi concretamente raggiunti nel teatro di guerra non riescano a compensare le severe conseguenze generate sul piano delle relazioni internazionali.

Siamo in attesa di conoscere i risultati dei massicci bombardamenti sull'Iraq. Aspettiamo di leggere la lista degli obiettivi colpiti, delle distruzioni effettuate, delle vittime nella popolazione civile. Aspettiamo di sapere se l'armamento irakeno che costituiva una minaccia per la pace nel mondo è stato eliminato. Restiamo in attesa di poter valutare se il regime irakeno ed il suo capo Saddam Hussein verranno travolti da questa imponente operazione militare angloamericana o se viceversa ne riusciranno addirittura rafforzati. Di certo cresce nel mondo lo sgomento, lo sconcerto, l'indignazione e la protesta. Tutti si chiedono perché, a quale scopo, per quale risultato si è dato vita a questo spettacolo mondiale di distruzione e di morte. Il governo italiano, dove tuttavia non mancano gli yesmen, chiede la cessazione dei bombardamenti. Il presidente della Repubblica è andato oltre. Si estende nel mondo la difesa dell'Onu, della sua autorità, del suo prestigio, del suo ruolo insostituibile. L'azione angloamericana, se si proponeva anche di sconfessare e di umiliare l'Onu, è riuscita perfettamente nel suo intento. Il Vaticano ha parlato di «aggressione». Tra le grandi la reazione più radicale è quella russa. La Russia minaccia una revisione globale delle relazioni internazionali, contestando agli Usa la pretesa di esercitare il ruolo di guardiano del mondo. Tutto si va, purtroppo, dipingendo di scuro. Una oscurità rotta da lampi che attraversano le notti di Baghdad.

«Fummo informati»

Craxi in questo documento del dicembre 1998 torna con la memoria al 1986 quando, nell'imminenza di un attacco aereo su Tripoli, l'amministrazione americana volle consultarlo nella sua veste di capo del governo italiano. Craxi lo definisce nei fatti un puro gesto di cortesia diplomatica che però dà conto efficacemente della mutata considerazione della quale gode l'Italia da parte dell'alleato americano.

Anche il governo italiano non era stato informato della decisione presa da Clinton e da Blair di attaccare l'Iraq. Non ci si può credere ma è purtroppo vero. Con il governo Craxi, in occasione di un bombardamento su Tripoli, gli americani si comportarono più correttamente. L'ambasciatore americano a Roma, Max Raab, mi chiese di ricevere con urgenza il generale Walter, latore di un messaggio riservato del presidente Reagan. Li ricevetti entrambi invitandoli a cena. Ci incontrammo a Villa Doria Pamphili verso le nove di sera. L'ambasciatore Raab accompagnava Walter ed io ero assistito dal consigliere diplomatico della Presidenza Badini.

Nel corso dell'incontro il generale Walter mi informò che era intenzione degli Usa portare un attacco aereo su obiettivi prestabiliti nella capitale libica. Aveva avuto l'incarico di informarmi e di richiedere al proposito l'opinione del governo italiano. Gli dissi subito tutta la mia contrarietà e la mia convinzione che un bombardamento su Tripoli avrebbe innanzitutto potuto provocare delle vittime nella popolazione civile e che comunque una azione di quella natura non avrebbe risolto alcuno dei problemi aperti nei confronti della Libia.

Ci lasciammo verso le dieci. Alle undici Walter si incontrò all'aeroporto con il ministro degli Esteri Andreotti che a sua volta gli espresse un parere nettamente contrario. Verso mezzanotte ricevetti una telefonata da Madrid. Era Felipe Gonzáles. Mi disse che secondo le sue informazioni aerei americani in volo si stavano dirigendo verso la Libia.

Mi chiese se ne sapevo qualcosa. Gli dissi del mio incontro con Walter e della contrarietà espressa verso l'ospite americano di bombardare Tripoli. Poco dopo e nel corso della notte Tripoli venne bombardata dalla aviazione americana. Evidentemente il parere dell'Italia non aveva alcuna importanza. Ci era stato chiesto per pura cortesia diplomatica. Nel caso dei bombardamenti sull'Iraq non c'è stato neppure questo.

VII

Mediterraneo: mare in tempesta

Nel Mediterraneo siamo immersi, per così dire, sino al collo.

B. CRAXI

L'idea del «mare nostrum» appartiene al bagaglio nazionalistico di altri tempi ma anche la paura del contagio con la regione e con gli Stati del Mediterraneo appartiene ad un provincialismo duro a morire. Vogliamo svolgere un ruolo di pace e di cooperazione nel Mediterraneo. Vogliamo mantenere, sviluppare o aprire, quando sono ancora chiuse o limitate, le migliori relazioni con tutti gli Stati della regione.

B. CRAXI

«Centro nevralgico della vita del mondo»

Una grande area di pace

Il 6 marzo 1985 Craxi è invitato a Washington per tenere un discorso alle Camere riunite in Congresso: l'invito da parte dei presidenti delle due Camere americane è un onore che sino ad allora era stato riservato solo a un altro leader italiano, Alcide De Gasperi, nel 1951. Nella cornice dei rapporti tra Usa e Italia, Terzo Mondo e unità europea sono due aspetti centrali che Craxi approfondisce, auspicando delle iniziative economiche e politiche che rendano il Mediterraneo una grande area di pace.

Il Mediterraneo deve diventare una grande area di pace, uno dei grandi punti di passaggio e di incontro tra Paesi industrializzati e Paesi in via di sviluppo. Questa è la meta verso cui tendono i nostri sforzi, che sosteniamo con crescenti stanziamenti di bilancio per la politica di assistenza, soprattutto verso i Paesi poveri dell'Africa in preda alla tragedia della fame.

Partiamo dalla convinzione che le grandi diseguaglianze esistenti oggi nel mondo rappresentano la vera, grande «questione sociale», per questo scorcio di secolo ed oltre. Aiutare i Paesi più poveri, ridurre le diseguaglianze nel mondo, aumentare progressivamente il proprio impegno di aiuto è il dovere fondamentale e ineludibile che sta di fronte alla responsabilità di Paesi liberi dell'Occidente all'avanguardia del progresso e dello sviluppo. Così come ad essi spetta un dovere di intransigenza e solidarietà, di fronte ad ogni legittima richiesta di libertà.

Guardare lontano

In questo discorso, tenuto nel settembre 1985 alla cerimonia di consegna alla Marina militare dell'incrociatore Garibaldi, *Craxi passa in rassegna diverse questioni internazionali. Soffermandosi sui problemi dell'area mediorientale, coglie l'occasione per ribadire la necessità di una zona mediterranea forte e pacifica, in cui l'Italia possa contribuire come Paese protagonista.*
In un appunto personale Craxi riflette sul fatto che «di questo passo il cielo ed il mare del Mediterraneo si avviano a diventare una specie di giungla dove ogni agguato è possibile e dove nessuno sarà più sicuro di nulla. Questa situazione di alto rischio è inaccettabile per gli Stati pacifici che si affacciano sul Mediterraneo e che in questi cieli ed in questi mari sono di casa non meno di altri».

Purtroppo non è caduto, o non è caduto ancora, il muro delle diffidenze e degli ostacoli pregiudiziali mentre si scagliano contro l'idea stessa di un negoziato pacificatore le iniziative di terrorismo estremista e fanatico. Sono necessarie una grande tenacia e la ferma convinzione della necessità di raggiungere alfine un accordo di pace nel Medio Oriente, che rappresenterebbe un punto di svolta decisivo per il futuro delle regioni interessate e per l'insieme stesso delle relazioni internazionali.

Dobbiamo imparare a guardare lontano, proprio come fate voi marinai. L'evolversi degli avvenimenti mondiali, ma soprattutto l'impetuoso sviluppo del nostro Paese, ormai inserito fra i maggiori produttori del mondo, assegnano all'Italia sempre nuovi compiti e nuove funzioni nell'area del Mediterraneo, verso l'Africa, dove ci sono tensioni pericolose e pericolosi focolai di conflitto, ma dove esistono anche tanti Stati e tanti popoli che desiderano solo di stringere le mani amiche e che stringono volentieri le nostre, che sanno essere mani di amici sinceri, di uomini di pace, ma anche mani fattive, che sanno fare, che sanno promuovere e produrre i beni di cui essi abbisognano. E noi ne abbiamo strette tante di queste mani in tanti Paesi della regione mediterranea e dell'Africa. ...

In tutti questi Paesi abbiamo incontrato governi desiderosi di un ampliamento delle relazioni bilaterali, di nuovi programmi di cooperazione e di scambi. Attorno all'intensificato impegno italiano di questi anni si sono accese molte speranze che l'Italia non intende deludere.

Siamo d'altro canto convinti che una reale garanzia di pace non può prescindere da un più equo ed armonioso sviluppo delle economie mondiali e da una riduzione del clamoroso divario di prosperità che divide i Paesi dell'Europa da quelli dell'Asia e dell'Africa, dove spesso si lotta ancora contro la povertà.

Mediterraneo e futuro

Nel 1990, durante il Simposio internazionale «Prospettive delle relazioni Maghreb-Cee», Craxi esamina i problemi della regione mediterranea, sottolineandone le criticità, ma soprattutto i punti di forza. In particolare e con grande lucidità analizza le prospettive di aumento della popolazione e di sviluppo economico, ritenendo fondamentale una collaborazione tra il Nord e il Sud del Mediterraneo.

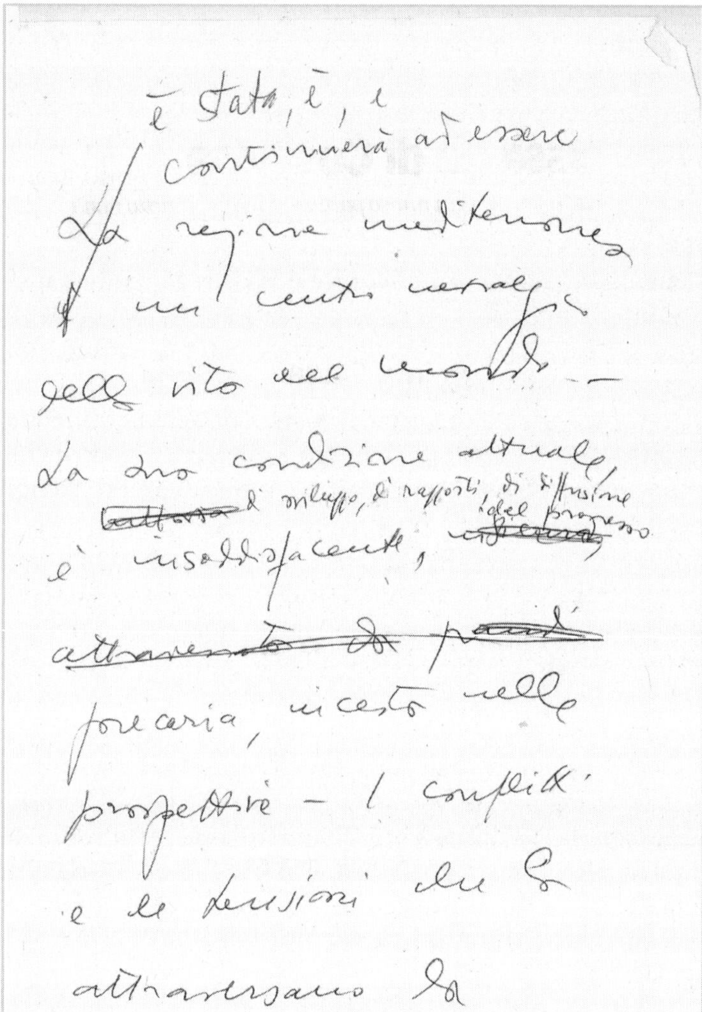
è stata, è, e
continuerà ad essere
La regione mediterranea
un centro vitale
della vita del mondo —
La sua condizione attuale
di sviluppo, di rapporti, di diffusione del progresso
è insoddisfacente,
precaria, incerta nelle
prospettive — I conflitti
e le tensioni che la
attraversano la

Simposio internazionale «Prospettive delle relazioni Maghreb-Cee»,
5 novembre 1990

La regione mediterranea è stata, è e sarà un centro nevralgico della vita del mondo. La sua condizione attuale è insoddisfacente, precaria, incerta nelle prospettive. I conflitti e le tensioni che la attraversano la rendono insicura ed aumentano l'incertezza delle sue prospettive. Le profonde diseguaglianze che la dividono sono motivo di inquietudine, di instabilità, di crisi. E tuttavia i fattori positivi non mancano. Le sue potenzialità sono grandi. Importanti risorse materiali ed umane possono dare frutti migliori.

La collaborazione tra il Nord e il Sud della regione mediterranea deve essere meglio messa a fuoco, può e deve essere sviluppata ed allargata in modo più produttivo, più approfondito, più dinamico.

Un rapido giro d'orizzonte mostra tutta la complessità dei problemi che sono sul tappeto e gli aspetti di crisi che si sono accumulati ma anche tutto il grande campo d'azione nel quale è possibile operare con successo.

I Paesi dell'Africa mediterranea sono oramai una grande realtà economica. Essa costituisce il centro della vasta e complessa regione mediterranea del Sud e del Sud-Est che include, accanto ai Paesi del Maghreb e all'Egitto, i Paesi asiatici del Mediterraneo, nonché la Turchia, Cipro e Malta.

Il lato nord, nord-est e nord-ovest di questa regione è costituito da cinque dei dodici Stati membri della Comunità Europea. Con 172 milioni di abitanti, essi rappresentano metà della popolazione della Cee. Anche se meno della metà del suo reddito pro capite. Ad essi si aggiungono – a est – altri due Stati europei, non appartenenti alla Cee, la Iugoslavia e l'Albania.

Ma la Comunità Europea non fa molto per i Paesi in via di sviluppo della regione mediterranea. ...

Le prospettive demografiche della regione mediterranea indicano un quadro in rapido cambiamento.

In totale gli otto Paesi europei che fanno parte di questa regione hanno 200 milioni di abitanti ed altrettanti vivono nella regione afro-asiatica, di cui un po' meno del 60% nell'Africa settentrionale e il resto in Turchia e Cipro e nel Medio Oriente. ...

Bisogna lavorare per creare in tutta la regione un nuovo sistema di rapporti e, nelle sue aree più tormentate, una prospettiva di pace fondata innanzitutto sul rispetto dei diritti dei popoli.

Per il futuro si potrà forse immaginare una protezione giuridica intraregionale ed anche mediante organi comuni sovraordinati di tutela dei popoli e dei cittadini. Non c'è nulla di utopistico in questo. La regione mediterranea deve costruire il suo futuro ed il suo destino comune.

Tunisia

«Guerra d'Africa»

Nel 1997 Craxi pubblica il volume Guerra d'Africa *dove diverse pagine di storia raccontano con dovizia di particolari la Tunisia durante il secondo conflitto mondiale. Scrive in un appunto: «In questi giorni nelle edicole e nelle librerie esce un mio libro dal titolo "Guerra d'Africa". Vi sono scritte anche pagine di storia. Spero che non venga bloccato o faccia una brutta fine, anche se qualcuno, leggendolo, se ne avrà a male». La penna di Craxi, attraverso fonti italiane ed internazionali, ricostruisce il teatro di guerra tunisino con estrema acribia e ricchezza, mostrando come la storia abbia già conferito un ruolo centrale alla Tunisia nel Mediterraneo.*

La Tunisia, negli ultimi mesi del 1942 e nei primi mesi del 1943, era divenuta il teatro entro il quale si svolgerà la fase finale di una guerra sanguinosa, che per due anni era stata combattuta in Libia, in Egitto, nel Mediterraneo. Sconfitte in Libia, le truppe dell'Asse avevano organizzato una prima linea di resistenza nella regione del Mareth, nel Sud tunisino. Dopo la ritirata dalla linea del Mareth, la battaglia che fu ingaggiata nella regione di Enfidaville e di Zaghouan vide diversi scontri ma si concluse in breve, e fu seguita in pochi giorni dalla resa finale.

A una decina di chilometri da Hammamet fu firmata la resa del XXX Corpo d'Armata italiano. Una notte attorno al 10 maggio 1943, alti ufficiali italiani plenipotenziari firmarono l'atto di resa incondizionata di fronte ad ufficiali inglesi e francesi. L'Armata tedesca e il comando dell'Asse si erano già arresi a nord di Tunisi. Molte formazioni italo-tedesche, attaccate dal Nord e dal Sud, ritirandosi si erano venute ormai raggruppando nella regione del Capo Bon.

Una parte molto limitata di ufficiali e di soldati riuscì ad imbarcarsi per l'Italia, ma il grosso di loro fu circondato e fatto prigioniero. Ne fa testo una relazione del ministero della Difesa, nella quale si legge: «Il personale del Comando del XXX Corpo d'Armata, nella giornata dell'8 maggio, aveva compiuto lo spostamento a Kelibia (Capo Bon). Qui il colonnello Giorgetti riceveva comunicazione che erano stati riservati venti posti per ufficiali su aerei tedeschi in partenza dalle piste militari di Menzel Temine e di El Haouaria. Erano previste in arrivo motozattere tanto a Kelibia che a Sidi Daoud. Appreso dell'arrivo a Kelibia della nave ospedale *Aquileia*, il Giorgetti vi si dirigeva, insieme ad altri ufficiali del suo nucleo, per prendervi imbarco. Vi riuscirono soltanto quattro ufficiali e poco più di un centinaio di feriti e malati, perché la nave dovette subito ripartire, sotto la minaccia di aerei avversari che spezzonavano i partenti. Gli elementi del comando del Corpo d'Armata colà rimasti furono catturati tra il 12 e il 13 maggio».

La svolta decisiva della guerra d'Africa era stata impressa dallo sbarco degli americani nell'Africa del Nord, in territori algerini e marocchini. Era l'8 novembre 1942.

Le truppe che sbarcavano erano miste, americane ed inglesi. I primi sbarchi avvennero in Algeria, ad Algeri, ad Azzen e St. Cloud, località ad est di Orano, e nel Marocco a Fedala, a Safi, e a Port Lyautey. Gli sbarchi, iniziati l'8, continuarono nei giorni seguenti ad est di Algeri, nei porti di Bonji il 10 novembre, Philippeville il 12, Bona il 13.

Per gli Stati Maggiori tedesco ed italiano lo sbarco, che essi non avevano previsto, rappresentava una vera sorpresa. In realtà però, il servizio di informazioni militari italiano lo aveva tempestivamente previsto, ed aveva subito inviato queste sue previsioni ad entrambi i comandi italiano e tedesco. Sin dai primi di ottobre del 1942, il Sim aveva esposto la situazione in un documento inviato tanto a Mussolini che al capo di S.M. Generale ed ai capi di S.M. delle tre forze armate.

Testimonia a questo proposito il generale Amé: «La segnalazione del Sim non suscitò alcuna eco né presso il capo del governo né presso il capo di S.M. Generale» ed aggiunge ancora «Il servizio informazioni germanico, cui avevo mandato in comunicazione il documento, non mostrò interesse particolare alle previsioni».

Ancora all'alba dell'8 novembre, il giorno dello sbarco, una comunicazione telefonica intercettata tra il maresciallo Kesselring e il maresciallo Göring confermava come quest'ultimo non desse ancora credito alla possibilità di uno sbarco di grande portata in Nord Africa, e pensasse piuttosto ad un concentramento di mezzi navali per far passare nel Mediterraneo un grande convoglio. Fu così che le disposizioni che riguardavano il nuovo fronte che si apriva in Nord Africa, ed in Tunisia in particolare, vennero prese dai Comandi italiano e tedesco con grande ritardo.

Dai dati del ministero della Difesa italiano si ricava che solo alle ore 21.20 dell'11 novembre il comando del XXX Corpo d'Armata, per incarico dello Stato Maggiore, disponeva che la divisione provvedesse a ritirare, presso l'Istituto geografico militare a Roma, le carte topografiche della regione di probabile impiego e cioè a dire la Tunisia. In realtà poi le concrete possibilità di trasporto di uomini e mezzi si rivelarono subito molto limitate. Ancora al 30 novembre, secondo una relazione del ministero della Difesa italiano, la forza complessiva delle unità italiane presenti in Tunisia ascendeva soltanto ad ottomila uomini. Essi vennero impiegati subito, in condizioni di assoluta inferiorità, soprattutto logistica, e nei primi scontri le perdite italiane, tra morti, feriti e dispersi, superarono le cinquecento unità.

Gli americani sbarcati in Algeria e in Marocco non puntarono subito su Tunisi, ma si diressero verso il centro della Tunisia. La prima grande battaglia si svolse infatti a Kasserine, dove vennero respinti dalle forze dell'Asse. Al momento dello sbarco degli alleati angloamericani nel Nord Africa, cui si unirono in Algeria e Marocco truppe francesi ostili ai governi di Vichy, a Tunisi governavano ancora il Bey ed il Residente francese che, per parte sua, amministrava il Protettorato per conto della Francia del maresciallo Pétain.

Alle ore due della notte del 7 novembre, il presidente degli Stati Uniti, Franklin Delano Roosevelt, inviava all'ammiraglio Estevan, Residente francese, tramite il console generale americano a Tunisi, Doolittle, due messaggi.

All'ammiraglio Estevan: «Mi permetto di ricorrere alla vostra cortesia per la trasmissione del messaggio allegato a Sua Altezza Sidi Moncef Pascià, Bey di Tunisi». E ancora: «Ho preso la determinazione di contribuire alla resistenza dei francesi e dei tunisini, inviando nell'Africa del Nord potenti forze americane. Queste Armate sono state attrezzate con qualità di armi fra le più distruttrici che la guerra moderna conosca, ed hanno ricevuto l'ordine di cooperare con le Autorità francesi e la popolazione tunisina che desiderano la pronta distruzione del nostro comune nemico. Io so che posso contare sulla vostra comprensione della amicizia dell'America per la Francia, e voi sapete della sua determinazione irrevocabile di liberare l'Impero francese dai suoi oppressori».

E al Bey di Tunisi: «Il vostro popolo è vittima della rapacità organizzata dai tedeschi e dagli italiani, che hanno spogliato la popolazione tunisina delle risorse più indispensabili, riducendola alla privazione e alla miseria». E ancora: «Le invincibili e massicce forze armate americane che io invio nell'Africa del Nord collaboreranno con le forze francesi e con voi stesso nella difesa del vostro Paese. Esse non hanno altro compito se non la pronta distruzione dei nostri comuni nemici. La vostra recente ascesa al potere ed il desiderio da voi espresso, e nel quale ho piena fiducia, di lavorare per il bene del vostro popolo, non permettono alcun dubbio al riguardo del rapido e felice risultato delle comuni nostre misure di difesa».

Al messaggio del presidente americano si contrappone, con un suo messaggio del 17 novembre, diffuso dalla stampa locale, il generale Nehring, in quel momento comandante in capo delle truppe dell'Asse in Nord Africa.

Nehring si rivolge a «Tunisini, Algerini, Marocchini, soldati di Francia»: «Le truppe nordamericane ed inglesi, protestando motivi assolutamente falsi, hanno attaccato i territori dell'Impero francese nell'Africa del Nord». E ancora: «Il maresciallo Pétain, capo dello Stato francese e comandante in capo delle forze militari francesi, ha elevato una indignata protesta contro la brutale aggressione degli angloamericani, e ha dato ordine ai suoi soldati di resistere sino all'estremo. Tuttavia le truppe francesi da sole non sono in condizioni di opporre una difesa efficace agli aggressori. Le truppe dell'Asse vengono in aiuto alle truppe francesi per difendere il vostro territorio, per proteggere le vostre popolazioni, i nostri soldati vengono a battersi a fianco a fianco dei soldati francesi, e i soldati francesi, combattendo insieme con noi, difendono anzitutto la causa della Francia». E infine: «Faccio appello alle popolazioni della reggenza affinché, con il loro atteggiamento calmo e disciplinato, l'ordine interno sia assicurato e così le forze militari possano agevolmente ristabilire nell'Africa del Nord la pace e la tranquillità, turbate dall'aggressione nemica».

Lo stesso giorno Mohamed el-Moncef Bey, possessore del reame di Tunisi, indirizzava, a sua volta, un proprio messaggio al popolo tunisino: «Voi non ignorate le difficoltà, sorte nel Paese da alcuni giorni, che esigono da parte di tutti gli elementi della popolazione di mantenere la più grande calma, conformemente al nostro atteggiamento essenzialmente pacifico. Noi siamo certi che voi non dubiterete un solo istante della nostra premura di vegliare al vostro benessere ed ai vostri interessi. I nostri sentimenti paterni tendono sempre alla salvaguardia delle vostre persone e dei vostri sacri diritti, insieme con il vostro amico, il Residente generale a Tunisi».

Dopo la resa italo-tedesca e la conquista di Tunisi, Moncef Bey verrà subito destituito dalle nuove autorità francesi.

Gli scontri sul territorio della Tunisia, al Nord, al Centro, al Sud, si protrassero per più di cinque mesi. In questi mesi si decise la guerra d'Africa, ed in questo modo si ponevano le basi stesse che decideranno delle sorti della Seconda guerra mondiale, che tuttavia durerà ancora due anni nei territori europei.

Osservava il Servizio di informazioni militari italiano: «Assicurate le posizioni di dominio nel Mediterraneo, il nemico ha nei suoi piani ulteriori obiettivi strategici, destinati a pesare con carattere decisivo sullo svolgimento generale della guerra». E indica in «Operazioni miranti ad affermarsi in Italia e nella regione meridionale francese, in concomitanza con una poderosa impresa partente dall'Inghilterra meridionale e diretta all'invasione del territorio francese meridionale».

Le previsioni erano assai ben fondate. Le invasioni ci saranno entrambe. Lo sbarco in Sicilia e lo sbarco in Francia, tuttavia non al Sud, ma al Nord, in Normandia.

Ma ancora il 5 aprile, dopo i numerosi e sanguinosi scontri, il capo di Stato Maggiore, generale D'Ambrosio, convinto della possibilità di rovesciare le sorti della battaglia, aveva incitato alla resistenza le unità italiane. Dispaccio n. 31137: «Approntamenti posizione Mansour-Enfidaville, e arretramento verso il Nord, in misura superiore al passato, di elementi delle retrovie, a quanto risulta ha ingenerato nella truppa la convinzione di un nuovo ripiegamento. Contro questa convinzione ribadisco che, sia per il collaudo finora fatto degli attacchi nemici, sia in seguito all'arrivo di rifornimenti e di nuove truppe, la situazione si è notevolmente migliorata e resa tale che le posizioni attuali possono e devono essere assolutamente mantenute. Deve pertanto essere combattuto con ogni mezzo qualunque pensiero rivolto a ripiegamenti».

Ma il generale italiano si sbagliava. Ogni resistenza era destinata ad essere travolta e la fine era ormai questione di poche settimane. Si sbagliava anche il generale von Arnim, comandante in capo delle Armate dell'Asse, che ancora l'11 aprile, prendendo atto del ripiegamento ormai disordinato nella regione di Enfidaville, ordinava: «N. 2006143 – Segreto – Per la difesa della posizione di Tunisi ordino: Occorre difendere con tutti i mezzi la più ordinata linea della difesa di Tunisi, sulla quale già si lavora, e cioè l'ala sinistra Enfidaville. Una manovra di ripiegamento da questa non è possibile».

Sullo scacchiere operativo tunisino, in realtà «agiscono forze e mezzi soverchianti» come dichiarava il Sim. La condizione d'inferiorità in cui si trova ad operare il XXX Corpo d'Armata italiano è sottolineata ancora in una relazione del generale comandante Sogno: «L'armamento non rispondeva completamente alla necessità, in rapporto alle caratteristiche topografiche del teatro d'operazione tunisino. Il cannone da 47, nell'impiego controcarro, si rivelò d'inadeguata potenza contro i carri armati angloamericani». E ancora: «Sia per i collegamenti che per gli artiglieri del genio, i rifornimenti in Tunisia furono sempre deficientissimi, quando non mancarono del tutto». E più avanti: «Il Comando italiano in Tunisia non ebbe alcuna disponibilità di aviazione e l'impiego di questa fu riservato esclusivamente al Comando Superiore germanico, al quale si doveva dirigere ogni richiesta di eventuale collaborazione aerea».

Sui campi oltre Hammamet, verso la zona di Enfidaville, dove si erano venute concentrando unità italiane per una estrema difesa, iniziò a chiudersi rapidamente la interpartita africana. Eventi bellici di cui non rimangono che scarse tracce. La loro vista suscita tristezza ed emozione. È la stessa tristezza ed emozione che ti prendono visitando i cimiteri di guerra. A Takrouna, a ricordo di uno scontro sanguinoso all'arma bianca che gli uomini della Folgore ebbero con formazioni coloniali dell'Armata britannica, un cippo ed una lapide ricordano il valore e il sacrificio dei soldati italiani, che avevano colto l'ultima, inutile vittoria.

Ben Ali presidente

Il 6 ottobre 1999 Fulvio Martini, capo del Sismi sotto i governi Craxi, Fanfani, Goria e Andreotti, racconta alla Commissione Stragi del Parlamento italiano in seduta segreta che negli anni 1985-87 il Sismi organizzò «una sorta di colpo di Stato in Tunisia mettendo Ben Ali a capo dello Stato, sostituendo Burghiba che voleva fuggire». A ordinare il golpe, secondo l'ammiraglio Martini, sarebbero stati Craxi e Andreotti. Immediata e categorica la replica di Craxi, che in un fax inviato all'Ansa smentisce tali dichiarazioni.*

Non vi furono manovre o interferenze italiane negli avvenimenti che, nell'87, portarono alla elezione del presidente Ben Ali.

A mia conoscenza, ogni altra versione sarebbe priva di qualsiasi fondamento.

Libia

Cessate il fuoco

Il 15 aprile 1986 due missili SS-1 SCUD *libici vengono lanciati nei pressi di Lampedusa nel tentativo di attaccare l'installazione militare del sistema di radionavigazione Loran della Nato: i missili vengono lanciati per ritorsione contro i bombardamenti americani in Libia del giorno precedente (operazione denominata «El Dorado Canyon») che avevano colpito anche la residenza di Gheddafi, accusato di appoggiare il terrorismo internazionale (in particolare riferimento all'attentato libico del 5 aprile 1985 alla discoteca La Belle di Berlino fre-*

* Carlo Chianura, *L'Italia dietro il golpe in Tunisia*, in «la Repubblica», 10 ottobre 1999.

Bettino Craxi

HAMMAMET 10-10-1999

DICHIARAZIONE di BETTINO CRAXI

Non vi furono manovre o interferenze italiane negli avvenimenti che, nell'87, portarono alla elezione del Presidente Ben Ali.
A mia conoscenza, ogni altra versione sarebbe priva di qualsiasi fondamento.

Bettino Craxi

Sull'elezione del presidente tunisino Ben Ali, 10 ottobre 1999 *quentata da soldati americani). E Gheddafi reagisce lanciando per rappresaglia due missili che esplodono al largo senza causare danni. In questa dichiarazione rilasciata a giornalisti italiani e stranieri all'indomani dei fatti di Lampedusa, Craxi si sofferma sulla necessità di risoluzione di questa crisi diplomatica.*

Il terrorismo internazionale non è un filone, unico, non agisce sotto un unico impulso, non dipende da un'unica centrale. Un'operazione militare, un'azione di rappresaglia, indirizzata verso un punto ritenuto un focolaio di terrorismo, ad uno Stato considerato responsabile di atti terroristici, può determinare un temporaneo raffreddamento ma non può evitare una sua ripresa, anzi può eccitare un suo ritorno in forme ancora più violente e diffuse. ...

Per quanto riguarda la Libia, noi pensiamo che il governo di Tripoli debba abbandonare il terreno delle minacce, dei propositi di guerra, di azioni militari o di azioni terroristiche. E ci auguriamo che in questo senso lo spingano i consigli del governo sovietico che in questi giorni ha mantenuto con Tripoli la più stretta consultazione.

Si impone una sorta di cessate il fuoco generale, diversamente tutto diventerà tremendamente pericoloso.

Il governo italiano non intende né fare né avallare azioni di guerra contro la Libia. E tuttavia ci siamo trovati costretti, di fronte all'aggressività missilistica, assolutamente ingiustificata, portata contro l'isola di Lampedusa, dove staziona dal 1972 una stazione di orientamento della navigazione marina ed aerea, ad impartire una chiara ed inequivocabile direttiva alle nostre Forze Armate per la difesa del territorio nazionale, in ogni suo punto, ad ogni semplice minaccia concreta di attacco.

Non vorremmo trovarci mai nella condizione di dover reagire usando la forza militare, con tutto ciò che tutto questo dolorosamente comporta e perciò il nostro invito al governo di Tripoli è un invito alla cautela, alla riflessione, alla responsabilità.

Chiediamo le massime garanzie nei confronti della comunità italiana, ma anche di tutte le comunità europee ed in particolare della comunità britannica, residenti in Libia.

Auspicando che le autorità libiche favoriscano e facilitino il rientro in patria dei cittadini italiani che desiderassero farlo, guardiamo con fiducia al ristabilimento di una collaborazione vera tra Europa e Stati Uniti. Guardiamo con fiducia a quanti, e non sono pochi, nei Paesi arabi amici dell'Italia intendono agire per ridurre la tensione e l'area del rischio, assicurando la nostra piena collaborazione.

Ringrazio i governi amici, che dopo l'episodio di Lampedusa hanno assicurato la loro solidarietà e offerto il loro appoggio all'Italia.

L'Italia è una nazione pacifica. È unita nella difesa della pace ma è anche unita nella volontà di garantire la sicurezza contro ogni forma di violenza e specie di terrorismo.

Intendiamo lavorare alacremente per la pace e non ci rassegniamo di fronte alle incomprensioni delle difficoltà e alle ostilità. Non trascuriamo e raccomandiamo sempre a tutti, a cominciare dai nostri amici, di non trascurare alcun segnale positivo, alcuna manifestazione di buona volontà. Il papa della Chiesa di Cristo ha levato un'invocazione perché i responsabili delle sorti delle nazioni possano avere la saggezza e la magnanimità necessarie in un momento così cruciale, per conoscere e percorrere le vie di una giusta intesa tra i popoli. «E questa è e resta la via giusta.»

«Attento Annan»

Il 21 dicembre 1988 il volo Pan Am 103 partito da Londra alla volta di New York esplode in volo, a causa di una bomba contenuta in una valigia, nei pressi della cittadina di Lockerbie in Scozia. Le indagini svolte dall'Fbi e dalla polizia scozzese individuano in Abdel Basset al-Megrahi e Al-Amin Khalifa Fahima (accusati di appartenere ai servizi segreti libici) i responsabili dell'attentato terroristico, nella cornice di quella spirale di violenza tra Usa e Libia originatasi dalla battaglia aerea nel Golfo della Sirte del 1981 in seguito alla decisione della Libia di estendere le proprie acque territoriali nel 1973 e a un crescendo di operazioni coercitive da parte degli Usa nei confronti della Libia. La Libia per anni si era rifiutata di consegnarli, nonostante lunghissime trattative e sanzioni internazionali. In questo appunto del 1998 Craxi commenta la missione in Libia del Segretario generale dell'Onu, Kofi Annan, per ottenere l'estradizione in Olanda dei presunti attentatori. Non sfugge a Craxi l'atteggiamento ostile degli Usa nei confronti di Annan: il commento si conclude inoltre con una riflessione sui costi dell'embargo alla Libia, in particolare per l'Italia.

Il Dipartimento di Stato americano ha voluto sottolineare che l'incontro del Segretario generale delle Nazioni Unite Kofi Annan con il governo libico, che avverrà domani, non potrà riferirsi ad alcun «negoziato» in relazione al processo contro i due libici sospettati di essere gli autori dell'attentato di Lockerbie. Annan potrebbe al massimo fornire ai libici dei «chiarimenti» sul come i due uomini sarebbero trasferiti in Olanda per comparire di fronte ai giudici scozzesi. Questo è il punto di vista espresso dal portavoce Usa James Rubin. Gli Stati Uniti, ha aggiunto Rubin, si attendono dalla visita di Annan «un significativo rafforzamento della possibilità di vedere consegnati i sospetti». Dal canto suo Kofi Annan aveva nei giorni scorsi precisato che avvocati dell'Onu e autorità libiche avevano avuto «discussioni molto costruttive», che avevano permesso di fornire i chiarimenti richiesti dal governo di Tripoli. L'accordo dovrebbe consistere nella estradizione in Olanda dei due libici sospettati dell'attentato contro il volo 103 della Pan Am sopra la città scozzese di Lockerbie nel dicembre del 1988. Questo attentato aveva provocato 270 vittime tra i morti in volo e i morti al suolo. Il Comitato di Sicurezza dell'Onu nel 1992 aveva imposto un embargo a Tripoli per costringere i libici a cooperare con la giustizia americana e la giustizia inglese. Il Consiglio dell'Onu si è impegnato a sospendere le sanzioni quando i due accusati saranno consegnati all'Olanda per essere giudicati. A fine agosto Londra e Washington avevano accettato che il processo si potesse svolgere in Olanda secondo il diritto scozzese e di fronte a giudici scozzesi. La Libia ha comunque richiesto delle «garanzie» sullo svolgimento del processo e si è sempre opposta alla possibilità che siano messi in prigione in Scozia ove fossero dichiarati colpevoli e condannati.

È un aspetto del contendere in questa delicata materia sulla quale continua a pesare un costosissimo embargo. Costoso per chi lo subisce, ma anche costoso per tanti Paesi che lo praticano, a cominciare dall'Italia. Quanto costa ogni anno all'Italia l'embargo alla Libia? Domanda senza risposta. Annan svolge ancora una volta una missione molto difficile. L'episodio tuttavia fornisce ancora una volta una ulteriore evidente conferma della diffidenza che gli Usa nutrono nei confronti del Segretario generale dell'Onu.

Egitto

L'origine dei mali

Nel dicembre 1985 Craxi incontra al Cairo il presidente Mubarak per discutere dei rapporti tra Italia ed Egitto. Intervistato qualche giorno dopo dal settimanale egiziano «Al Mussawar» commenta questo incontro con riferimento ai diversi temi trattati durante il colloquio. In particolare Craxi si sofferma sulla situazione del terrorismo nel Mediterraneo e propone riflessioni e azioni a partire dall'iniziativa di Mubarak di far partecipare la Cee e gli Usa al dialogo con la Confederazione giordano-palestinese: egli individua infatti come origine di tutti i mali il conflitto arabo-israeliano e ribadisce il ruolo attivo dell'Italia nel portare avanti il processo di pace.

Noi riteniamo che bisogna opporsi con determinazione e fermezza sia sul piano interno sia su quello internazionale allo scatenarsi di questa nuova ondata di atti terroristici. Ma siamo anche convinti che si debba analizzare a fondo le cause di questo fenomeno e tentare di rimuoverle. L'ho anche scritto nei giorni scorsi al presidente degli Stati Uniti, Reagan, sostenendo che la nostra azione contro il terrorismo risulterebbe vana se non ci adoperassimo a rimuovere le cause che ne favoriscono lo sviluppo, prima fra tutte il ristagno del processo di pace in Medio Oriente.

Riteniamo d'altra parte che una revisione dei nostri rapporti con quei Paesi, di cui si è potuta accertare la responsabilità di una copertura morale e politica del terrorismo, sia necessaria. In questo senso l'Italia già si è mossa e si aspetta che i partners europei assumano posizioni analoghe. Ritengo comunque saggia la decisione del governo degli Stati Uniti di astenersi da ogni intervento militare: questo infatti non risolve i problemi né può rappresentare una difesa contro gli atti terroristici.

«Fine della lotta armata?»

Da Hammamet Craxi osserva l'evoluzione dell'organizzazione estremista Jamaa Islamiya (in arabo Gruppo islamico), movimento nato nel Sudest asiatico e guida dell'islamismo armato egiziano, che già dal 1992 aveva aperto le ostilità contro il governo «empio» di Mubarak. A un anno dall'attentato di Luxor, occorso il 25 novembre 1998, egli commenta positivamente la volontà di negoziazione che sembra animare entrambe le parti e si augura che tale volontà possa essere duratura: Jamaa Islamiya dà infatti segni di voler abbandonare la lotta armata e il regime egiziano a sua volta mostra l'intenzione di rinunciare alle forme aggressive e liberare quattromila estremisti islamici.

La Jamaa Islamiya è la guida dell'islamismo armato egiziano. In sei anni di guerra violenta contro lo Stato si possono contare più di 1300 morti e l'uccisione di 83 stranieri. Oggi questa organizzazione estremista dà segni di voler abbandonare il fenomeno della lotta armata e del terrorismo. Tuttavia vi sono anche segni contrari. Rifai Ahmed Taha, capo militare in esilio in Afghanistan, afferma, a nome del movimento Al-Mourabitoun, «La nostra strategia non è cambiata».

I dieci leaders storici della Jamaa Islamiya, prigionieri al Cairo, avevano fatto un appello per porre fine alla lotta armata. Avevano in questo ricevuto il sostegno della guida spirituale del movimento, il vecchio sceicco Omar Abdel Rahman, condannato a vita nelle prigioni degli Usa. Al Cairo, Montasser Al Zayyat, avvocato dei capi prigionieri, cerca di minimizzare il dissenso: «Tutti sono favorevoli a fermare la violenza. Ma mentre alcuni accettano una tregua unilaterale, altri, come in Afghanistan, vogliono garanzie da parte del governo».

L'origine dei disaccordi che dividono la Jamaa Islamiya è stata, paradossalmente, l'operazione più spettacolare che aveva realizzato: il massacro, un anno fa, di 58 turisti stranieri a Luxor. Oggi si sa che il commando terrorista agì senza ordini. La leadership militare si vide addossare la responsabilità di una operazione che distruggeva gli ultimi sostegni che il movimento poteva avere nella popolazione. «Se il governo farà un passo la Jamaa ne farà dieci» assicura Al Zayyat. Scosso per l'attentato di Luxor, temendo una spirale all'algerina, il regime egiziano rinuncia alle forme aggressive anzi libera quattromila estremisti islamici su un totale di ventimila detenuti. Da febbraio gli attentati sono cessati. È un buon segno. Si continuerà lungo questa strada. In un campo e nell'altro sono in tanti che lo sperano.

Libano

Una situazione difficile

Quando il 4 agosto 1983 Bettino Craxi diviene presidente del Consiglio dei ministri il contingente italiano impegnato nella missione Italcon si trova in Libano da quasi un anno. Il 24 settembre 1982 duemilatrecento uomini erano giunti a Beirut nell'ambito della Forza Multinazionale in Libano che vedeva impegnate truppe statunitensi, francesi e inglesi, come forza di interposizione in zone concordate al fine di

assicurare il ristabilimento della sovranità e dell'autorità del governo libanese e nel contempo garantire l'incolumità della popolazione. La spedizione era inizialmente nata come iniziativa Onu ma il veto dell'Urss aveva impedito che la missione si realizzasse sotto l'egida delle Nazioni Unite, tuttavia a livello di diritto internazionale venne ritenuta legittima visti gli scopi umanitari e il consenso dello Stato interessato.
Ma a partire da un attentato contro la forza multinazionale del 29 gennaio, seguito da quelli del 16 marzo, 18 aprile (che causa 69 morti tra i dipendenti dell'ambasciata americana) e 12 agosto, la situazione diviene incandescente, tanto che il 30 agosto Craxi dichiara che «il rischio si fa intollerabile».
È a questo punto che, invece di decidere per il ritiro delle truppe italiane, il presidente del Consiglio sceglie la via dell'iniziativa politica con l'obiettivo di raggiungere un accordo attorno a punti di equilibrio considerati accettabili e soddisfacenti per tutte le componenti libanesi. L'avvio delle consultazioni e i contatti con tutti i rappresentanti delle diverse istanze che insistono sul Libano martoriato non impediscono il gravissimo attentato del 23 ottobre nel quale perdono la vita 241 americani e 56 francesi.
In queste circostanze in Italia si levano le proteste dell'opposizione e con esse interrogazioni parlamentari e risoluzioni per il ritiro delle truppe italiane dal Libano. Pochi giorni dopo il sanguinoso attentato, rispondendo in Senato a quanti sostengono il disimpegno italiano Craxi dichiara: «È però molto singolare che proprio nel momento in cui, non più solo dal governo di Beirut ma anche dal campo libanese avverso, si levano voci che chiedono alla forza multinazionale di restare, giudicando "disastroso" per le sorti della pace e del Libano un loro ritiro, in Italia si siano alzate voci che chiedono il ritiro del contingente italiano. Pare legittima la domanda: di quale politica sono interpreti o si fanno consapevolmente o inconsapevolmente eco, di quale strategia, di quale morale?».
In questa dichiarazione dell'ottobre 1983 per la rivista «Epoca» Craxi commenta la presenza del contingente italiano in Libano.

La pace in Medio Oriente, in un contesto di sicurezza, di riconoscimento reciproco e di rispetto dei diritti dello Stato di Israele e del popolo palestinese, resta la grande speranza delusa dal corso degli ultimi avvenimenti. Si allontanano così nel tempo prospettive che, tuttavia, non devono essere abbandonate, mentre in primo piano sta oggi la sorte sfortunata del Libano diviso occupato, lacerato da ferite sanguinose, e dove il corpo multinazionale di pace e la presenza militare italiana fanno solo da fragile velo rispetto ai pericoli che incombono sulle popolazioni civili.

Dopo il criminoso attentato di Beirut, che ha fatto un numero di vittime ingiustificato e ingiustificabile, la situazione libanese si è ulteriormente aggravata. Non possiamo, tuttavia, far altro che ripetere con forza argomenti che per noi sono ormai fuori discussione: condividiamo l'aspirazione del popolo palestinese, che consideriamo legittima, ad avere una terra, una patria, uno Stato nel naturale collegamento con la Giordania, ma siamo contro l'idea di una disintegrazione e di una spartizione del Libano occupato da eserciti stranieri. Siamo per l'integrità di quel Paese, siamo per la fine della guerra civile, e siamo molto preoccupati per la condizione in cui si trova, in questo momento, il contingente militare italiano.

Le truppe italiane sono schierate a difesa di campi palestinesi e delle popolazioni civili che hanno conosciuto e conoscono, purtroppo, giorni di orrore e di terrore. Si tratta di una missione di pace limitata nel suo raggio d'azione; di una missione umanitaria nel cui ambito siamo pronti ad assumerci nuove responsabilità a condizioni severamente definite. I soldati italiani, dalla fine della Seconda guerra mondiale, sono usciti per la prima volta dalle frontiere nazionali per svolgere missioni di pace nel Sinai e nel Libano: possono essere impiegati solo per missioni di pace.

Abbiamo preso una decisione difficile in una situazione difficile. Sapevamo di poter contare su una forza composta di professionisti, di giovani, dai quali non è arrivata una sola voce di protesta, guidata da ufficiali esperti che hanno consentito di limitare al minimo i rischi. In mezzo a tanta gente che nel nostro Paese ha la protesta e il rifiuto facili, ci sono anche cittadini che, a rischio della vita, fanno per intero il loro dovere verso la collettività nazionale e verso la comunità internazionale.

La missione è stata e sarà utile e aiuterà anche i libanesi a risolvere i loro problemi se le forze politiche libanesi aiuteranno se stesse e il loro Paese a ritrovare la via della convivenza e della tolleranza necessarie per ridare un avvenire alla nazione libanese. Si deve por fine alla presenza di forze armate straniere e alla lotta armata tra le fazioni. Se i libanesi sono divisi in modo così feroce e continuano a vivere in lotta aperta tra loro, difficilmente riusciranno a difendere, e a preservare e garantire per il futuro l'indipendenza e la sovranità del Libano.

Nessuno ti dà quello che non sei capace di conquistarti.

Cooperazione euro-araba

L'Italia e l'Europa sono pronte?

Craxi ribadisce la necessità di costruire un nuovo rapporto tra l'Europa e il Terzo Mondo lontano da qualsiasi forma di colonialismo e neocolonialismo. Nell'ottica della convinzione che il futuro dipenda dalla capacità di ridurre le distanze tra Paesi ricchi e Paesi poveri, tra aree sviluppate e aree del sottosviluppo, Craxi riflette sul problema della pace in Medio Oriente che aveva già sottolineato come problema caratterizzato «dal vuoto politico, dall'assenza di iniziative efficaci per riportare la normalità nella regione mediterranea e mediorientale, dalla mancanza di prospettive per la soluzione dei conflitti aperti». Ma soprattutto si sofferma sul ruolo dell'Italia e dell'Europa nel progetto di questa grande cooperazione: aveva infatti già ribadito che «si sono perse delle occasioni e spero che qualcuno lavori per ricrearne di nuove. Attentati, terrorismo, rappresaglie e colpi di mano non portano in nessuna direzione, non hanno risolto e non risolveranno proprio nulla».

... Consapevoli dell'importanza dell'unità socialista europea e del ruolo fondamentale del movimento socialista e socialdemocratico in questa area del mondo [ovvero quella del Terzo e del Quarto Mondo. *NdC*] teniamo lontana da noi ogni impostazione angusta di tipo «eurocentrico».

Protesa a far avanzare ... le ragioni pacifiche e di progresso di un nuovo internazionalismo socialista, noi pensiamo che l'azione dei socialisti europei debba mirare a saldare i fini di una collaborazione euro-arabo-africana che muove i primi passi misurando le grandi possibilità di sviluppo che essa ha di fronte a sé. I problemi della pace, di nuove e più intense relazioni sono stati al centro dei nostri incontri con i partiti di ispirazione socialista e con i movimenti progressisti dell'area mediterranea. L'esigenza della sicurezza e della pace nel Mediterraneo, sconvolto da tensioni e conflitti locali e dall'incancrenirsi della questione arabo-palestinese-israeliana, sovrasta ogni altra. ...

Il partito socialista ha insistito e insisterà nei suoi rapporti con le parti in conflitto perché sulla base del diritto dei popoli si riaprano le strade della pace. Deve valere per i palestinesi e per chi propugna la prospettiva catastrofica della guerra rivoluzionaria, l'affermazione secondo cui «nel Medio Oriente solo la pace è rivoluzionaria». Vale per gli israeliani l'affermazione secondo cui non può esserci una pace giusta senza il riconoscimento dei diritti del popolo palestinese. ...

L'Italia che è ad un tempo europea e mediterranea è apparsa troppo spesso come in preda ad una paralisi rispetto al suo ruolo, alla sua possibile influenza di pace e di progresso. La nostra influenza e le nostre potenzialità di cooperazione economica e tecnica e nel campo delle relazioni commerciali possono essere moltiplicate, le nostre relazioni politiche rese più positive e più concludenti.

Siamo invece portati sovente ad assorbire solo gli umori maligni. ... Non siamo potenti di fronte ad un mondo armato e non vogliamo esserlo, ma non siamo neppure autorevoli. La nostra instabilità diviene un fattore di debolezza più generale e accresce il disordine e l'insicurezza dell'intera regione. L'Italia di oggi è una città aperta. Un porto franco per i circuiti di terrorismo internazionale. ...

A tutti gli interrogativi che nascono nella prospettiva di una nuova cooperazione internazionale tutti i Paesi europei e l'Europa occidentale nel suo insieme sono chiamati a dare una risposta. Incapace di darsi strutture politiche e regole comunitarie adeguate, chiusa in se stessa, divisa da particolarismi e da egoismi nazionali l'Europa rischia di accentuare i tratti della sua decadenza e della sua subalternanza. Ancora oggi essa è pur sempre uno dei centri principali degli equilibri mondiali. Essa può esercitare un suo ruolo essenziale ristabilendo una flessibilità multipolare nel sistema politico internazionale. Essa deve dare un nuovo spessore e una diversa autorità alle istituzioni comunitarie in grande misura isterilite ed inefficaci. Può dare un ordine e un impegno diverso nella definizione delle relazioni su cui impostare il futuro del rapporto Nord-Sud, favorire una base equa nelle ragioni di scambio, intensificare e coordinare la cooperazione economica, tecnica e culturale, non facendo rinascere sotto nuove spoglie le lotte di conquista e di spartizione delle influenze e dei mercati.

Radici e avvenire

Scrive Craxi, in un discorso pronunciato durante la riunione dell'Internazionale socialista nel 1977 a Madrid: «Non c'è dubbio che i nostri partiti hanno un interesse fondamentale alle vicende del Mediterraneo ... Dal manifestarsi della crisi economica in Europa nel 1974 si è continuamente parlato di un dialogo euro-arabo e di un dialogo fra Nord e Sud senza peraltro che esso sia approdato a un qualche concreto risultato. La verità è che l'approccio è avvenuto nei termini di interessi economici reciproci fra le strutture capitalistiche dell'Europa occidentale legate al capitalismo americano e alle compagnie multinazionali e i Paesi produttori di petrolio e materie prime. Rapporti di tale genere non possono risolvere i problemi di una cooperazione che, per essere concreta e duratura, ha bisogno di una visione politica fondata sui principi della parità e dell'uguaglianza». Nel 1986 il suo progetto di creare un organismo euro-arabo (già pensato qualche anno prima da Mitterrand, ma ora proposto con diverse modalità e prospettive in particolare riferimento all'idea di creazione di un gruppo di contatto all'interno del quale confrontarsi sui problemi comuni) viene accolto positivamente dalla Francia. Nel 1987, in occasione del forum su «Europa e Maghreb: un avvenire comune?» Craxi analizza e auspica tale cooperazione ricordando che questa è oggetto dell'impegno dei Paesi fondatori della Comunità Europea.

Quando ci interroghiamo sul nostro avvenire comune la risposta non può che essere una ed una sola: un avvenire comune di pace, una cooperazione sempre più intensa di popoli, Stati, Nazioni indipendenti, un moltiplicarsi di iniziative e di scambi verso una progressiva integrazione di economie, un incontro ed una comunione di culture, un'amicizia fatta di comprensione e di solidarietà. La pace innanzitutto. Non ci sono conflitti tra i nostri Paesi ma ci sono conflitti nella regione in cui tutti viviamo e dove tutti abbiamo interessi vitali.

Sono conflitti che ci investono anche quando vorremmo tenercene lontani. Tutto ciò che avviene nella regione mediterranea rimbalza inevitabilmente, sia pure in misura diversa, su ciascuno di noi.

A volte è un Paese devastato dalla interminabile lotta delle fazioni, a volte è la dolorosa sofferenza di un popolo che rivendica la propria indipendenza, sono le imprese terroristiche che hanno insanguinato le nostre città, le rappresaglie che hanno seminato la morte tra le popolazioni civili, i cittadini rapiti e tenuti in ostaggio, una intera nave sequestrata, e ancora le rotture e le tensioni tra Stati vicini, i conflitti potenziali e le instabilità ch'essi determinano. Sono gli scenari di questi anni, tutt'altro che dimenticati, e per buona parte ancora, tutt'altro che scomparsi.

Un Mediterraneo inquieto e tormentato che non offre il terreno migliore alla creazione di grandi spazi su cui operare per lo sviluppo della cooperazione economica, gli scambi commerciali, la continuità e l'ampiezza dei flussi turistici. L'economia tanto in un Paese, quanto in una Regione, ha bisogno per alimentarsi e per crescere di quelle condizioni politiche generali favorevoli che sono fatte innanzitutto di certezze, di sicurezza, di continuità, di stabilità. ...

L'idea di costituire un gruppo di Stati della Regione, europei ed arabi non implicati direttamente in conflitti, al fine di realizzare un punto di appoggio ed un fattore di influenza regionale, una leva per il lavoro di ricerche di soluzioni negoziali e pacifiche, è rimasta appunto un'idea.

Questa proposta venne accolta e positivamente valutata da governi europei e da governi arabi ma alla fine, e sino ad oggi, essa non è potuta uscire dal limbo delle buone intenzioni. E tuttavia il problema esiste, non può essere ignorato, non deve essere sottovalutato, non dovrebbe essere rinviato. ...

Trent'anni or sono, firmando il Trattato di Roma, i sei Paesi che davano vita alla Comunità Europea dedicavano ai Paesi del Maghreb una solenne dichiarazione di intenzioni esponendo il proposito «di mantenere e sviluppare le correnti di scambio tradizionali e di contribuire allo sviluppo economico dei Paesi del Maghreb».

Questa strada è stata percorsa per un tratto, non certo per intero. Una verifica ed una riflessione portano a concludere che talune accentuate rigidità protezionistiche che paralizzano le prospettive stesse di sviluppo della Comunità Europea producono l'effetto negativo di allungare le distanze rispetto ai Paesi associati piuttosto che ridurle, che le risorse impegnate dalla Comunità sono bene al di sotto delle necessità, che la cooperazione che si realizza attraverso le relazioni dirette deve compiere un ulteriore salto di qualità. ...

I Paesi del Maghreb, secondo lo spirito della dichiarazione dei Trattati di Roma, debbono rappresentare un punto di riferimento obbligato per la Comunità economica europea. Gli imprenditori europei, pubblici e privati, possono vedere nel Maghreb una grande area di estensione dello sviluppo e dei mercati: si tratta di investire, di costruire aziende, stabilimenti, organizzazioni, reti; di dare e ottenere apertura e fiducia, facilitazioni, liberalizzazioni, procedure liberate da eccessivi pesi burocratici. ...

Certo non possiamo ignorare il peso delle difficoltà strutturali dell'area del Mediterraneo che rendono più complesse e più ardue le prospettive di avvenire. Penso ad esempio ai valori della crescita demografica, che rendono impossibile l'assorbimento di mano d'opera supplementare ai ritmi di due-tre per cento all'anno nelle attuali strutture economiche. Sul lungo periodo ... i livelli della popolazione del Mediterraneo rappresenteranno allora solo un terzo del totale della popolazione rispetto ai due terzi del 1950 ed alla metà di oggi. ...

È essenziale la cooperazione tra l'Europa e il Maghreb, è vitale la collaborazione euro-araba. Lo è per i Paesi arabi, per il loro progresso e per il loro sviluppo checché ne pensino le tendenze integraliste islamiche che non possono illudersi di far girare all'indietro la ruota della storia. Lo è per i Paesi europei che debbono tenere il passo della sempre più difficile competizione internazionale. ...

Un avvenire comune dunque. Una strada che dobbiamo percorrere insieme accelerando il passo.

È l'avvenire comune di popoli che la storia ha profondamente influenzato e mescolato. Le radici di tutti, nella loro diversità, nella loro ricchezza e nel loro splendore di antiche civiltà, sono conosciute, rispettate e sofferte e sono, in larga parte, radici comuni. Guardiamo con rinnovata fiducia e rinnovata speranza ad un avvenire comune.

VIII

La Cina è vicina

L'idea di un ordine mondiale «multipolare» è assai più convincente di un proposito di globalizzazione a senso unico.

B. CRAXI

«Multipolare»

In un appunto del 1998 Craxi rileva il disaccordo che la Cina mostra nei confronti della politica estera americana, in particolare riferimento ai bombardamenti sull'Iraq e all'allargamento della Nato a est. Secondo Pechino è in atto un processo di multipolarismo che non può essere sottovalutato. Già nel 1979, di ritorno da un viaggio in Cina, Craxi aveva dichiarato con estrema lucidità che «tutto non può ridursi nell'incontro o nello scontro tra due superpotenze. Vi sono nuove gravi realtà nel mondo, dal Giappone alla Cina, dal Canada ai Paesi emergenti, all'Europa e la visione bipolare, imperniata su Usa e Urss, va rivista». E aggiungeva: «Fra i socialisti italiani e i comunisti cinesi vi è una grande diversità non solo di esperienza, ma anche di concezioni. E tuttavia vi sono importanti visioni coincidenti su questioni di principio e di fatto nella attuale realtà del mondo. Su questo punto vi è coincidenza di vedute sulla crisi del sistema bipolare, sulla lotta contro ogni forma di imperialismo, di colonialismo, di egemonismo. Rifiutiamo una divisione manichea del mondo. Dietro le etichette si contrabbanda merce avariata. Bisogna attenersi all'essere della realtà. La verità, come diceva un antico filosofo cinese, e altri dopo di lui, va ricercata nei fatti». Craxi conclude l'appunto osservando che l'idea di un ordine multipolare è assai più convincente della globalizzazione a senso unico.

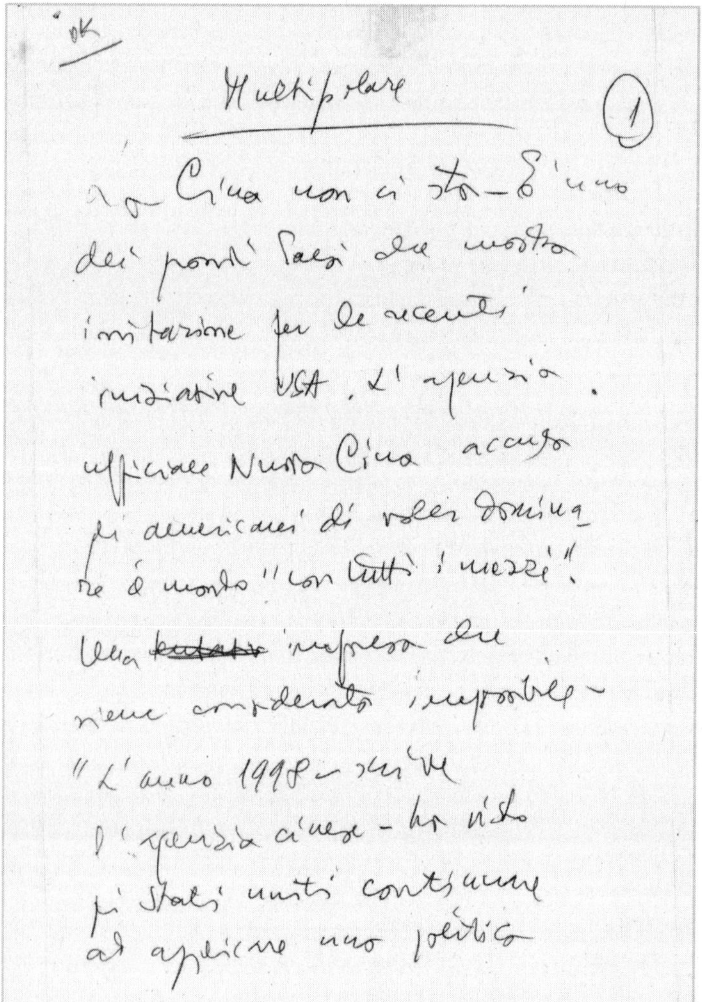
ok

Multipolare

1

La Cina non ci sta — È uno dei pochi Paesi che mostra irritazione per le recenti iniziative USA. L'agenzia ufficiale Nuova Cina accusa gli americani di voler dominare il mondo "con tutti i mezzi". Una ~~[illegible]~~ impresa che viene considerata impossibile — "L'anno 1998 — scrive l'agenzia cinese — ha visto gli Stati Uniti continuare ad applicare una politica

Multipolare, [dicembre 1998]

La Cina non ci sta. È uno dei pochi Paesi che mostra irritazione per la recente iniziativa Usa. L'agenzia ufficiale Nuova Cina accusa gli americani di voler dominare il mondo «con tutti i mezzi». Una impresa che viene considerata impossibile. «L'anno 1998» scrive l'agenzia cinese «ha visto gli Stati Uniti continuare ad applicare una politica di impegno ed espansione attraverso il mondo con tutti i mezzi, compreso il ricorso alla forza, per dominare il mondo e assicurare la loro posizione di superpotenza nel XXI secolo.»

Secondo Pechino il processo reale che sta avanzando nel mondo è invece quello del «multipolarismo». L'Unione Europea in via di sviluppo è un esempio tipico di questa tendenza. Ogni tentativo di dominazione è votato all'insuccesso perché il mondo va verso il multipolarismo. In realtà la crisi economica che ha investito grandi Paesi come il Giappone e la Russia ha determinato un ruolo di sempre maggior importanza degli Usa che hanno saputo raggiungere e mantenere un significativo livello di crescita economica. I cinesi, che hanno reagito impassibilmente ai bombardamenti sull'Iraq, non approvano nemmeno l'allargamento della Nato all'Est che considerano un'«espansione americana al fine di servire i loro propri interessi». Il giudizio dei cinesi non è condiviso da nessuno dei governi i cui Paesi partecipano alla Nato, governo italiano compreso. Tuttavia l'idea di un ordine mondiale «multipolare» è assai più convincente di un proposito di globalizzazione a senso unico.

«La Cina ricorda»

Da Hammamet Craxi commenta il 1999 come anno di tre anniversari cruciali per la Cina. Coincidono infatti tre eventi storici di straordinaria importanza, ovvero la rivolta studentesca del 1919 a seguito dei trattati di pace della Prima guerra mondiale, la nascita della Repubblica popolare cinese a opera di Mao nel 1949 e i fatti di Piazza Tienanmen del 1989. Craxi si chiede come il governo cinese farà i conti con la storia.

Per la Cina sarà un anno di grandi anniversari. Essi renderanno necessaria una rilettura della storia e ciascuno lo farà naturalmente a modo suo. Si celebreranno tre grandi anniversari e il governo cercherà di evitare di subire dei danni. Il primo è l'ottantesimo anniversario delle grandi manifestazioni patriottiche che esplosero in Cina nell'ottobre del 1919 contro il Trattato di Versailles. Furono allora manifestazioni prevalentemente studentesche contro le concessioni fatte da Versailles alle pretese imperialistiche del Giappone. Ma quel movimento di ispirazione patriottica si caricò anche di altri significati e fu, per quel tempo, una sorta di rivoluzione culturale. Contro la tradizione del pensiero confuciano i giovani cinesi esaltavano allora la scienza e la democrazia come condizioni essenziali per il rinnovamento nazionale. Il governo attuale di Pechino terrà alto il valore della prima, la scienza, e non si soffermerà troppo su quello della seconda, la democrazia.

Il secondo anniversario importante sarà quello che vedrà celebrare il cinquantenario della Repubblica Popolare nata il 1° ottobre 1949. Fu la vittoria dei comunisti guidati da Mao Tze Tung sul Kuomintang di Ciang Kai Shek. Una vittoria militare al termine della «lunga marcia» ed una affermazione politica nei confronti di un regime che si veniva sfaldando tra l'inflazione galoppante, le divisioni interne e il diffondersi della corruzione. Oggi il primo problema non c'è, il secondo è attuale e il terzo è oggetto di molte discussioni ed è infatti uno degli argomenti prediletti dalle opposizioni interne ed esterne.

Celebrando i cinquant'anni della sua nascita il regime di Pechino deve fare i conti allo stesso tempo con il decimo anniversario dei fatti della piazza Tienanmen che sono appunto del giugno 1989. Tra i dirigenti cinesi c'è il timore che si tenti di stabilire una connessione tra il poderoso movimento degli studenti del 1919 e la grande protesta studentesca e giovanile del 1989, mentre la lettura che si vorrebbe imporre sarebbe quella che lega i fatti del 1919 a quelli del 1949. In realtà dai fatti del 1919 si vennero poi consolidando tendenze marxiste e liberali. In ogni caso non va dimenticato che nella Cina popolare, che sta vivendo un periodo di straordinarie trasformazioni, il clima politico è tornato ad essere molto freddo ed anzi rigido nei confronti di dissidenti ed oppositori. Gli anniversari non coincideranno affatto con cambiamenti politici.

«La Cina è vicina»

A cinquant'anni dalla rivoluzione maoista, Craxi ricorda e racconta le impressioni del suo primo viaggio in Cina nel 1958 da «clandestino» all'epoca delle Comuni e del «grande balzo in avanti». Scrive in un appunto: «Deng Xiaoping parlava di una Cina nuova che si sarebbe liberata degli errori del passato, che avrebbe rotto gli schemi e le rigidità burocratiche ma che non sarebbe uscita dalla strada maestra del socialismo».

La Cina è vicina. Si celebra in questi giorni a Pechino il cinquantesimo anniversario della rivoluzione del 1949. Nel 1958 mi aggiravo per Pechino. Ero un clandestino per il mio Paese. L'Italia non riconosceva la Cina popolare. Regolari erano solo i documenti fornitimi dai servizi segreti tedeschi a Berlino Est, dove ancora non era stato innalzato il muro.

Eravamo nel pieno della grande stagione rivoluzionaria maoista delle «Comuni». Si organizzava e si celebrava in tutta la Cina «il grande balzo in avanti». Il popolo era anche mobilitato nella lotta ai quattro mali: i ratti, i passeri, le zanzare. Non mi ricordo il quarto. Si fa così a gara a portare i topi morti alla sede del partito in segno di zelo e di partecipazione politica. Il popolo lotta con le sue mani per difendere la sua igiene, il suo ambiente e la sua agricoltura. Nelle vie di ingresso a Pechino montagne di cavoli sono ammassate contro le mura delle case. Sono viveri per l'inverno. Noi siamo ospiti privilegiati. Siamo stati alloggiati in vecchi alberghi. Siamo studenti provenienti da tutto il mondo, ma soprattutto del Terzo Mondo, per partecipare al Congresso dell'Unione Internazionale degli Studenti, organizzazione comunista con sede a Praga. Io sono solo un osservatore invitato come tale.

Lungo le strade si incontrano grandi cortei di propaganda politica contro l'imperialismo inglese e americano. Un gruppo fingeva di flagellare dei finti prigionieri feriti e bendati mentre altri agitavano grandi bandiere a stelle e strisce ridotte in brandelli. All'albergo incontro e conosco Ciu En Lai. Mi legge l'etichetta che porto all'occhiello. Mi saluta alzando il bicchiere per un brindisi pronunciando la parola «Italia» in cinese. Mao Tze Tung lo vedo invece solo da lontano nel corso di una grande manifestazione in suo onore. Da bravo italiano di provincia mi ero portato in Cina un pacco di spaghetti, dell'olio «Dante» ed un vasetto di Sugoro. Con il corrispondente dell'«Unità» Sarzi Amadei e sua moglie che allora aspettava un figlio organizziamo un pranzetto a tre al suo albergo.

Conobbi in quei giorni una riservatissima e bellissima studentessa cinese che parlava un francese molto corretto. C'era però una sola via possibile, rigidissima: il matrimonio. Conobbi anche una giovane studiosa italiana molto seria, destinata a diventare una figura eminente della sinologia europea. Apparteneva ad una famosa famiglia di attori. Si chiamava Renata Pisu. Palazzo imperiale ed i suoi giardini erano le nostre mete preferite.

Anticipai di diversi giorni la mia partenza da Pechino approfittando di un charter che mi portò prima a Mosca e poi a Berlino. A Berlino presi un treno e varcai la frontiera italiana. Colbacco cinese in testa, scesi alla Stazione Centrale di Milano. Nella tragedia che in quei giorni ne seguì, emerse anche la prima grande fortuna della mia vita. L'aereo regolare sovietico che riportava in Italia la compagnia dei delegati e degli invitati al Congresso precipitò a 600 chilometri da Mosca. Morirono tutti. Tra loro ve ne erano tanti con i quali avevo stretto amicizia proprio in quei giorni, tra un pranzo, una gita, un dibattito, la scoperta di un Paese, una partita di pallacanestro.

Tornai in Cina anni dopo. Mao Tze Tung era morto. Gli

era successo Hua Kuo Feng. Il clima era turbolento. Non erano stati ancora fatti tutti i conti con gli effetti della Banda dei Quattro, e sullo stesso Hua Kuo Feng pesavano non pochi sospetti di aver partecipato alla campagna di repressione. Il tutto si trasformò allora in una gran festa più turistica che politica. Molti incontri, molte visite, molte foto. C'era sempre nell'aria qualcosa di inavvertibile. Segni di malessere che non erano scomparsi bensì diffusi. Rivedemmo Mao Tze Tung da lontano, ma questa volta imbalsamato. Mi accompagnavano mia moglie e mia figlia e altri compagni. Tutti ebbero la stessa sensazione di freddezza e di imbarazzo. Mao Tze Tung non dettava più legge. La sua immagine era sacra. I suoi insegnamenti erano discussi.

Tornai in Cina per una terza volta. Tutto era cambiato in meglio. Era in marcia il rinnovamento. Marciava anche attraverso flussi immensi di biciclette. Mi portarono subito dal vecchio Deng Xiaoping. Come segno di saluto il vecchio scaracchiò in un vasetto di metallo che aveva ai suoi piedi. Mi accolse come un antico e fedele amico della Cina. Si ricordava di Pietro Nenni che, come ministro degli Esteri, aveva riconosciuto la Cina popolare. Mi parlò delle mie precedenti visite in Cina. Ero imbarazzatissimo. Lo guardavo come un vecchio leone pieno di energia. Era libero di muoversi, di parlare, di criticare. Mi disse che tutto in Cina sarebbe cambiato sotto la guida del Partito comunista. Ci tenne a presentarmi il segretario del Partito, Hua Kuo Bang, un vecchio capo che aveva conosciuto negli anni della repressione tanto la galera che i campi di lavori forzati. Continuammo la conversazione con Hua Kuo Bang, che poi non avrà lunga vita. Faceva da ospite, al vecchio Palazzo imperiale, alla sede del Partito, alla nostra residenza, un giovane primo ministro Zao Zang. Quest'ultimo finì poi travolto dagli avvenimenti di Tienanmen essendosi rifiutato di ricorrere alle maniere forti. In precedenza aveva fatto un viaggio ufficiale a Roma. In quella occasione, se ben ricordo, gli chiesi la cortesia di far girare in Cina a Bertolucci il famoso film *L'ultimo imperatore*.

È infine a Roma che incontro e conosco l'ultimo premier cinese, Zao Zemin. Era stato nominato da poco. Lo incontro all'Hotel Plaza. Mi si fa avanti con un sorriso e mi dice: «Tu non puoi ricordarti di me ma io mi ricordo di te. Ti ho conosciuto tanti anni fa allo Stadio di Pechino. Io ero tra gli spettatori, tu tra i giocatori». Nel 1958 si era giocata una partita di pallacanestro tra studenti cinesi e studenti di altri Paesi. Ricordo bene l'episodio. Incontrammo una squadra cinese. Non erano piccoli come qualcuno si era immaginato ma altissimi. Ci diedero una lezione da brivido. Una serata indimenticabile. Se ne ricordava il giovane ministro cinese con il quale mi apprestavo a conversare e lo ricordavo a me che portavo la Cina nell'anima.

Ora, nel cinquantenario della rivoluzione, invio un pensiero alla Cina ricorrendo a queste antichissime immagini di arte teatrale popolare che, secondo la presentazione politica dell'epoca, «è espressione della vita modesta ma ricca di contenuto del popolo cinese, il suo amore per il lavoro, i suoi sforzi per la conquista della pace ed il suo ideale per una vita radiosa». A guardarle si avverte subito che oggi sono più vive e attuali che mai. La Cina è vicina.

IX

Voci da Sud

> Non c'è pace dove si muore di stenti, non c'è pace dove non c'è giustizia.
>
> B. CRAXI

Il programma di governo e il Terzo Mondo

Dopo le elezioni politiche del 26-27 giugno 1983, Bettino Craxi riceve dal presidente della Repubblica Sandro Pertini l'incarico di formare il nuovo governo. Il primo governo Craxi ottiene la fiducia della Camera dei deputati il 12 agosto e quella del Senato il giorno successivo. Dopo aver esposto le linee programmatiche di politica estera, Craxi ribadisce l'estrema sensibilità nei confronti dei problemi dei Paesi in via di sviluppo e li indica come punto fondamentale del suo programma di governo.

I problemi del Terzo Mondo ... devono rappresentare un punto significativo e qualificante dell'azione del governo. Sarà un governo pacifico che intende partecipare all'organizzazione della pace, interprete della volontà di pace di un Paese pacifico che non è in condizione di minacciare nessuno, che non minaccerà nessuno e che non è neppure, allo stato delle cose, in condizione di poter dire con tranquillità se può rispondere ad eventualli, ipotetiche, remote – e io mi auguro che mai si verifichino – minacce; una politica di pace attraverso la organizzazione della pace in tutti i suoi aspetti: la politica del disarmo e del controllo degli armamenti, che ha di fronte a sé in questo momento alcune strettoie attraverso le quali bisogna passare e che bisogna poter superare.

Pace e sicurezza: le Commissioni Palme e Brandt

Nel 1980 la «Commissione indipendente sui problemi dello sviluppo internazionale», costituita per iniziativa della Banca Mondiale e presieduta da Willy Brandt, ex cancelliere della Germania Occidentale, presenta le sue analisi e le sue proposte tese a migliorare le relazioni tra i Paesi industrializzati e quelli in via di sviluppo. Nello stesso anno, di fronte al deterioramento delle relazioni tra Est e Ovest, l'allora primo ministro di Svezia, Olof Palme, fonda la «Commissione Indipendente sul Disarmo e la Sicurezza», che affronta i problemi della sicurezza e della minaccia di una guerra nucleare.
Nel 1984 si tiene a Roma la prima riunione congiunta delle due Commissioni. Il presidente Craxi considera tale sessione un'ottima occasione per approfondire la riflessione sullo sviluppo e sulla pace, obiettivi e valori sempre più interconnessi.
In questo discorso, infatti, egli ribadisce che la sicurezza comune è legata alla prosperità comune e che la pace e lo sviluppo sono i maggiori problemi da affrontare, ricordando la posizione dell'Italia sull'annullamento del debito nei Paesi in via di sviluppo.

La pace e lo sviluppo sono le grandi speranze del mondo e sono, insieme, i due maggiori problemi che gli uomini, i governi, le nazioni hanno di fronte. Lo dice la realtà con la sua eloquenza inequivocabile: non c'è pace dove si muore di stenti, non c'è pace dove non c'è giustizia. Assistiamo da tempo al rinnovarsi di un circolo vizioso, dove la povertà e il sottosviluppo divengono fattori di instabilità, viene alimentata la domanda di armamenti ed essa, a sua volta, quando è soddisfatta, provoca nuove tensioni nei rapporti internazionali. All'interno agisce come ostacolo al progresso tecnologico-industriale provocando lentamente il passaggio dalle economie di pace, per quanto povere possano essere, alle catastrofiche economie di guerra.

È una spirale perversa che va rovesciata e spezzata prima che produca guasti ancora più grandi.

Il panorama internazionale attuale non induce all'ottimismo. Avvertiamo cenni di ripresa economica; si profila la possibilità di porre fine alla peggiore recessione degli ultimi quarant'anni. Tuttavia non è ancora certa la forza di tale ripresa; mentre permangono fattori di instabilità nei mercati valutari e finanziari. Anche all'orizzonte politico la tensione ha preso il posto della distensione, l'aggravarsi del contrasto Est-Ovest rischia di rimettere in discussione tutto, il presente e l'avvenire, la pace e l'evoluzione dei popoli.

La nostra risposta non è e non sarà la risposta della rassegnazione. La nostra convinzione è che si debba reagire con forza a queste tendenze oscure. Il governo italiano ha condotto con tenacia un'azione volta a favorire intese sulla riduzione degli armamenti nucleari. Ci siamo adoperati attivamente perché potessero essere raggiunte intese capaci di soddisfare le esigenze di sicurezza di entrambe le parti. L'insuccesso dell'opzione negoziale non ha indotto l'Italia allo scoraggiamento. Ci auguriamo che le decisioni sovietiche siano soltanto temporanee e che la pausa di riflessione che è attualmente in corso consenta a tutte le parti un ripensamento costruttivo delle rispettive posizioni negoziali. Noi continueremo a lavorare per una sollecita ripresa della trattativa; diamo un valore di speranza al fatto che almeno un dialogo tra Est ed Ovest possa essere nuovamente tentato a Stoccolma, dove ha iniziato i suoi lavori la Conferenza sul Disarmo in Europa.

Un altro fattore ci induce a sperare, anche se nello stesso tempo ci allarma e ci atterrisce; la enormità della spesa mondiale per il riarmo, la crescente consapevolezza dell'assurdità di una gara militare che ha raggiunto lo spazio e sembra voler salire fino alle stelle.

Si inseguono ancora nuovi miglioramenti, per l'offesa e per la difesa dalla nuova offesa, destinando al settore militare una quota sproporzionata delle risorse per la ricerca e le innovazioni tecnologiche. Che senso ha questa corsa? È davvero possibile eliminare la vulnerabilità degli Stati sotto il profilo militare? Quali costi e quali conseguenze comporterebbe il raggiungimento di tale obiettivo, ammesso che sia tecnicamente possibile? Non è vero invece che, oltre un certo limite, l'accumulazione di armi cessa di avere valore di protezione per assumere invece quello di una minaccia capace di scatenare reazioni incontrollabili?

Ma è soprattutto l'assurdità di questa corsa alle stelle che impressiona. Non credo che tutti noi, l'umanità intera possa essere eternamente dominata da un assurdo. Una inversione di rotta ci deve essere, ci sarà. Ne sono convinto perché ho più fiducia nella saggezza che nella disperazione, nella ragione che nella follia. Ciò che dobbiamo fare è non aspettare inerti questa inversione di rotta. Occorre continuare, sondare tutte le possibilità, sollevare tutte le opzioni, in particolare dando la giusta attenzione anche alle forze convenzionali, incoraggiare una nuova diplomazia della sincerità, consolidare e dare valore ai più modesti segni di ripresa del dialogo, ai potenziali soggetti nuovi di questo dialogo che possano emergere sia ad Est che ad Ovest. La meta che ci deve guidare è quella di ottenere un risultato: per noi e per tutti coloro che stanno peggio, molto peggio di noi.

C'è un dato impressionante, che fa meditare: nell'ultimo decennio le spese militari del Terzo Mondo sono aumentate molto più rapidamente delle spese civili. Sono arsenali che vanno ben al di là di qualsiasi ragionevole esigenza di sicurezza e rappresentano da soli alte possibilità di prevaricazioni fra i popoli e all'interno degli stessi popoli. Se si considera che la situazione economica dei Paesi del Terzo Mondo è di gran lunga peggiorata in parallelo con la recessione mondiale, fra gli anni Settanta e Ottanta, possiamo arrivare a formulare una proposizione semplice e terribile: la miseria riarma i popoli. E a questo punto non è possibile tacere sulle gravi responsabilità comuni, che devono sollecitare un'azione collettiva con il concorso di tutti, inclusi i Paesi dell'Est.

È stata proprio la Commissione Brandt a rilevare la terribile ironia del fatto che «il trasferimento più dinamico e rapido di attrezzature altamente sofisticate dal ricco al povero abbia preso la forma di macchine di morte». E ciò che è chiaro infine è che, oggi, ogni focolaio di guerra diviene fatalmente motivo di scontro Est-Ovest.

L'antico cuore pacifista ha sempre chiesto la riduzione della spesa militare e la destinazione del risparmio così ottenuto a opere sociali e di umanità. Purtroppo non è mai quasi avvenuto in nessuna parte del mondo.

Un'utopia? È utopia immaginare la rinuncia ai vantaggi strategico-militari e il libero sviluppo dei popoli? È utopia pensare a una intesa Est-Ovest per un efficace e adeguato sostegno alle istanze di progresso delle nazioni emergenti?

C'è una interdipendenza tra fatti politici e fatti economici, c'è una interdipendenza fra le economie dei diversi Paesi, c'è una interdipendenza tra Nord e Sud. Se si vuole che l'annunciata ripresa economica del mondo occidentale segni, a differenza del passato, risultati stabili e duraturi, essa deve essere orientata verso i fini di un risanamento finanziario degli Stati e di una più equilibrata distribuzione della ricchezza che superi i confini nazionali e investa il vasto mondo del bisogno.

L'Italia, nonostante la sua preoccupante percentuale di disoccupazione, continua ad ospitare una massa imponente di lavoratori del Terzo Mondo. Nonostante le difficoltà economiche e le recenti restrizioni introdotte nel bilancio dello Stato, l'Italia non ha ridotto gli stanziamenti per i Paesi in via di sviluppo ma, anzi, ha confermato l'adesione all'obiettivo delle Nazioni Unite di destinare all'aiuto una quota pari allo 0,7 per cento del prodotto nazionale lordo per la fine del decennio.

E tuttavia sappiamo che moltissimo ci resta da fare per adeguare la nostra azione, la sua proprietà e la sua efficacia, e per collocarla in modo più soddisfacente all'altezza del nostro dovere e degli obiettivi che ci siamo proposti.

In singolare coincidenza con le analisi e con le deduzioni del primo e del secondo Rapporto della Commissione Brandt, la cooperazione italiana si è diretta verso la soddisfazione dei bisogni primari e fondamentali delle popolazioni del Terzo Mondo. I nostri interventi nelle zone prioritarie non sono consistiti solo nella creazione delle infrastrutture ma sono stati diretti anche alle piccole cose: le manutenzioni, gli aiuti immediati, la costruzione di pozzi ed altro. Importante è stato il ruolo svolto dal nostro volontariato.

L'interesse principale della cooperazione italiana è stato rivolto ai Paesi meno avanzati. Ed è attraverso il dialogo con i Paesi meno fortunati che l'Italia intende rafforzare il senso della solidarietà umana di intervenire dove il bisogno è più pressante.

L'Italia è pronta ad appoggiare una decisa azione volta a favorire lo sviluppo dei Paesi del Terzo Mondo. Vorrei anzitutto manifestare il consenso del nostro Paese per la proposta avanzata dal secondo Rapporto Brandt di un vertice nel quale si discutano le misure urgenti per affrontare i problemi più immediati dei Paesi in crisi.

Il secondo Rapporto Brandt ha particolarmente sottolineato un nodo centrale dell'attuale crisi nei rapporti con il Terzo Mondo: il debito. L'Italia ha già appoggiato e ratificato l'aumento delle quote del Fondo monetario internazionale; abbiamo sottoscritto una parte dei tre miliardi di dollari necessari per dare nuove scadenze ai debiti dei Paesi in crisi. Abbiamo infine accettato di annullare i debiti di alcuni Paesi meno avanzati in preda a gravi difficoltà finanziarie.

So bene che l'Italia non può dare molto di più di un bicchiere, dove è necessario riempire un barile. Ma al di là dell'aiuto specifico, deve valere la qualità delle azioni, deve contare la volontà politica che le anima. La nostra volontà è la pace per tutti e la sicurezza per ciascuno, il progresso continuo posto al servizio di una giusta e ragionevole eguaglianza. Di tutti gli uomini, non solo degli italiani. Per questo non cesseremo dal batterci, con assoluta onestà di sentimenti, per la pace, per il disarmo, per lo sviluppo di tutti i popoli, nella garanzia della loro indipendenza e contro la diseguaglianza diffusa nel mondo, così come per i diritti umani ovunque essi siano minacciati ed offesi, in uno spirito di solidarietà che sentiamo ben vivo nel nostro animo. È con questi propositi e con questi sentimenti che vi rinnovo il più amichevole benvenuto ed auguro un pieno successo ai vostri lavori.

Equilibrio di forze

Nel luglio 1986 Craxi apre i lavori del convegno «Il dialogo come fondamento universale di pace» e ribadisce come l'instabilità internazionale abbia origine nelle grandi diseguaglianze nel mondo. Già due anni prima Craxi dichiarava che «non c'è o non c'è ancora una vera coscienza del debito economico e morale che i Paesi sviluppati hanno verso il resto del mondo. Non c'è forse neppure una approfondita e diffusa valutazione politica della necessità e dell'utilità di sanare questo debito, se il mondo industrializzato vorrà evitare nuove crisi del proprio sviluppo e se vorrà che questo sviluppo si accompagni ad una pace generalizzata, consolidata e bene organizzata, che sola può consentire di goderne i frutti». Dovere e interesse dei Paesi industrializzati deve essere allora quello di sostenere gli sforzi dei Paesi emergenti, superando quelle visioni miopi e settarie che hanno condotto all'insicurezza economica attuale.*

Va tenuta alta la bandiera dei diritti dei popoli, che sono sacri ovunque, e quella dei diritti umani che in società già evolute vanno difesi e nelle società più chiuse o più arretrate vanno conquistati. Molta parte della instabilità internazionale ha la sua origine anche nella insicurezza economica, nella mancanza per molti popoli di prospettive di progresso, per l'esistenza di miseria, fame e sottosviluppo, clamorose disparità di ricchezza.

* Discorso in occasione del convegno «Per milioni di vivi subito, nel 1984 contro lo sterminio e l'olocausto per miseria, fame e guerra» presso Palazzo Giustiniani, aprile 1984.

Il problema delle grandi diseguaglianze nel mondo costituisce la questione decisiva della nostra epoca e della sua civiltà.

È sempre più evidente l'asprezza ed anche la pericolosità dei gravi squilibri dell'economia mondiale.

I Paesi industrialmente avanzati sono oggi in piena ripresa. Il loro concorso alle soluzioni delle crisi economiche deve farsi più convinto e più efficace di quanto oggi non sia.

Lo impone il rapporto di sempre più stretta interdipendenza tra le nazioni e gli Stati, che deve spingere le economie più ricche a favorire uno sviluppo economico più generalizzato ed incoraggiare un grande sforzo di corresponsabilità.

Conosciamo sempre meglio i problemi gravi che opprimono le nazioni meno sviluppate e più povere e siamo ben consapevoli che una parte del mondo non potrà prosperare per lungo tempo assistendo passivamente all'impoverimento dall'altra parte.

Vi sono ragioni economiche oltre che morali e politiche che devono indurre i Paesi industrializzati ad assicurare la più ampia possibile diffusione al processo di espansione.

I nostri sforzi di solidarietà riguardano innanzitutto la lotta contro le sofferenze dell'uomo. Sono il dramma della fame e della malnutrizione e le tragiche sacche di povertà assoluta e di sottosviluppo, che richiedono il mantenimento e l'intensificazione delle politiche di interventi straordinari, di aiuti urgenti e tempestivi.

Ma il pressante dovere dei Paesi tecnologicamente avanzati è quello di sostenere gli sforzi che i Paesi emergenti conducono per costruire attraverso tappe successive la loro via allo sviluppo. Un sostegno che va assicurato nel pieno rispetto delle identità e dignità nazionali e del rispettivo retaggio storico-culturale.

I Paesi industrializzati non possono più permettersi visioni miopi. Le politiche che essi formulano devono tener conto delle incidenze e implicazioni sulla situazione dei Paesi emergenti.

Nessuno dei grandi problemi economici che oggi abbiamo di fronte può essere affrontato isolatamente. Tutto è in correlazione e tutto esige un grande sforzo di responsabilità.

Uscire dalla crisi del debito

Nel 1989 Craxi diviene rappresentante del segretario generale delle Nazioni Unite, Pérez de Cuéllar, in una missione internazionale per esplorare mezzi e vie, proporre azioni per una rapida riduzione del peso del debito dei Paesi in via di sviluppo. È un incarico che nessun italiano ha mai avuto prima: unico precedente a poter essere richiamato è il mandato che venne affidato a Olof Palme per il conflitto Iran-Iraq, e che valse poi al leader socialdemocratico svedese il premio Nobel per la pace. A Craxi viene dunque chiesto di prendere contatti con i Paesi debitori e creditori e le istituzioni creditizie e di redigere un rapporto contenente analisi e raccomandazioni. Nell'ottobre 1990 Craxi vola a New York e presenta tale rapporto all'Assemblea generale delle Nazioni Unite, che lo approva all'unanimità. Viene dunque nominato consigliere speciale per i problemi dello sviluppo e del consolidamento della pace e della sicurezza (incarico rinnovatogli nel marzo 1992 da Boutros-Ghali).
In questa analisi sintetica dei contenuti del testo del Rapporto sul debito (che consta di 582 punti), Craxi ne affronta le tematiche salienti e riflette sulle soluzioni proposte.

Il Rapporto generale che ho consegnato presenta proposte e suggerimenti diversi, per le varie specie di crediti e per le diverse classi di Paesi poveri, semipoveri e a reddito cosiddetto medio, per le differenti aree regionali.

I debiti verso le banche, verso i governi e loro istituzioni, verso organismi finanziari multilaterali (Ifi [Istituzioni finanziarie internazionali. *NdC*]) comportano problemi distinti con responsabilità distinte, ma poiché la crisi è sistematica, per la soluzione efficace e duratura dei problemi occorre una azione che investa tutte le componenti del sistema.

Sul totale dei debiti a lungo termine, i debiti verso privati sono ormai solo la metà: 465 miliardi nel 1989, contro 466 verso i creditori ufficiali. Fra questi, le Ifi sono creditrici per circa 200 miliardi.

Dunque in primo luogo emerge una responsabilità ed un dovere dei governi, diretto e indiretto, relativo ai crediti ufficiali.

Innanzitutto si propone la virtuale cancellazione del servizio dei crediti bilaterali nei riguardi dei Paesi poveri. Il 90% di tale servizio dovrebbe essere cancellato, venendo addossato ai bilanci statali, man mano che matura, in modo da diluirne l'onere, per i bilanci degli Stati creditori. Il restante 10% andrebbe trasformato in prestiti a lungo termine, a condizioni Ida (tasso del 2%, maturità trenta o quarant'anni) e pagato in valuta locale indicizzata. L'importo residuo dovrebbe affluire a Fondi di contropartita, da costituirsi anche con l'apporto di mezzi dei governi indebitati, di organizzazioni internazionali e di organismi senza fini di lucro, per finalità di sviluppo economico, di difesa e valorizzazione dell'ambiente e del capitale umano, di tutela dell'infanzia, di sradicamento della droga e del narcotraffico.

Per i Paesi a reddito intermedio, quelli cioè che superano la soglia dei 500 dollari per abitante ma non pervengono oltre i 1200, sono necessari interventi dello stesso genere, peraltro con percentuali di cancellazione del servizio del debito bilaterale graduate, fra l'80% e il 60%.

Le riduzioni dovrebbero essere minori – ma la tecnica identica – per i creditori bilaterali nei riguardi dei Paesi a reddito cosiddetto medio. (Anche la destinazione ai Fondi di contropartita dovrebbe graduarsi secondo i livelli di reddito nei Paesi.)

Nel complesso, l'onere per i bilanci pubblici dei Paesi creditori, per tali misure, non dovrebbe superare lo 0,1% del Pil dei Paesi industrializzati.

Per quanto riguarda i crediti verso le Ifi, ritengo che si debbano accrescere le «facilities» a favore dei Paesi poveri, riducendone le attuali limitazioni ed estenderle anche per i Paesi a reddito intermedio: che si debbano studiare e riprendere le «facilities» riguardanti i Paesi colpiti da crisi speciali come quella energetica. Occorre dare un nuovo, più dinamico ruolo alle Ifi nei processi di aggiustamento, di riconversione, di sviluppo delle infrastrutture, di sostegno finanziario del piano Brady. Ciò comporta, naturalmente, la provvista alle Ifi di mezzi concessionali ad hoc. Essi dovrebbero affluire anche dall'utilizzo dei diritti speciali di prelievo, resi disponibili con la delibera di aumento delle quote del Fondo monetario internazionale.

Per quanto riguarda i crediti verso le banche, il piano Brady costituisce un passo coraggioso nella giusta direzione. Tuttavia, esso va rafforzato, innanzitutto mettendo a sua disposizione maggiori fondi, sia per estendere l'ambito di azione includendo simultaneamente grandi Paesi e Paesi minori, in diversi continenti, con un ritmo più veloce di quello tenuto sin qui, sia per accrescerne l'efficacia, adeguandola alla capacità di pagare dei Paesi indebitati.

Queste vanno considerate tenendo conto del rapporto fra il tasso di interesse che rimane a loro carico dopo le riconversioni e il tasso di crescita del prodotto lordo: e ciò suggerisce sconti sui capitali e sugli interessi in misura sensibilmente maggiore di quelli del 30-35% sin qui attuati, tendenzialmente fra il 50% e il 60%. Ma a tale fine è importante accrescere le garanzie sui crediti residui, relativi al servizio del debito e al suo montante. Questo comporta, appunto, maggiori fondi a disposizione per il finanziamento del piano, comporta anche un regime fiscale, di vigilanza bancaria e contabile che favorisca queste operazioni.

Altre misure di rafforzamento del piano Brady dovrebbero riguardare i prefinanziamenti, per accelerare le operazioni e l'incentivazione delle banche che sono disposte ad aderire in tempi brevi, con connessi disincentivi per quelle che cercano di addossare i costi delle ristrutturazioni ad altri creditori. Per i Paesi la cui capacità di pagare è molto bassa, anche perché il loro reddito abbia un basso valore sul mercato secondario, occorre predisporre mezzi finanziari per effettuare riscatti globali del riscatto medesimo, nel quadro di politiche domestiche ed internazionali rivolte a recuperare la solvibilità e il merito di credito di tali Stati.

Nelle mie visite alle maggiori istituzioni bancarie nel mondo ho riscontrato, in Europa, negli Usa, in Giappone, sia pure con diversità di accenti, un interesse positivo, concreto alla presenza dei Paesi in via di sviluppo. Questo interesse va stimolato e rafforzato con varie misure, onde riattivare il trasferimento di capitali dai Paesi sviluppati a quelli in via di sviluppo, che sul fronte privato si è pericolosamente disseccato nell'ultimo decennio. Fra queste misure, innanzitutto, vanno considerati il co-finanziamento, le garanzie assicurative, la co-assicurazione da parte di organismi finanziari pubblici multilaterali e bilaterali.

Le forme della nuova finanza, peraltro, vanno diversificate per evitare di cadere negli errori del passato.

L'America Latina ed i Caraibi hanno immense risorse, che il peso del servizio del debito ha impedito di valorizzare. Nel decennio Ottanta il prodotto lordo globale è cresciuto solo dell'1% annuo e quello pro capite, per conseguenza, è cresciuto dello 0,1% annuo: quasi del 10% nel decennio.

La mancata crescita ha intaccato la capacità di pagare. La crisi si è avvitata su se stessa.

Per il complesso dell'America Latina e dei Caraibi ritengo che si debba porre, come obiettivo sistematico, un piano di riduzione e riciclaggio tale da azzerare e successivamente invertire, grazie ad apporti pubblici e privati, l'attuale deflusso finanziario di 25 miliardi di dollari annui.

È necessario innanzitutto che i governi, per i crediti ufficiali bilaterali, pratichino riduzioni e alleggerimenti paragonabili a quelli che le banche commerciali hanno accettato come necessari, con il piano Brady.

Le Ifi, dal canto loro, hanno un saldo fra erogazioni e pagamenti con l'America Latina che è attualmente allo zero. Occorre che esso diventi positivo, grazie a sportelli e strumenti speciali simili a quelli adottati per i Paesi più poveri, anche se, di solito, a condizioni di concessionalità meno accentuate.

Terzo punto importante è quello degli aiuti allo sviluppo per finanziare, in termini concessionali, le infrastrutture e incentivare le iniziative di «nuova moneta» delle forze del mercato, nella produzione e nella diversificazione delle esportazioni.

Egualmente importante è il finanziamento ed il rafforzamento del piano Brady.

Occorre che siano più consistenti gli incentivi per una maggiore riduzione degli interessi e del montante dei debiti.

In tale quadro va anche esaminata la possibilità che, per certi Paesi, una quota degli interessi sia versata in Buoni in valuta locale indicizzati, convertibili alla pari in proprietà in loco.

Occorrono mezzi di finanziamento «altamente» concessionale per le operazioni di riscatto che, in certi casi estremi, sembrano la migliore soluzione e che in altri servono per allargare il quadro delle opzioni.

In Asia il problema del debito emerge nella parte sud che include India principalmente, Pakistan, Sri Lanka.

Questa parte del continente asiatico – che ha 345 miliardi di dollari di Pil (1989) – ha il 30% della popolazione mondiale e la metà dei poveri del mondo (46,4% nel 1985). Del resto il suo reddito pro capite è di 280 dollari.

Il tasso di crescita del Pil dell'Asia del Sud nel periodo 1980-89 è stato del 5,5% mentre il declino relativo del 1989 (4,8%) implica pur sempre un tasso di sviluppo che si colloca fra i più alti fra le grandi aree del mondo.

Nelle previsioni della Banca Mondiale, comunque al 2000, nel Sud dell'Asia, i poveri saranno ancora 350 milioni.

Ciò, soprattutto, comporta che il peso del debito, che grava su alcuni di questi Paesi, sia – in ogni caso – un problema che esige una costante attenzione.

Lo sviluppo dell'Asia del Sud deve avere due pilastri: un aumento dell'agricoltura adeguato alla crescita demografica, un aumento del settore industriale differenziale per cambiare la struttura produttiva nel senso della modernizzazione.

La Banca Mondiale, nel suo *Rapporto sulla povertà*, scrive

che «il progresso in Asia dipende criticamente dallo sviluppo in Cina ed in India. Se le riforme economiche falliscono in Cina o l'India è incapace di mantenere il suo ritmo recente, le prospettive di riduzione della povertà saranno assai meno favorevoli».

Questi due Paesi, che ricevono pochi sostegni alla loro crescita, ne hanno bisogno di maggiori con prestiti tipo Ida per infrastrutture e agevolazioni agli investimenti.

Il Bangladesh, con i suoi 110 milioni di abitanti, divide con un manipolo di Paesi dell'Africa subsahariana il primato della povertà: il suo Gdp pro capite è di 170 dollari nel 1988 e metà della popolazione, agli inizi degli anni Ottanta, viveva in «estrema povertà», vale a dire in situazioni di incapacità di ottenere abbastanza cibo da vivere «ragionevolmente una vita attiva».

La proposta di rimettere ai Paesi poveri il servizio del debito verso governi non può non riferirsi in linea prioritaria al Bangladesh.

Sino ad ora il Pakistan è stato capace di far fronte alle obbligazioni del servizio del suo debito a causa del profilo favorevole delle sue scadenze, ma l'accrescimento del finanziamento del disavanzo pubblico mediante debito esterno può peggiorare pericolosamente la situazione.

Il debito dell'Africa subsahariana ascende ormai a 145 miliardi di dollari.

Nell'Africa subsahariana, nel periodo 1980-86, sotto il gravame di questi prestiti, il prodotto lordo è disceso pro capite del 3,1%, mentre i consumi diminuivano del 2,4% e le esportazioni si riducevano del 2,1% annuo in termini reali così peggiorando il rapporto fra servizio del debito ed esportazioni.

Le importazioni, a causa del peggioramento delle ragioni di scambio (del 13%) che ne rialzava il prezzo, scendevano ancora di più: ossia del 7,5% annuo, tagliando – assieme – nuovi investimenti, manutenzioni e consumi.

L'afflusso di risorse complessivo, grazie agli aiuti a fondo perso e ai prestiti bilaterali e multilaterali, costituisce il 7,3% del Pil di cui però la quota devoluta ad investimento è solo il 2,3%. Ne viene un preoccupante declino della accumulazione di capitali dal 21% al 17,5% fra l'inizio e la fine degli anni Ottanta.

Ormai, il problema della economia dei Paesi subsahariani, senza drastici tagli al loro debito e misure eccezionali di concessionalità di Fmi e Banca Mondiale, appare irresolubile.

Anche se il mio Rapporto generale è stato ultimato poco prima che scoppiasse la crisi del Golfo, a seguito dell'invasione irakena del Kuwait, tuttavia la grande regione del Nord Africa e del Medio Oriente, che si completa a sud con la regione del Corno d'Africa, riceve – comunque – particolare attenzione nel Rapporto.

Ciò proprio perché essa è un'area specifica di interdipendenza tra Paesi creditori e debitori. In particolare lo è per i Paesi della Cee con interessi mediterranei e i Paesi ricchi produttori di petrolio del Golfo da un lato e i Paesi afro-arabi indebitati di questa regione dall'altro lato.

Il debito di quasi tutti questi Paesi è per il 60-70% con i governi e le loro istituzioni. Ritengo che sia da proporre, innanzitutto, una moratoria per i Paesi più colpiti dalla crisi. Inoltre è urgente una ristrutturazione dei debiti bilaterali secondo le linee suggerite.

Una parte dei debiti verso i creditori ufficiali non è con governi o loro organismi, ma con le istituzioni multilaterali.

Bisogna dunque disporre di appositi mezzi di liquidità internazionale, per gli organismi multilaterali, per dare luogo – anche per questi crediti – a moratorie ed interventi speciali di riconversione; e inoltre a finanziamenti di sostegno, da parte di tali organismi finanziari, al fine di tamponare i precari equilibri sconvolti dalla presente crisi e di avviare processi di ripresa economica.

In tale quadro occorre altresì che i Paesi arabi donatori facciano uno sforzo aggiuntivo e deroghino a certe condizioni, relative ai loro fondi di rotazione, in modo da affiancare l'azione bilaterale e multilaterale ad hoc dei creditori Ocse con la propria. Lo stato eccezionale di crisi che si è creato presenta certo problemi nuovi ed introduce fattori negativi che costringono ad un riesame dell'intera situazione.

Il debito dell'Est europeo (Urss a parte) ammontava alla fine del 1988 a 100 miliardi di dollari di cui il 40% in Polonia e il 20% in Ungheria.

Il debito spesso è il risultato di inefficienza delle imprese collettivistiche, la cui gestione è stata costantemente priva di vincoli. Perché i governi pensavano a ripianare le perdite e si finanziavano poi direttamente all'estero a carico del tenore di vita della popolazione.

Notevoli progressi verso l'economia di mercato sono stati fatti, dopo la caduta dei regimi comunisti, in Polonia ed in Ungheria, sono in corso in Cecoslovacchia commutamenti coraggiosi nella pianificazione dei prezzi, nei cambi della organizzazione dei mercati del capitale e del lavoro e dei servizi e con rafforzamenti della finanza pubblica, nuovi esperimenti sono avviati negli altri Paesi.

Le strategie per la ristrutturazione del debito verso questi Paesi e la provvista di essi di nuova moneta debbono evitare che si ripetano i vecchi errori o che se ne facciano di simili, debbono favorire il processo rapido di transizione globale, con finanziamenti soprattutto a livello di imprese. Al debito pubblico va sostituito il debito privato e l'investimento diretto: le formule innovative di nuova finanza, basata sui progetti e sulla valorizzazione delle materie prime, la collaborazione commerciale internazionale.

Importante è esplorare la possibilità di costituire una unione dei pagamenti dell'Est europeo con assistenza finanziaria della Cee, così come si fece per l'Europa occidentale dopo la Seconda guerra mondiale.

L'attuazione di zone di libero scambio associato alla Cee, secondo la linea delle politiche di grandi aree regionali, può essere in questo quadro molto più efficace di grandi prestiti concessionali dei governi ai governi.

L'importo che viene erogato dai Paesi donatori ai Paesi in via di sviluppo ha oscillato da una decade attorno ai 45 miliardi di dollari – a poteri di acquisto 1987 – toccando una punta di 50 nel 1985. Poi è disceso via via, avvicinandosi ai livelli dell'inizio del decennio. Da ultimo è risalito ai 50 miliardi di dollari, pari alla stessa percentuale del Pil del 1980, ma lo scorso anno vi è stata ancora una flessione che allarma.

Occorre raddoppiare gli aiuti allo sviluppo, portandoli alla percentuale dello 0,70% del Pil dei Paesi donatori. Tale percentuale secondo i calcoli compiuti ormai da diversi decenni e via via riconfermati dal Dac, sono l'importo necessario per consentire che l'aiuto allo sviluppo raggiunga un livello accettabile, per l'inseguimento del Sud rispetto al Nord del mondo.

Infatti, 60 miliardi di dollari aggiuntivi destinati interamente allo sviluppo, con un rapporto capitale-reddito di 4 e un moltiplicatore di 2 per la attrazione di finanza privata ne potrebbero generare 30 di prodotto lordo aggiuntivo annuo, pari all'1% del Pil dei Paesi in via di sviluppo. Ciò eleverebbe il tasso di crescita del reddito pro capite dal 3% medio dell'ultimo ventennio al 4%: contro una crescita media del nostro prodotto pro capite del 2-2,5%.

Tutto questo è giusto e necessario. È anche giusto e necessario che gli Stati debitori si impegnino lealmente per fare la loro parte.

Essi, innanzitutto, debbono saper riordinare le proprie finanze pubbliche elevando la pressione fiscale ed evitando che i necessari e doverosi interventi sociali e di incentivazione economica si disperdano e gonfino con pratiche di assistenzialismo indiscriminato e di dispendio sproporzionato.

I progetti faraonici vanno evitati, le redditività calcolate con più cura, le imprese pubbliche vanno gestite come società per azioni con i propri bilanci e, ove l'economia pubblica sia troppo estesa, vanno in tutto o in parte privatizzate, per espandere l'economia di mercato, aprire il sistema all'investimento internazionale, aumentare gli spazi per l'imprenditorialità locale e le joint ventures.

L'economia, la finanza e la banca senza regole sarebbero una pericolosa avventura; ma i vincolismi e i dirigismi discriminatori costituiscono una dannosa concezione burocratica, che riduce il risparmio domestico, favorisce l'indebitamento, riduce lo sviluppo.

È inammissibile l'irresponsabilità costituita dalle esportazioni massicce di capitali da parte dei cittadini dei Paesi indebitati, ma occorre anche sviluppare forme appropriate di risparmio, difeso dall'inflazione per attirare al mercato domestico il capitale che si forma. Con le varie operazioni del turismo, delle rimesse degli emigrati, dei commerci internazionali.

E ciò comporta anche la lotta contro l'inflazione: peraltro considerando prioritaria la politica fiscale e dei redditi, rispetto alle terapie monetaristiche d'urto.

Tutto ciò è difficile, ma non impossibile come mostra l'esperienza di Paesi che sono riusciti ad uscire dalla crisi del debito o vi stanno uscendo gradualmente e che, nello stesso tempo, sviluppano la democrazia e la libertà.

Per la soluzione dei complessi problemi del debito occorrono una leadership di alto profilo e una azione sistematica. Occorre perciò una agenzia o comitato presso la Banca Mondiale e il Fondo monetario internazionale, con l'apporto – per ciascuna delle grandi aree indebitate, vale a dire Africa mediterranea e Medio Oriente, Africa subsahariana, America Latina, Asia, Est europeo – delle Banche Regionali di sviluppo e degli altri organismi multilaterali di dimensione regionale esistente o da promuoversi.

D'altra parte, dovrebbe essere sempre più chiaro che il futuro della pace e la ricerca delle basi della pace sono legati alla prospettiva di nuove realtà regionali, fondate sulla cooperazione fra Paesi industrializzati e Paesi in via di sviluppo e sul rispetto dei diritti e delle identità dei vari popoli.

Occorre progettare le basi istituzionali, le carte di tali entità regionali e delle nuove forme di cooperazione di largo respiro, facendo uscire dallo stadio di proposte di principio i suggerimenti che sono intervenuti da sedi, le più autorevoli, nell'ultimo periodo, per le grandi regioni in crisi.

Sviluppo economico, pace, rispetto dei diritti dei popoli sono tre componenti inscindibili di tale disegno, su cui mi permetto di richiamare l'attenzione internazionale.

Consigliere speciale per i problemi della pace e dello sviluppo

«Il segretario generale Pérez de Cuéllar mi ha fatto l'onore di chiedermi di continuare a cooperare con l'Onu e ho risposto favorevolmente. Sarò lieto di poter dare il mio contributo alle cause che l'Onu sta perseguendo a sostegno dei popoli e dei diritti umani, nella ricerca costante della pace. … Darò i consigli che mi saranno richiesti e suggerimenti che mi auguro siano utili.» Questa la dichiarazione di Craxi ai giornalisti del 25 ottobre 1990, all'indomani della nomina a Consigliere speciale per i problemi della pace e dello sviluppo. Nel seguente appunto Craxi racconta in terza persona, dopo il successo e le reazioni al suo Rapporto sul debito, delle motivazioni di tale nomina e delle impellenti questioni da affrontare, in particolare riferimento alla questione del Libano, della Iugoslavia, della crisi somala e del nascente Stato eritreo.

Alla fine del 1990 l'Assemblea delle Nazioni Unite approvò all'unanimità il Rapporto sul debito dei Paesi in via di sviluppo, presentato dal Rappresentante personale del Segretario generale dell'Onu per il debito, Bettino Craxi.

Un successo, il voto all'unanimità, impensabile solo un anno prima, quando lo scontro tra Paesi creditori, banche, istituzioni monetarie (Banca Mondiale e Fondo monetario internazionale) e Paesi debitori era giunto al culmine della crisi.

La lunga, ed affannosa, per i ristretti tempi a disposizione, strada percorsa sono descritti in una ricerca voluta dall'Ifda e pubblicata dall'editore Marsilio nel 1992.

Il successo ottenuto convinse il Segretario generale delle Nazioni Unite, Xavier Pérez de Cuéllar, ad insistere perché il suo Rappresentante personale per la questione del debito accettasse l'incarico di Consigliere speciale per i problemi della pace e dello sviluppo, e che, nella veste di suo vicesegretario, si attivasse particolarmente per favorire la ricostruzione del Libano, martoriato da una lunghissima guerra civile, e per studiare il follow-up della questione del debito, così strettamente connesso alla oramai vincente ipotesi di lavoro dello sviluppo sostenibile.

Il ginepraio mediorientale non mancò neppure in questa occasione di dimostrarsi particolarmente insidioso.

La relativa pace che era stata conseguita e che aveva permesso la formazione di un governo sufficientemente rappresentativo e la nomina di capo dello Stato sufficientemente riconosciuto si scontrava con la diffidenza della Francia, da sempre importante punto di riferimento dei cristiano-maroniti, quella di Israele, preoccupata dell'allargarsi della sfera di influenza siriana, quella dei profughi palestinesi che vedevano scemare la centralità del proprio problema, quella degli Hezbollah che vedevano crescere la importanza dei Paesi arabi moderati a detrimento di una ideologia rivoluzionaria filo-iraniana.

Occorreva quindi dispiegare le proprie forze nel più vasto, e riservato, modo possibile. Il Consigliere speciale non mancò di parlare a lungo con il presidente della Repubblica francese e con il suo ministro degli Esteri, in diverse occasioni; con il presidente della Repubblica portoghese, che all'inizio degli Ottanta aveva, per altri motivi, seguito a lungo la questione libanese; con dirigenti del governo israeliano e con Yasser Arafat; con il presidente della Commissione della Comunità; con il ministro degli Esteri algerino, il cui governo si riprometteva di guidare una soluzione araba alla questione economica libanese, come peraltro previsto dal trattato di Thief.

Occorreva poi capire in cosa di preciso si configurasse nella qualità e nella quantità di investimenti necessari la ricostruzione libanese. Per questo motivo due aerei privati (le compagnie aeree occidentali non avevano ancora i loro scali, altra richiesta libanese da soddisfare) condussero a Beirut tecnici altamente qualificati per comprendere e razionalizzare il lavoro delle Nazioni Unite.

Quello stesso giorno fu rotta la tregua imposta dal trattato di Thief ed in un attentato alla bomba perirono numerose persone.

Occorre ricordare che nello stesso momento si sviluppava la coraggiosa azione dell'Onu per la liberazione degli ostaggi, e che per gli estremisti le due operazioni sembravano necessariamente connesse.

I metodi di contatto e di convincimento verso elementi o gruppi potenzialmente pericolosi non potevano passare per i tradizionali canali del sistema di relazioni internazionali.

Nel luglio del 1991 Pérez de Cuéllar fu informato del primo stadio di lavoro e nell'ottobre dello stesso anno poté con soddisfazione, riportata nel suo Rapporto all'Assemblea generale, prendere atto e far partecipe il mondo dell'inizio concreto di una politica di aiuto alla ricostruzione del Libano, basata su un complesso mélange di finanziamenti e doni bilaterali suscettibili di attivare un'altrettanto complessa operazione di cancellazione dei debiti; anche se il termine cancellazione è eccessivo, rende l'idea del compromesso raggiunto con la C.E. per riaprire un importante filone di crediti e doni comunitari, e nello stesso tempo cominciare a restituire al Libano quella fiducia internazionale che avrebbe costituito l'elemento fondamentale per permettere agli ingenti capitali libanesi depositati all'estero di tornare in modo produttivo nel proprio Paese.

I capitali arabo-sauditi e degli Emirati erano in quel momento bloccati a causa della guerra contro l'Iraq, e per le sue ricadute economiche, sicché il pur generoso tentativo algerino non ebbe gli esiti sperati, e nonostante la collaborazione offerta dal Consigliere speciale, e dai suoi uffici, in numerose riunioni (da Algeri al Cairo, da New York a Parigi, a Tunisi, per citare le principali) non ebbe modo di realizzarsi. Il Consigliere speciale continuò quindi sulla strada intrapresa, giacché il nuovo Segretario generale Boutros Boutros-Ghali lo confermò nel suo alto incarico.

A distanza di anni si può dire che la ricetta ha funzionato, il malato appare in via di guarigione ed il Libano è un cantiere.

È in qualche modo difficile descrivere la qualità e la quantità di incontri pubblici e riservati, la grande quantità di documenti, drafts, che furono tradotti e posti allo studio del Consigliere speciale del Segretario generale per offrirgli la possibilità di esercitare il suo mandato. È certo, tuttavia, che l'Italia, tramite il suo ministro degli Esteri, il direttore generale per i Rapporti con gli organismi multilaterali, Di Maio, l'ambasciatore d'Italia in Libano De Michelis, furono costantemente informati delle linee sostanziali e dei progressi conseguiti dal Consigliere; per ovvie ragioni la Rappresentanza a New York fu anch'essa informata di parte del lavoro in corso ed il ministro plenipotenziario Guido Lenzi partecipò ad alcuni incontri.

Il 1990, il 1991 ed il 1992 furono tre anni cruciali per le politiche di Cooperazione allo sviluppo nel mondo, con particolare riferimento a quelle organizzate dal sistema multilaterale.

Da una parte le Nazioni Unite, con Xavier Pérez de Cuéllar, avevano, dopo il fallimento di Cancun, teso un'abile tela che tramite le grandi Agenzie (Undp, Unicef, etc.) aveva creato un consenso mondiale alle politiche per lo sviluppo.

D'altra parte gli inizi di quello che si sarebbe dimostrato un lungo periodo di recessione mondiale, la implosione dell'impero sovietico, ed il conseguente venir meno di alcune esigenze geo-strategiche, la necessità per l'Europa occidentale di far fronte ai crescenti bisogni dei Paesi ex comunisti dell'Europa dell'Est, le ricadute economiche della guerra del Golfo, avevano creato un clima di difficoltà per le Agenzie delle Nazioni Unite e, in genere, per la Cooperazione allo sviluppo.

Il Consigliere speciale, a ciò invitato dalle Nazioni Unite, e con l'ausilio delle Ong, a cominciare dall'Ifda, esercitò al meglio le sue possibilità, e con successo, per porre un argine al tentativo di desolidarizzarsi di tanta parte del mondo. L'Italia per prima rinunciò a quello che sembrava essere il suo obiettivo: abbassare i contributi al multilaterale e riconvertire i contributi bilaterali favorendo i Paesi dell'Est europeo a detrimento dell'aiuto ai Paesi del Terzo e Quarto Mondo. Anche gli altri Paesi europei dovettero tener conto della posizione italiana, che era rafforzata dalla posizione dell'Internazionale socialista, costantemente sollecitata con seminari, ordini del giorno, documenti dal Consigliere speciale.

Occorre ricordate che all'epoca l'Internazionale socialista (IS) raccoglieva partiti e movimenti leaders nei propri Paesi, e che lo stesso Segretario generale delle Nazioni Unite Boutros Boutros-Ghali era uno dei vicepresidenti della IS. Nulla di più naturale quindi utilizzare il réseau della IS per appoggiare le Nazioni Unite nella loro azione (peraltro la IS è riconosciuta dalle Nazioni Unite come Ong).

Anche quest'azione del Consigliere speciale fu considerata dalle Ong internazionali (riunite a Roma nella Seconda conferenza per la Cooperazione) un successo, e nello stesso modo si espressero i rappresentanti delle più importanti Agenzie delle Nazioni Unite. È un fatto che all'assemblea dei Paesi donatori l'Italia si presentò aumentando il suo budget per il multilaterale (1991), nonostante le fosche previsioni degli esperti, e che gli altri Paesi donatori, pur portatori di diversi approcci politici al problema, ne tennero conto.

Contemporaneamente (1991-1992) il Consigliere speciale si occupò della questione Iugoslava, della crisi somala, del nascente Stato eritreo.

Gli eventi che a partire dal 20 e 21 febbraio del 1991 (in quelle date il Parlamento sloveno e quello croato proposero la dissociazione della Federazione in diversi Stati sovrani ed autonomi) portarono alla guerra in Slovenia (27-30 giugno) ed in Croazia (18 luglio) sono noti, così le modalità dell'intervento delle Nazioni Unite (risoluzione sull'embargo di armi in Iugoslavia del Consiglio di Sicurezza del 15 settembre), meno noti sono, ovviamente, gli antefatti.

Il Consigliere speciale incontrò tutti i protagonisti sloveni, croati e serbi, e grazie anche alla consultazione dei leaders austriaci, francesi, greci, tedeschi, turchi, arabi, giunse alla conclusione che non si dovesse da parte europea riconoscere immediatamente la Slovenia e la Croazia, al fine di definire anteriormente le modalità della separazione (frontiere, moneta, libertà di commercio, etc.) e che le Nazioni Unite avrebbero dovuto prepararsi per tempo all'eventuale dislocamento di caschi blu, con l'esclusione di quelli italiani.

Come si sa le cose andarono differentemente: la Germania fece «cavalier seul» riconoscendo il 23 dicembre la Croazia e la Slovenia, obbligando di fatto i Dodici a riconoscere i due Stati il 15 gennaio dell'anno seguente; la proposta francese del 25 settembre 1991 (invio immediato di una forza di interposizione Onu, molto simile come si vede ai suggerimenti del Consigliere speciale) era stata respinta; e, invece di un interlocutore unico per le forze in conflitto, nel corso del 1992 si assisterà agli sforzi di due diplomatici di rango Cyrus Vance per l'Onu e Lord Owen per la Comunità, le cose peggioreranno con l'andar del tempo. Soprattutto per l'esasperarsi della politica di «pulizia etnica» e per l'intervento fortissimo del Vaticano a favore della soluzione «umanitaria» (magari armata). Durante tutto il 1992 non furono risparmiati, da parte del Consigliere speciale, tentativi riservati sulle parti in conflitto per aiutare l'opera dei mediatori ufficiali.

Il cambio di Segreteria generale alle Nazioni Unite aveva modificato in qualche misura il rapporto con l'Istituzione, così infatti erano fluidi e frequenti gli scambi di opinione con Pérez de Cuéllar, tanto erano più rari ed in alcuni casi mediati ed indiretti quelli con Boutros Boutros-Ghali. Comunque nel corso del 1992 i vertici delle Nazioni Unite Boutros Boutros-Ghali, il suo numero due l'ambasciatore francese Antoine Blanca, che poi divenne il direttore delle Nazioni Unite a Ginevra, l'assistente segretario generale, il direttore degli Affari politici, Giandomenico Picco, furono costantemente messi al corrente dell'evolversi delle analisi del Consigliere speciale, che si attivò per informare direttamente le autorità italiane.

Non meno impegnativa fu l'azione del Consigliere speciale in ordine alla crisi del Corno d'Africa.

Particolarmente attento agli avvenimenti somali (era stato il primo capo di governo italiano a visitare la Somalia), godendo di buoni rapporti con il capo del Fronte di Liberazione dell'Eritrea, ed avendo visitato Addis Abeba, su invito dell'Oua [oggi Unione Africana. *NdC*], incontrando Menghistu, che di lì a poco sarebbe stato defenestrato, il Consigliere speciale possedeva un know-how di persone ed avvenimenti raro ed utilissimo per comprendere quanto avveniva in quella parte del mondo. Know-how che mise subito a disposizione delle Nazioni Unite e del governo italiano. Lui personalmente incontrò rappresentanti del governo provvisorio somalo di Ali Mahdi, rappresentanti delle tribù restate fedeli a Siad Barre, Isaias Afewerki, capo provvisorio del governo eritreo, ministri etiopi. Suoi collaboratori ebbero contatti con esponenti di altre tribù somale, col fronte tigrino, con rappresentanti arabi sauditi, degli emirati.

Il Consigliere speciale giunse alla conclusione che vi era una particolare responsabilità storica dell'Italia nella zona e che questa dovesse avere un ruolo più attivo nella ricostruzione dell'Eritrea, e dovesse appoggiare più decisamente quella soluzione «africana» del problema somalo che veniva sostenuta dal governo eritreo. Convinto della impossibilità sia per Ali Mahdi che per il generale Aidid (entrambi della stessa tribù, ma con diversi appoggi internazionali) di poter siglare una durevole pace in tutto il territorio somalo del Sud (marciando la Somalia su una sua strada autonoma), rivelatasi vana la proposta della Conferenza di Gibuti, che aveva visto accomunati nello sforzo di pacificare il Paese l'Italia e l'Egitto (Paese presidente dell'Oua), sembrò opportuno suggerire all'Italia ed alle Nazioni Unite, nonché alla buona volontà delle Ong, di intensificare gli aiuti verso i profughi somali, e convincere il generale Barre ad accettare una soluzione che lo coinvolgesse e con lui coinvolgesse le più importanti tribù somale, a cominciare da quella dei Melean.

A questo scopo fu intrapresa una lunga e difficile operazione somala, resa più difficile dalle difficoltà di comunicazione diretta con il generale Barre.

Con l'ausilio dell'ex ministro della Difesa di Barre, il generale Samanthar, furono organizzati diversi viaggi nell'Africa Orientale, miranti a coinvolgere direttamente l'ex presidente somalo nel processo di pace. Dopo diversi incontri preparatori, a cominciare dall'Asmara e da Addis Abeba, un piccolo aereo nell'aprile del 1992 si diresse dalla capitale etiope a Nairobi, e dalla capitale kenyota a Baidoa.

Barre ascoltò molto attentamente le proposte che gli venivano rivolte ed avanzò alcuni suoi suggerimenti al delegato del Consigliere speciale, suo direttore dell'Ufficio per le Nazioni Unite.

Il ritorno del viaggio di fatto concluse la missione. Le autorità etiopi dopo aver tentato di impedire l'atterraggio dell'aereo ad Addis Abeba (mancava carburante ed era in corso un violento temporale) fermarono i componenti dell'equipaggio, i passeggeri e sequestrarono l'aereo. Si pensò a qualche pressione di alcuni Stati, non felici per una conclusione della questione somala diversa da quella che essi stessi avevano auspicato.

Comunque solo il delegato del Consigliere speciale riuscì in qualche modo a rifugiarsi presso l'ambasciata italiana di Addis Abeba, da dove partirono diverse iniziative tendenti a consentirgli di uscire dal Paese ed iniziare una serie di operazioni che consentirono a loro volta la liberazione dalla prigione dell'equipaggio dell'aereo, la concessione del permesso di uscita dall'Etiopia agli altri componenti della missione, il dissequestro dell'aereo.

Del contenuto della missione, oltre ai già citati, furono informati il ministro degli Esteri italiano, naturalmente l'ambasciatore d'Italia Angeletti ed il capo di gabinetto Baldocci, di alcune importanti modalità e di alcune considerazioni il capo dei servizi segreti italiani, generale Ramponi, ed il suo vicecapo, generale Lucherini.

Pochi giorni dopo, mentre si tentava di ricucire uno schema di collegamento tra i somali, il generale Barre che si era avvicinato a Mogadiscio vide il suo stato maggiore rompersi drammaticamente, e fu abbandonato da parte delle truppe. Ne approfittò Aidid, che lo costrinse alla fuga. Gli insuccessi delle altre politiche di intervento in Somalia, dalla strada umanitaria a Restore Hope, non si contano più i morti, sono dinanzi ancora oggi agli occhi di tutti.

Il 1992 fu anche l'anno della Conferenza di Rio e l'anno in cui iniziò la preparazione della Conferenza mondiale del Cairo su popolazione e sviluppo.

Il Consigliere speciale iniziò a dedicare studi ed approfondimenti ai due avvenimenti, ma le vicende politiche nazionali a cui fu sottoposto subirono una forte accelerazione a partire dalla fine del 1992, costringendolo a considerare concluso il suo impegno internazionale, che continuò sui temi allo studio da parte dell'Ifda. Impegno non ancora concluso, che vedrà il termine con la pubblicazione di un lungo studio sulla fine del comunismo, la crisi iugoslava, la fine di una concezione della politica di cooperazione allo sviluppo, la questione ambientale e quella demografica. In fin dei conti il naturale, ragionato resoconto, aggiornato da studi e viaggi organizzati nel 1993 e nel 1994, di lunghi anni di attività spesi dal Consigliere speciale del Segretario generale al servizio delle Nazioni Unite.

«Il debito, sempre debito»

«... di questo passo i Paesi poveri sono destinati a diventare solo più poveri e i ricchi sempre più ricchi. Se questa tendenza non verrà rovesciata, se non si moltiplicheranno gli sforzi diretti a riequilibrare la situazione, a ridurre il peso soffocante del debito del Terzo Mondo, a favorire un nuovo sviluppo, si prepareranno anni difficili. ... Se non interverremo tempestivamente e con efficacia per stimolare ed aiutare lo sviluppo di questi Paesi, diventerà sempre più problematico fronteggiare la pressione migratoria. Essa è destinata nei prossimi anni a gonfiarsi come una grande onda sospinta dal vento del

bisogno, della miseria e della speranza.» Con queste parole pronunciate durante la Conferenza programmatica di Rimini (marzo-aprile 1990), Craxi condensa una lungimirante previsione delle conseguenze del problema del debito dei Paesi del Terzo Mondo.
Da Hammamet, anni dopo, egli rileva quanto la questione del debito sia un problema strutturale che inerisce l'intero sistema economico mondiale e con amarezza osserva, a distanza di quasi un decennio, la totale sordità dell'Onu e dei «grandi ricchi occidentali» alle proposte da lui avanzate nel Rapporto sul debito dei Paesi in via di sviluppo nel 1990.

Il debito estero continua a pesare come un macigno sulla economia e sulla vita di numerosi Paesi del Terzo Mondo.

In Africa, per esempio, 315 miliardi di dollari di debiti, contratti per la maggior parte negli anni Ottanta, pesano in modo molto grave sulle possibilità di un rilancio economico che tutto il mondo vorrebbe più dinamico. Purtroppo, anche in questo caso, tra il dire e il fare c'è di mezzo il mare.

Quando si tratta di metter mano al portafoglio per aiutare le finanze pubbliche dei Paesi più poveri, i «grandi ricchi» occidentali si fanno tirare le orecchie e preferiscono guardare da un'altra parte. E tuttavia, a ben guardare, questi stessi ricchi sono tutt'altro che avari quando si tratta di salvaguardare i propri interessi nelle zone investite da turbolenze finanziarie.

Si è arrivati a mettere insieme, in meno di una settimana, decine di miliardi di dollari per la Thailandia, la Corea del Sud, l'Indonesia e ancor prima per il Messico. Si è trattato di cifre che non avevano niente in comune con le modeste somme che sarebbero necessarie per venire incontro ad una ventina di Paesi particolarmente poveri.

Si tratterebbe al più di 7,4 miliardi di contributi multilaterali e di 3,2 miliardi di dollari di contributi bilaterali. Due anni fa la Banca Mondiale e il Fondo monetario internazionale decidevano di destinare 5 miliardi di dollari ad un alleggerimento di debiti assolutamente vitale per almeno una ventina di Paesi, soprattutto africani.

Tuttavia il «consensus» annunciato con grande clamore si è sciolto ben presto come neve al sole. Quando si è trattato di mettere mano alla tasca tutti hanno cercato di mettere la patata bollente nelle mani dell'altro. La Germania è stata la più esplicita di tutti: ha detto no. Silenzi imbarazzati della Francia e dell'Italia. Manovre dilatorie degli Stati Uniti. Ambiguità del Giappone. La Gran Bretagna idem. …

Alle parole non seguono i fatti. Anni fa l'Assemblea generale dell'Onu, ascoltata la relazione di Bettino Craxi sul debito del Terzo Mondo, ne approvava le proposte all'unanimità. Dopo di allora: campa cavallo.

X
Le mani straniere

> L'arma della giustizia politica ha dimostrato tutta la sua efficacia e ad essa si intende ancora ricorrere per colpire e, se possibile, distruggere gli avversari.
>
> B. CRAXI

«Detto e scritto» sulla giustizia in Italia

Nel 1997 da Hammamet Craxi riferisce le posizioni di giornalisti, scrittori, analisti e giuristi stranieri sul sistema della giustizia in Italia e sulle inchieste della magistratura milanese, pubblicati dal 1992 al 1994. Rilevando che «la ruota ha cominciato a girare», egli passa in rassegna, con non poca ironia, i commenti degli osservatori internazionali su questioni quali la carcerazione preventiva e le violazioni dei diritti umani.

Chi avesse detto o scritto, non molto tempo fa, ciò che si diceva e si scriveva in questi anni da parte della tribuna degli osservatori internazionali, fatta di giornalisti, scrittori, analisti e giuristi, sarebbe stato trattato come un blasfemo se non peggio.

La ruota ha cominciato poi a girare. Oggi si legge e si scrive in Italia ciò che ieri era proibito, seguendo finalmente un filo di logica e di verità già intrecciato al di là dei nostri confini.

Merita perciò che si faccia su questo un breve giro d'orizzonte.

Eravamo nel 1994. Il «Wall Street Journal» allora scriveva: «Il caotico sistema penale italiano ha profondamente bisogno di una riforma».

Riferendosi ad una certa genia di giudici italiani, ne parlava senza tanti peli sulla lingua: «La legge è applicata a loro discrezione. L'uso che i magistrati hanno fatto della carcerazione preventiva dovrebbe preoccupare chiunque creda nei principi fondamentali del codice penale. Malgrado la loro popolarità, questi giudici hanno calpestato alcuni dei diritti che sono fondamentali in quei sistemi che proteggono le libertà civili».

Già nel 1992 Alan Cowell scriveva a proposito di Di Pietro: «Avrebbe usato le leggi sulla carcerazione preventiva per estorcere le confessioni agli indiziati. Avrebbe mandato manager e politici nel sovraffollato carcere di San Vittore per estorcere confessioni agli indiziati, più rapida la confessione, più veloce il rilascio. Avevano bisogno dell'opinione pubblica dalla loro». Per la verità non si trattava del solo Di Pietro.

A sua volta Robert Graham scriveva sul «Financial Times»: «Sistematiche violazioni del segreto istruttorio, più pesi e più misure nelle carcerazioni, nonché magistrati mossi da motivazioni politiche». Un infame bugiardo.

Nel Rapporto sull'Italia della Fédération internationale des droits de l'homme (Fidh), organizzazione internazionale rappresentata all'Onu e accreditata all'Unesco, si poteva leggere: «I magistrati incaricati dell'inchiesta sulla corruzione applicano le disposizioni di legge, relative alla detenzione preventiva, in modo particolarmente estensivo. Senza arrivare ad espressioni quali tortura e inquisizione, non sembra si possa dubitare del fatto che la carcerazione preventiva sistematica nei confronti di numerosi indiziati, molti dei quali presentano evidenti qualifiche di notorietà, ha lo scopo di esercitare delle pressioni per ottenere confessioni di colpevolezza e la denuncia di complici. Cosa che numerosi magistrati hanno ammesso pubblicamente, sottolineando l'efficacia di tale metodo. Questa pratica, di carattere chiaramente repressivo, è in contraddizione con i testi internazionali esistenti in materia di tutela dei diritti dell'uomo». Organizzazione internazionale affiliata al «craxismo».

Nell'ottobre 1993, uno dei più autorevoli esponenti della Corte suprema degli Stati Uniti, Antonin Scalia, dichiarava: «Mi ha colpito il fatto che i magistrati possono detenere a loro piacimento gli inquisiti, finché non cantano. Nel diritto americano, che è di matrice anglosassone, sarebbe inconcepibile. Chi viene arrestato deve essere sentito subito in Tribunale. Se mi è permessa una critica, non capisco come il vostro sistema giustifichi questo potere dei giudici, perché mi sembra che si tratti di una norma incostituzionale. Se mi fosse sottoposta dovrei abrogarla. Per me è molto importante la tradizione. Ma, scusatemi, mentre noi risaliamo indietro di due secoli, voi a che cosa potete fare riferimento? All'era di Mussolini?».

E ancora, nel luglio del 1994, Scalia dichiara: «In Italia sarà anche permesso che un giudice tenga in prigione un testimone finché questo non si decide a parlare, ma negli Stati Uniti seguiamo la Costituzione» e continua con il «disapprovare senz'altro il crescente ruolo politico dei giudici nell'Italia di Tangentopoli e la loro carica rivoluzionaria». E aggiunge: «per fare politica ci sono le urne e le schede per il voto».

È sempre lo stesso alto magistrato americano che, nel novembre del 1994, nel corso di un incontro con un gruppo di corrispondenti europei, dichiara che così come funziona, il sistema giudiziario italiano non è altro che «una ricetta per l'ingiustizia». Sarà un alto magistrato, ma delle cose italiane è poco informato. Comunque non amico dei circoli statunitensi che alzavano sugli altari Di Pietro.

Dal canto suo, invece, il premio Nobel Franco Modigliani, sul finire del 1993, scrive: «L'Italia ci appare oggi come un Paese da evitare, perché incivile e non sicuro, mancando di un sistema di garanzie delle libertà individuali».

Ma chi mai gli ha dato il premio Nobel?

Peggio di lui Bernard Bonilauri, che nel 1993 scrive sul

quotidiano francese «Le Figaro»: «Fino ad oggi i giudici non hanno convocato alcun alto responsabile politico ex comunista. Due pesi e due misure dunque. Tutto lascia credere, dall'inizio dell'operazione Mani Pulite, che una specie di trattamento diverso giochi a favore della sinistra. I magistrati hanno sistematicamente implicato e accusato le personalità dirigenti della Democrazia Cristiana e del Partito socialista, del centro e della destra che hanno partecipato alla grande alleanza anticomunista, al governo nel corso degli anni Ottanta. Quando si pone il problema del finanziamento occulto dei neo-comunisti, i magistrati chiamano in causa il personale amministrativo del partito. I giudici hanno decapitato le formazioni non comuniste. Nel caso dell'ex Partito comunista essi interrompono l'inchiesta a livello dei quadri. Differenza essenziale».

Nell'edizione della *Enciclopedia britannica* del 1994 si sostiene che «quando le indagini cominciarono a prendere quota, i managers chiesero appuntamenti a Di Pietro per rivelargli quello che sapevano, e per coinvolgere i politici italiani più importanti, tutto ciò nello sforzo di evitare l'arresto e la galera per se stessi. Di Pietro stava incarcerando managers e politici con criminali comuni, alcuni malati di Aids, nella prigione di San Vittore». Non solo Di Pietro.

Ancora due anni fa è la volta del Dipartimento di Stato americano. Lo fa diffondendo un Rapporto sul rispetto dei diritti umani in Italia. Sono venti pagine che denunciano l'abuso della carcerazione preventiva, i processi troppo lenti, le carceri affollate, i detenuti maltrattati. In particolare il Dipartimento di Stato degli Usa denuncia come «talvolta la detenzione preventiva è più lunga della pena inflitta per il reato. In pratica la detenzione prima del processo viene prolungata quando l'accusato, già trattenuto senza possibilità di libertà provvisoria dietro pagamento di cauzione, viene accusato di altri reati. Ciò si è spesso verificato in occasione dei procedimenti giudiziari connessi al pagamento di tangenti e alla corruzione negli appalti pubblici».

E nello stesso Rapporto si può leggere: «Vi sono testimonianze che attestano numerosi episodi di violenza, subiti da detenuti e prigionieri durante gli interrogatori di polizia, i tipi di maltrattamento più diffusi sarebbero calci e pugni ripetuti e prolungate percosse con bastoni. Sono state anche registrate proteste per eccessivo affollamento delle carceri, servizi sanitari ed assistenza medica inadeguati».

In Italia, il ministro della Giustizia, Alfredo Biondi, si levò alla Camera per sottolineare, rispondendo ad una interrogazione parlamentare, il rischio che a Milano, secondo il metodo usato, i Pubblici ministeri avrebbero potuto scegliersi i giudici di loro gradimento, e a questo proposito assunse un impegno: «Per ovviare a tale inconveniente, sarebbe auspicabile che criteri veramente obiettivi fossero predeterminati per legge. Cosa che è mia intenzione proporre». Fu rovesciato insieme al governo Berlusconi.

Al Senato il ministro della Giustizia, Filippo Mancuso, accusò i giudici di Milano di aver «intimidito» gli ispettori inviati dal Ministero, sottolineando che l'ispezione «dovrà svolgersi per violazione della legge, provvedimenti abnormi, finalità diverse da quelle di giustizia». Mancuso espose quattordici capitoli riferentisi ad accuse, compresi due casi di suicidio. Nel quinto capo di accusa vengono segnalate «violazioni delle norme processuali, falsa redazione di verbali, abuso della custodia cautelare, sparizione di documenti processuali, violazione del segreto istruttorio». E aggiungeva: «Così andavano le cose nell'anno di grazia 1600 e così vanno ancora».

Il ministro Mancuso fu costretto alle dimissioni da una scandalosa iniziativa parlamentare di sfiducia personale.

Per finire questa rilettura, merita di ricordare che l'Italia ha un triste primato in Europa. È infatti il Paese in testa alla graduatoria dei Paesi condannati dalla Corte europea per i diritti umani. L'Italia ha subito condanne per violazione delle norme per i diritti umani, da essa sottoscritto, per un numero di volte che è più del doppio di quelle subite dalla Gran Bretagna, ed il triplo di quelle subite dalla Francia. Detto questo, non resta che andare a leggere ciò che si è scritto e si è detto, ed i dati che sono stati registrati ed analizzati su questi argomenti, negli ultimi due anni. Si potrà constatare se e come le cose sono cambiate.

Sulla Commissione Stragi

In questo messaggio personale indirizzato all'ambasciatore tunisino a Roma Ghazal, Craxi risponde in merito alla richiesta di audizione da parte della Commissione Stragi chiarendo la sua posizione in merito. La Commissione Stragi della XIII legislatura (1996-2001) presieduta dal senatore Pellegrino, infatti, aveva preso contatti con Craxi richiedendo un incontro il 27, 28 e 29 ottobre 1997 ad Hammamet. La decisione di ascoltare Craxi era stata resa nota già nell'estate del 1997 dopo una richiesta avanzata da Alleanza Nazionale, Lega Nord e Centro Cristiano Democratico.
L'incontro non avrà luogo e le fonti fornite dai canali diplomatici e dal ministero degli Affari Esteri italiano parleranno di una indisponibilità del governo tunisino che dapprima avrebbe avuto timori per la risonanza mediatica dell'evento, poi avrebbe accreditato una malattia dell'onorevole Craxi e, infine, avrebbe riferito che l'esponente politico preferiva rispondere a domande scritte, evitando di fatto l'audizione.

Caro Ambasciatore,
in riferimento ai nostri amichevoli colloqui odierni desidero ulteriormente confermarle:

a) Che la Commissione del Parlamento italiano di sua iniziativa e non certo su pressioni da parte mia aveva deciso di venire in Tunisia per ascoltarmi in merito alla ricostruzione storica di alcuni episodi della vita italiana, così come era stato fatto per altri ex presidenti della Repubblica e del governo.

b) Avevo dato la mia piena disponibilità solo dopo che il governo tunisino aveva dato la sua. Per me si trattava di assolvere ad un dovere verso il mio Paese, rendendo una testimonianza storica di verità.

c) Di fronte alle difficoltà ed alle preoccupazioni che sono insorte io ho accettato di dichiarare uno stato di malattia diplomatico che però può evidentemente valere solo incidentalmente. Un conto è infatti il comprensibile ed accettabile rifugio in una malattia diplomatica, un conto diverso sarebbe una menzogna dichiarata e ripetuta nei confronti del Parlamento della Repubblica italiana e delle Autorità tunisine.

d) Io non ho preso, come le ho già detto, iniziative di sorta ma naturalmente prevedo che, viste le molte polemiche in atto, la Commissione del Parlamento italiano tornerà, probabilmente dopo un rinvio, a promuovere la sua iniziativa ed ad insistere per avere una audizione diretta con un testimone che considera importante per il proprio lavoro sulla storia della Repubblica italiana.

e) Ostile all'iniziativa della Commissione parlamentare è certamente il «partito dei giudici» e cioè quell'insieme di clans giudiziari e politici che ha condotto nei miei confronti un'aggressione infame, fatta di persecuzioni, accuse senza prove e veri e propri processi politici. Una «giustizia politica» che non ha mai chiesto di interrogarmi, benché io fossi disponibile e che, pur sapendo che vivevo nella mia casa in Tunisia, mi ha dichiarato «irreperibile». Ora non accetta che io sia dichiarato reperibile e disponibile dal Parlamento della Repubblica.

La ringrazio per la sua cortese attenzione e la prego di informare il presidente sulla situazione che si è creata ed alla quale mi auguro possa essere data una soluzione utile e positiva.

La ringrazio ancora per la sua amichevole cortesia e le invio i miei migliori saluti.

All'Internazionale socialista

Il 21 e 22 gennaio 1997 si tiene a Roma il Consiglio dell'Internazionale socialista. Craxi invia questa lettera al presidente dell'Internazionale Pierre Mauroy e alle delegazioni dei Paesi membri. Nel messaggio egli sottolinea l'assenza del Psi nella riunione di Roma, spazzato via dalla «falsa rivoluzione» della magistratura sostenuta da lobbies economiche e finanziarie e chiede con forza che l'Internazionale istituisca una Commissione imparziale che possa compiere azioni di chiarimento e accertamento della verità dei fatti.

Care compagne e cari compagni,
l'Internazionale socialista nella sua riunione di Roma non troverà tra i suoi interlocutori i rappresentanti del Partito socialista italiano, lo stesso che per anni ha partecipato alla vita dell'Internazionale, alle sue lotte, alle sue elaborazioni, alle sue iniziative, alla sua presenza nel mondo.

Non lo può sostituire infatti né il nuovo partito degli ex comunisti, il cui segretario è diventato vicepresidente [dell'Internazionale socialista, Massimo D'Alema. *NdC*], né partitini e gruppi che provenendo dal Psi hanno scelto la via della integrazione nel Pds e quella di una alleanza organica in un ruolo del tutto subalterno.

Il Partito socialista italiano è assente perché è stato letteralmente distrutto. Le sue forze sono state disperse ed il suo elettorato ha vissuto e vive una vera e propria diaspora. Ciò che è avvenuto ha un solo precedente in Italia e fu quando prevalse la violenza dalla quale prese poi origine un sistema totalitario.

In Italia hanno preso corpo ed hanno agito con la più grande determinazione, e d'intesa tra loro, la violenza organizzata di clans giudiziari e quella di clans dell'informazione, sostenuti all'inizio da potenti lobbies economiche e finanziarie, e da un vasto arco di forze politiche che andava dalla destra alla sinistra, dove ciascuna calcolava di trarne profitto. L'arma che è stata usata è stata quella della illegalità del finanziamento politico, cui si sono aggiunte, spesso, vere e proprie «iperboliche trasformazioni del reato». Il fenomeno del finanziamento illegale dei partiti e delle attività politiche, diffuso, generalizzato e ben conosciuto da decenni, è stato identificato come un fenomeno di corruzione ed un furto ai danni della collettività.

In primo luogo ha tuttavia trionfato la selezione e la discriminazione. Ha dominato la regola dei due pesi e delle due misure. Questo speciale genere di giustizia, perseguendo evidentemente, palesemente, e talvolta anche ostentatamente, fini politici, dopo decenni di silenzio si è accanita soprattutto in alcune direzioni. Altre invece sono state protette, trascurate, omesse. Una giustizia politica in piena regola che del resto ha tenuto e tuttora tiene in scacco poteri dello Stato ed anche rappresentanti politici che si sono affermati sulle macerie del vecchio sistema politico, determinando in tal modo uno squilibrio intollerabile tra i poteri dello Stato oggi più che mai sotto gli occhi di tutti.

Chi ha tentato di resistere è stato travolto, calpestato, perseguitato e demonizzato. Solo da un po' di tempo a questa parte, anche tra chi aveva assecondato questa specie di «golpe post-moderno», si comincia a reagire, benché con grande ritardo. Ciò che spinge questa reazione non è solo il fatto che poteri fuori controllo minacciano ormai, e sono in condizioni di minacciare, anche chi li ha sostenuti ed esaltati, ma soprattutto la condizione generale di confusione e di sfiducia in cui è precipitato il Paese, attraversato ormai da ondate di protesta crescenti.

L'instabilità politica ha toccato la sua punta massima. Tre Parlamenti e cinque governi in quattro anni. Le maggiori istituzioni, a parte predicazioni retoriche, appaiono in buona sostanza come paralizzate, ed il sistema politico che si pretendeva di rinnovare a colpi di bastone barcolla, in uno stato di incertezza e in una condizione di frammentazione. I partiti, che con il sistema elettorale maggioritario dovevano ridursi di numero, si sono invece moltiplicati, mentre al loro interno, come un tempo, si è aperta la lotta delle fazioni e delle correnti.

L'economia italiana è entrata in una fase recessiva, di cui non si vede la via di uscita. Essa si traduce in stagnazione produttiva, disoccupazione, ed in un degrado sociale che vede in diminuzione persino i consumi alimentari.

Sul banco degli imputati viene trascinato lo Stato Sociale, che, in condizioni diverse, e cioè di sviluppo e di collaborazione sociale, avrebbe potuto essere ulteriormente rammodernato e riformato senza determinare traumi, proteste e conflittualità, che sono oggi destinate ad aumentare ed a diffondersi. Non parlo del ruolo e del prestigio europeo ed internazionale dell'Italia che voi stessi siete in condizione di conoscere e valutare.

La prima e principale vittima di questa «falsa rivoluzione» è stato il Partito socialista ed io stesso, che nella mia vita ho sempre lavorato e lottato per i valori e per le cause in cui credevo, e che non sono mai stato comprato e corrotto da nessuno, e nessuno del resto lo ha affermato e nessuno, senza offendere e stravolgere la verità come però tuttavia è stato disinvoltamente fatto, può affermarlo e stabilirlo. Sono stato trattato e vengo trattato come un pericoloso criminale, costretto a vivere in esilio, lontano dalla mia Patria, dai miei compagni, dai miei amici, da una parte della mia famiglia, e lontano da tanti cittadini vecchi e nuovi che non conosco, e che amerei conoscere.

La violenza usata contro di noi e contro altri settori democratici non è stata indolore. Ha sparso vittime e sangue. Le imprese del circo mediatico-giudiziario e di chi gli ha dato man forte, creando nel Paese un clima irrespirabile da pogrom, hanno provocato decine di suicidi, di morti immature, centinaia di famiglie distrutte, centinaia anzi migliaia di dirigenti politici perseguitati, giudiziariamente, politicamente, nella vita sociale e nel loro stesso lavoro. Una vicenda umana molto dolorosa, sulla quale non si può spargere il sale come pretende che si faccia, sono le sue parole, il capo della cosiddetta «mani pulite», il pool di magistrati che aveva come vessillifero il dott. Di Pietro, l'«eroe nazionale» della «falsa rivoluzione», oggi al centro di un caso inquietante che sottende una grave accusa di corruzione.

Da più parti in Italia, gruppi diversi di socialisti e di tendenze laiche affini, rotto il muro del silenzio, hanno iniziato a reagire, a rialzare il capo, a denunciare lo stato di cose che è divenuto sempre più insopportabile per un'area sempre più vasta di cittadini e di ceti sociali, di uomini liberi e di intelligenze critiche. In questi anni i socialisti, perseguitati, isolati e dispersi, si sono difesi come hanno potuto. C'è chi ha cercato riparo in formazioni politiche di puro rifugio, anche lontano dalle proprie opzioni originali e tradizionali.

C'è chi si è disinvoltamente messo a nuovo, fingendo di credere e cercando di far credere che responsabilità attribuite al Partito non erano le loro, dimostrando un grado notevole e difficilmente cancellabile di viltà. C'è chi si è messo in disparte, in attesa di potersi rialzare, seguendo l'antico detto latino: «Mi piego ma non mi spezzo».

In campo c'è ora il progetto di una Federazione o di una Lega, che associ personalità, gruppi e tendenze socialiste, liberali e democratiche, decise a promuovere iniziative ed incontri, a mettere a punto idee e programmi, e soprattutto a far avanzare una «operazione verità».

Le premesse per tutto questo ci sono, e sono promettenti purché si faccia largo innanzitutto alle nuove generazioni, che maturano spontaneamente nell'alveo della tradizione socialista, dei suoi valori e della sua storia, che è ancora ben radicata nella società italiana.

Sono radici diffuse, che debbono essere coltivate ed aiutate a crescere. Deve tuttavia farsi strada con coraggio e se necessario con grande energia l'«operazione verità» su ciò che è successo in Italia in questi anni e sul sistema politico democratico che, anche con la collaborazione, e, per un certo periodo, sotto la guida dei socialisti, di un presidente della Repubblica socialista e di un capo del governo socialista fu un periodo di stabilità, di sviluppo, di progresso sociale e di prestigio internazionale.

Abbiamo chiesto, sollecitato, e continuato ad insistere perché il Parlamento istituisca una commissione di inchiesta parlamentare sull'intero fenomeno del finanziamento illegale del sistema politico. Abbiamo raccolto sino ad ora prevalentemente dei no, e se ne capisce perfettamente la ragione. Dice no chi non vuole che si faccia la più larga verità possibile.

La questione è stata affidata e si vuole che rimanga solo nelle mani di una giustizia che, per una sua parte tutt'altro che secondaria, quando ha agito lo ha fatto con criteri di parte, seguendo un preciso itinerario politico, con grande determinazione, a capo scoperto ed a cavallo.

Tutto ciò, almeno nelle dimensioni, con i metodi e le forme violente che hanno visto la luce in Italia, non è successo in nessun Paese civile, libero e democratico del mondo.

Abbiamo denunciato illegalità, abusi, favoreggiamenti, violenze, senza che mai, o solo raramente, le nostre denunce non finissero nel nulla, affossate da una giurisprudenza del tutto inedita e del tutto organica alla «falsa rivoluzione», e molto spesso per la sordità e la censura affiorate in gran parte dell'informazione. Abbiamo proclamato e torniamo a proclamare la necessità di una franca, onesta, chiarificatrice «operazione verità», che ricreerebbe nel Paese un clima ben diverso dall'attuale e porrebbe le basi per una generale ritrovata fiducia, per un giudizio complessivo e particolare più equilibrato e più giusto sul passato, per l'avvio vero e reale di una Seconda Repubblica. Quest'ultima non può nascere sulla base di una grande menzogna e della infame demonizzazione della Prima. Ancora più infame, sol che si pensi che il presunto rinnovamento ha visto e vede alla ribalta almeno una gran parte della classe politica che ha condiviso le responsabilità della Prima, con tutti i meriti e gli errori che la storia potrà ricostruire e che certamente non sono in nessun modo attribuibili solo ad una parte di essa.

Dicendo questo mi riferisco anche a chi siede nell'Internazionale socialista, in rappresentanza del Socialismo italiano e che della Prima Repubblica ha conosciuto vita, morte e miracoli, per non dire di chi, in momenti difficili e drammatici della storia recente, si poneva in drastico contrasto con la coerente posizione dei socialisti italiani di fronte alle difficili realtà interne ed internazionali, ed alle grandi questioni che i socialisti italiani contribuirono a risolvere tanto della crescita economica, che del progresso sociale, che della pace nel mondo.

Di fronte a tutto questo l'Internazionale socialista credo abbia il dovere di compiere essa stessa un'azione approfondita di chiarimento e di accertamento della verità, evitando, con un malcalcolato silenzio, di rendersi corresponsabile di chi, su ciò che è successo in questi anni nella democrazia italiana, vorrebbe mettere una pietra tombale.

L'Internazionale socialista nella sua storia non è stata seconda a nessuno nella difesa dei diritti dei popoli, dei diritti umani, e della rivendicazione e protezione dei diritti dei cittadini, derivanti dallo Stato e dalla civiltà del diritto. L'Internazionale socialista ha difeso la libertà e la giustizia quando sono state minacciate, offese, o semplicemente soffocate e violate negli angoli più sperduti del mondo. Mentre si stanno moltiplicando in Italia le azioni di denuncia e di protesta, e mentre ciò che resta di un glorioso Partito cerca di ritrovare le vie della rinascita, della ricostruzione, del contributo essenziale che ritiene di poter dare ancora al futuro del Paese, tutto si può fare salvo che voltare la testa dall'altra parte, accettare le cose così come sono e come vengono presentate sovente, in modo non veritiero, falso e viziato da opportunismo politico, e rinunciare ad assumersi essa stessa una precisa responsabilità, contribuendo a mettere in essere quella che insisto nel definire una «operazione verità».

Lo deve alla sua stessa natura, alla sua storia, al suo compito politico internazionale. Lo deve ad un Partito che ha sempre assolto ai suoi doveri verso l'Internazionale, e verso i partiti che ne facevano parte, con grande impegno, solidarietà fraterna, e linearità di comportamenti.

Tralascio di parlare a fondo della mia persona e del mio caso, che è tuttavia anch'esso un caso politico, umano, ingiusto e doloroso, fatto di violenze, di metodi illegali e di falsi processi. Io non chiedo nulla. Continuerò a difendermi con ogni mezzo legittimo, sino a quando mi sarà possibile, sino a che avrò forza e fiato in gola.

Ciò che l'Internazionale socialista potrebbe correttamente fare, rispondendo ad un nostro appello, sarebbe la costituzione di un apposito comitato, composto di partiti europei ed extraeuropei, in condizione di agire quindi in assoluta neutralità, imparzialità ed obiettività, che esamini ed approfondisca, secondo i metodi che riterrà opportuno di adottare, tutti gli aspetti della situazione italiana, il corso delle vicende di questi anni, raccogliendo tutti gli elementi necessari per una valutazione finale equa, quale altri non hanno saputo o meglio non hanno voluto fare.

Già in campo internazionale si sono levate autorevoli voci di scrittori, giornalisti, giuristi, uomini politici a denunciare l'eccezionale ed anomalo stato di cose che si è creato in Italia. In questo modo l'Internazionale socialista darà un contributo alla definizione della verità dei fatti, della storia e delle responsabilità connesse, che varrà per tutti e che varrà anche per l'Italia, e cioè un grande Paese europeo che deve essere aiutato ad uscire dal disordine istituzionale, dallo squilibrio dei poteri, e dal conseguente malessere economico e sociale che lo attanaglia.

L'Internazionale socialista decidendo in questo senso darà una ennesima prova della sua autorevolezza e della sua natura veramente internazionalista. Conservo intatto il ricordo di tutti i compagni con i quali ho partecipato a tante campagne, a tante iniziative e a tante lotte. Molti di loro sono ora scomparsi. A loro va il mio sentimento di devozione profonda. A voi il mio saluto fraterno ed il mio augurio di buon lavoro.

«Accertare la verità»

Massimo D'Alema, vicepresidente italiano dell'Internazionale socialista, apre i lavori del Concilio di Roma del 21 gennaio 1997 dichiarando che era in corso una «delicata transizione in Italia: un lungo processo complesso che ha coinvolto le istituzioni del Paese e il sistema politico stesso, creando una profonda crisi nei partiti e nella loro leadership». In questa dichiarazione di qualche giorno dopo, Craxi commenta l'avvenuta riunione e sottolinea una mancata risposta da parte del presidente Mauroy rispetto alla sua richiesta di indagine, e critica D'Alema, il quale negava l'esistenza in Italia di «perseguitati politici», affermando la necessità di «accertare la verità».

Ringrazio Felipe González per le espressioni fraterne di solidarietà e di amicizia che ha avuto nei miei confronti.

Ringrazio egualmente tutti i compagni della Internazionale che mi hanno inviato la loro solidarietà ed in particolare i rappresentanti di partiti membri ed osservatori della Internazionale che hanno voluto incontrarmi in Tunisia.

In occasione della riunione di Roma della Internazionale socialista, in una lettera indirizzata ai partiti membri, io ho avanzato la richiesta che venga istituita una Commissione, del tutto neutrale, con lo scopo di accertare la natura degli avvenimenti ed in particolare tutto ciò che ha determinato il vero e proprio massacro politico-giudiziario messo in atto ai danni del Partito socialista italiano, che ne è uscito frantumato e disperso.

Non ho ancora ricevuto una risposta alla mia lettera, se non in un cenno del presidente della Internazionale Mauroy, secondo il quale l'Internazionale non potrebbe interferire su questioni di giustizia che riguardino uno Stato sovrano.

Osservo a questo proposito che la materia proposta per una indagine della Internazionale socialista riguarda anche e soprattutto la violazione di principi e norme contenuti nella Dichiarazione universale dei diritti dell'uomo (Parlamento dell'Assemblea generale dell'Onu in New York il 10 dicembre 1948) e principi e norme contenuti nella Convenzione per la salvaguardia dei diritti dell'uomo e della libertà (firmata a Roma il 4 novembre 1950).

Di questa materia per quanto riguarda l'Italia hanno avuto già modo di occuparsi non solo la stampa internazionale ma autorevoli organizzazioni sorte per la difesa dei diritti dell'uomo e financo rapporti del Dipartimento di Stato americano, mentre stanno affluendo numerosi ricorsi di fronte alla Corte di Strasburgo.

A tutto questo l'Internazionale socialista, che ha fatto dei diritti dei popoli e dei diritti umani la sua bandiera, intervenendo peraltro sistematicamente ed efficacemente, non potrebbe in nessun modo estraniarsi dal dovere di conoscere, esaminare, giudicare e pronunciarsi in piena ed obiettiva responsabilità.

Il vicepresidente italiano della Internazionale socialista ha dal canto suo sentenziato che in Italia non esistono perseguitati politici. Basta ripercorrere con obiettività tanta parte delle vicende politico-giudiziarie di questi anni per trarne una conclusione di tutt'altro segno.

Non è solo il parere di un cittadino che si considera vittima di una persecuzione attuata con procedure speciali e processi speciali.

Infatti da più parti ormai, in Italia si stanno moltiplicando le voci di coloro che non intendono sottrarsi al dovere di accertare la verità, di denunciare gli eccessi e le distorsioni di una giustizia politica e politicante, di riportare ad una rilettura corretta delle vicende storiche italiane in tutti i loro aspetti.

Se D'Alema pensa che tutto questo non abbia alcun senso e nessun fondamento, purtroppo si sbaglia di grosso e i fatti prima o poi lo confermeranno.

«*Spioni*»

Nel 1995 Craxi, a firma Edmond Dantès, scrive questo articolo per l'«Avanti!» in cui commenta alcune dichiarazioni e riflessioni sulla realtà italiana di una delle leggende del mondo dello spionaggio: «l'uomo senza volto» Markus Wolf, dal 1958 al 1987 a capo dei servizi di informazione all'estero della Ddr, forti di circa quattromila agenti sparsi nel mondo.

Markus Wolf, in vena di interviste, si è dilungato sulla sua vita privata, sulla sua storia personale, su ciò che, per lui, avrebbe potuto essere e non è stato. Grande spia di professione non ha messo d'un canto il segreto professionale. Tuttavia parlando qualche goccia è uscita dal vaso.

Poche cose sulla realtà italiana ma tutte molto significative. Le marce pacifiste innanzitutto. Non era solo il popolo generoso e idealista che scendeva in piazza contro i governi che mettevano in pericolo la pace, che manifestava contro l'Occidente in armi, contro l'imperialismo ed i suoi servi, contro «l'amerikano» Craxi. Non c'erano solo i pacifisti a senso unico. C'erano anche gli agenti infiltrati, i militari disertori, i pacifisti finanziati dall'Est comunista. Dice Wolf: «Abbiamo utilizzato delle strutture pulite per far arrivare ai pacifisti i finanziamenti». C'è poi il capitolo dello spionaggio comunista in Italia. «L'Italia veniva utilizzata come territorio di "incontri"» dice Wolf precisando «nel vostro Paese avevamo diversi contatti ma nell'ultimo decennio decidemmo, per motivi politici, di non reclutare agenti veri e propri in certe categorie come i parlamentari.» E cioè a dire, in Italia i contatti dei servizi di spionaggio della Repubblica democratica tedesca c'erano ed erano «diversi». In Italia si reclutavano spie italiane. Ad un certo punto si decise di escludere dal reclutamento la «categoria dei parlamentari».

Da chi mai era composta la rete delle spie reclutate? Chi erano i parlamentari che erano stati reclutati dalle organizzazioni spionistiche dell'Est comunista prima che queste decidessero di non reclutarne più? Qualcuno se ne è occupato in modo serio ed approfondito? Qualcuno ha mai attentamente indagato in qualche direzione, specie da quando furono resi pubblici gli atti di una Commissione di inchiesta del Bundenstag? Ne è seguito mai qualcosa? È stata posta qualche pertinente domanda a Mosca? È un argomento che non interessava e non interessa?

Sta di fatto che i servizi dell'Est che operavano in Italia erano più di uno. Wolf dice: «per i servizi segreti il vostro Paese era di competenza ungherese». E, tuttavia, anche i servizi della Rdt reclutavano spie e organizzavano contatti e incontri, il ministero degli Interni bulgaro dal canto suo installava una rete di ricetrasmittenti clandestine affidata alla gestione del Pci, certamente in funzione ancora agli inizi degli anni Ottanta, il Kgb, fra tutte le altre pratiche che doveva sbrigare, si preoccupava di consegnare direttamente i finanziamenti del Pcus anche in Italia.

Sono argomenti che interessano poco, almeno quanto poco ha interessato l'argomento dei finanziamenti ai comunisti italiani da parte della Rdt. Su questo punto Markus Wolf è stato nei giorni scorsi esplicito. Alla domanda «La Germania dell'Est era coinvolta nell'aiuto ai partiti fratelli?» risponde: «Sicuro, ma se ne occupavano degli uffici che non dipendevano dal mio servizio, per esempio il Koko (settore commerciale legato alla Stasi, servizio di sicurezza del ministero degli Interni). Anche il Pci ha utilizzato questi contatti, come i francesi, i tedeschi occidentali, gli austriaci. Con tutta probabilità sino a prima del crollo». Non si trattava solo del Pci dei tempi di Togliatti e di Longo. Una società della Koko era la Eumit, a partecipazione comunista italiana. Se ne occupò una inchiesta milanese che non è andata da nessuna parte ed è finita in archivio.

Markus Wolf spezza poi una lancia in favore dei suoi colleghi: «Ma adesso è ora di farla finita con la guerra fredda che prosegue con migliaia di processi agli ex agenti, rei di non essere stati dalla parte dei vincitori». Non sarà mancato al capo delle spie tedesche un qualche moto di sorpresa vedendo che in Italia i suoi reclutati, complici, dipendenti e finanziati, sono scomparsi in men che non si dica, non sono ricercati da nessuno, e semmai sono ricomparsi in veste di travestiti, riciclati, camuffati. C'era tra di loro chi nel frattempo non è più, c'è chi è in pensione e c'è chi ancora invece saltella freneticamente sulle scene del teatrino della politica, rivestendo talvolta responsabilità politiche ed anche governative di primo piano, aggirandosi con l'aria stralunata di chi ha vissuto per decenni lontano da una terra maledetta, un tempo infestata di spie. In Italia infatti i processi vengono fatti soprattutto e solo ai nemici della pace e ai servi dell'imperialismo.

XI

Nuovi disordini globali

> Nel mondo ci sono lunghe mani che si ispirano alla teoria della «globalizzazione» con tutte le storture e le sopraffazioni che questo può comportare.
>
> B. CRAXI

Un «nuovo ordine» imperiale

In questa intervista del 1995 per il settimanale «Jeune Afrique», Craxi riflette sul significato di globalizzazione e sulle inevitabili ricadute negative insite nella mancanza di controllo nei confronti degli imponenti cambiamenti che promette. Ancora una volta richiama l'ineludibilità del primato della politica come baluardo e garanzia della gestione di mutamenti rispetto ai quali amaramente aveva già osservato un'Italia nel ruolo di preda piuttosto che di protagonista, incapace di affrontare la globalizzazione «con la forza, la consapevolezza, l'autorità di una vera grande Nazione».

La cosiddetta «globalizzazione» è la tesi più innaturale e più antistorica che si sia fatta avanti negli ultimi anni. È un prodotto di ben individuati settori americani. Dietro questa tesi si nasconde una sorta di nuovo e moderno e più sofisticato imperialismo.

È vero che le nuove tecnologie tendono a rendere il mondo più unito, realtà e responsabilità più comuni, ma è anche vero che il mondo è fatto anche di popoli, Stati, razze, religioni, identità storiche, diversità, vocazioni specifiche.

Il ridurre il tutto «ad uno», all'insegna di un «nuovo ordi-

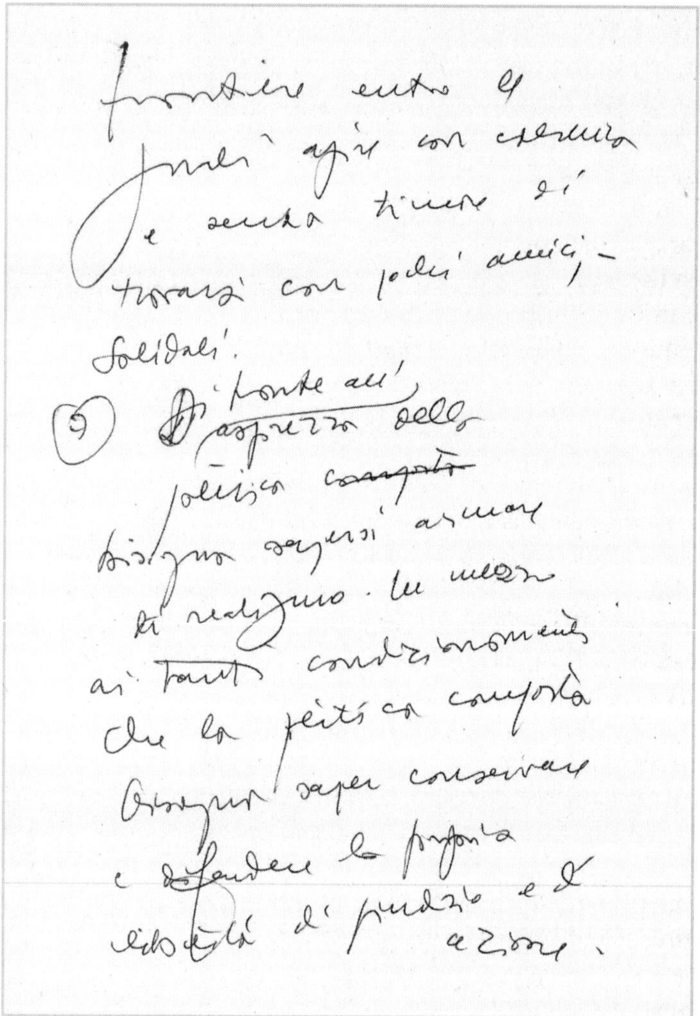
frontiere entro le
quali agire con chiarezza
e senza timore di
trovarsi con pochi amici
solidali.
9) Di fronte all' asprezza della
politica ~~corrotta~~
bisogna sapersi adeguare
con realismo. Il meno
ai ~~tanti~~ condizionamenti
che la politica comporta
Bisogna saper conservare
e difendere la propria
libertà di giudizio e di
azione.

Craxi ad Andrea Ceccherini, [febbraio] 1997

ne» inevitabilmente imperiale, corrisponde ad una ideologia e ad un piano in cui non può non prevalere la violenza.

Temo che se questi fautori della «globalizzazione» continueranno ad agire indisturbati senza che si levi un'opposizione capace di realizzare in modo duraturo e nel rispetto della identità e della indipendenza di tutti la pace, la collaborazione, la civile convivenza tra popoli, gli Stati e le civiltà diverse, si andrà incontro a dei grandi rischi e ad un futuro colmo di incognite imprevedibili e pericolose.

Se io sono stato colpito ed eliminato perché la penso così, perché la mia condotta è sempre stata coerente e rispettosa di questi principi e perché quindi ero considerato l'ostacolo italiano alla «globalizzazione», ebbene, non posso non pensare che questa offensiva continuerà, si allargherà, come già del resto sta avvenendo in altre direzioni e verso altri uomini e sistemi.

Contro la globalizzazione

In questi appunti del 1997, provenienti da Hammamet, Craxi espone le sue posizioni e propone degli obiettivi da perseguire in opposizione alla visione politica, economica e sociale espressa dalla «globalizzazione».

... Di fronte all'asprezza della politica bisogna sapersi armare di realismo. In mezzo ai tanti condizionamenti che la politica comporta bisogna saper conservare e difendere la propria libertà di giudizio e d'azione. ...

Ci sono quattro grandi obiettivi che si possono perseguire partendo anche da piccoli problemi:

1. lo Stato dell'economia, che non significa l'economia di Stato ma neppure liberalismo selvaggio che promette quello che non può mantenere;

2. lo Stato sociale ed il livello di solidarietà sociale, le cui difese, di fronte alle contraddizioni di una società industriale avanzata, a maggior ragione se essa è in crisi, debbono essere rafforzate e non indebolite;

3. le difese dello Stato di diritto e la maggiore chiarezza della sua costruzione e l'equilibrio dei suoi poteri come tutela e garanzia di libertà e giustizia;

4. la pace che si organizza con la cooperazione, la collaborazione, il negoziato e non con la spericolata globalizzazione forzata. Ogni nazione ha una sua identità, una sua storia, un ruolo geopolitico cui non può rinunciare. Più nazioni possono associarsi, mediante trattati per perseguire fini comuni, economici, sociali, culturali, politici, ambientali.

Cancellare il ruolo delle nazioni significa offendere un diritto dei popoli e creare le basi per lo svuotamento, la disintegrazione, secondo processi imprevedibili, delle più ampie unità che si vogliono costruire. Dietro la longa manus della cosiddetta globalizzazione si avverte il respiro di nuovi imperialismi, sofisticati e violenti di natura essenzialmente finanziaria e militare.

Villaggio globale

Nel 1998 Craxi da Hammamet riflette laconicamente sul rapporto tra il «villaggio gobale» economico-finanziario e il welfare.

Il «villaggio globale» sarà investito da terremoti competitivi. Il welfare diventerà un lusso per pochi. Ed anche quei pochi dovranno ridurre la natura e l'ampiezza delle protezioni. Quando poi si sarà toccato il fondo si aprirà un nuovo capitolo delle rivoluzioni sociali.

XII
«Gli uomini della storia»

Georges Marchais

In questo articolo del 1997, a firma Edmond Dantès per l'«Avanti!», Craxi ricorda gli incontri con Georges Marchais (1920-1997), segretario del Partito comunista francese dal 1972 al 1994, per discutere di «eurocomunismo» (ufficialmente nato da un incontro a Roma tra Pci e Pcf nel novembre del 1975). Craxi risponderà alla strategia dell'eurocomunismo con l'eurosocialismo mediterraneo, che diverrà il suo orientamento per la politica estera del Psi sin dal 1977.

Non avevo mai avuto modo di incontrare Georges Marchais, leader del comunismo francese. A suo tempo, nei primi anni Settanta, avevo criticato sull'«Avanti!» il modo ambiguo con il quale il Pcf si era impegnato per la prima volta nell'Union de la Gauche, un'alleanza che, in un certo senso, sembrava ancora più vincolante del Fronte Popolare del 1936, anche se Mitterrand la aveva definita «matrimonio sotto il regime della separazione dei beni».

Lo conobbi a Roma solo quando si affacciò l'epoca dell'«eurocomunismo» di creazione italiana. L'occasione la determinò Giancarlo Pajetta, responsabile esteri del Pci, che organizzò l'incontro. Fu il primo di una serie. Sempre Pajetta curò infatti l'organizzazione di altri incontri, per esempio tra me ed il portoghese Álvaro Cunhal e anche con lo spagnolo Santiago Carrillo. Il tema centrale doveva essere sempre l'«eurocomunismo». E infatti così fu. Marchais, che incontrai al gruppo parlamentare socialista di Montecitorio, me ne parlò a lungo ma senza particolare calore. Forse pensava di non dover convincere il suo interlocutore. Mi disse che il Partito comunista francese considerava la via «democratica» al socialismo un cammino senza alternative. Il Pcf respingeva ogni forma di rivoluzionarismo e di estremismo. In Europa non poteva che esserci appunto una forma democratica di «eurocomunismo». Unità perciò delle forze di sinistra e delle forze di progresso, programmi comuni per la democratizzazione delle istituzioni e della economia, in una cornice di libertà assolutamente intangibile. Il tutto nel «rispetto delle alleanze internazionali». Marchais fu però egualmente chiaro con l'altra faccia della medaglia: «il socialismo reale». Con il «socialismo reale» i rapporti sono e saranno fraterni nell'interesse della pace e dell'avanzata del socialismo nel mondo. Insomma un'«eurocomunismo» democratico in Europa ma solidale con il totalitarismo dei regimi comunisti in Europa e nel mondo. E del resto, in realtà, mentre da un lato si aderiva alla Alleanza atlantica, sia pure con l'inderogabile impegno di lavorare per la distensione e per la pace, dall'altro tanto il Pci che il Pcf figuravano in testa alla lista dei partiti che ricevevano finanziamenti dall'Urss. Feci solo qualche osservazione. Vista la chiarezza e la determinazione dell'esposizione di Marchais, mi apparivano come assolutamente inutili. Ricordo che ne parlai poi con Giancarlo Pajetta il quale mi rispose in un modo che, grosso modo, stava a significare che bisognava lasciare tempo al tempo, trattandosi ben si intende di «eurocomunismo» e non di «eurosocialismo».

In successivi incontri ebbi modo di parlare di eurocomunismo tanto con Santiago Carrillo che con Álvaro Cunhal. Carrillo, prudenze formali a parte, aveva le idee molto chiare sulla natura dei regimi espressione del «socialismo reale». Tutto al contrario invece, alla mia domanda precisa «che cosa pensi dell'eurocomunismo», Álvaro Cunhal, che ricordo si esprimeva in un perfetto francese, mi guardò e mi rispose ironicamente con una domanda «che cosa è?».

Un modo per dire: «di comunismo ce n'è uno solo». Chiaro. Marchais, Cunhal, Carrillo, Berlinguer, quattro versioni per un solo eurocomunismo. Non credo che il Marchais di questi anni, nonostante i terremoti che hanno travolto il mondo comunista e provocato il crollo e la fine non più di una rivoluzione ma di un impero, avesse al proposito cambiato le sue idee fondamentali.

Martin Luther King

È il 1998 e Craxi ricorda Martin Luther King (1929-1968), indimenticato leader del movimento per i diritti civili e premio Nobel per la pace, a trent'anni dal suo assassinio. Egli racconta panoramicamente la situazione politica americana in cui visse e operò M.L. King e sottolinea il ruolo svolto dall'Fbi contro il leader americano.

Trent'anni fa, in questo stesso mese, nel Tennessee, mentre si trovava affacciato con degli amici sul balcone di una casa di Memphis, veniva assassinato, con un colpo di arma da fuoco, Martin Luther King. Aveva trentanove anni. Sin da giovanissimo aveva lottato con ogni sua energia contro ogni forma di segregazione razziale. Aveva guidato le marce dei negri per la conquista dei diritti civili. Nel 1963 in una memorabile manifestazione di centinaia di migliaia di americani di colore, dal Memoriale di Lincoln a Washington aveva pronunciato il suo celebre discorso: «Faccio un sogno. È un sogno profondamente radicato nel sogno americano. Noi consideriamo per se stesse evidenti queste verità: tutti gli uomini sono eguali. Io faccio un sogno: che un giorno sulle colline rosse della Georgia i figli degli antichi schiavi e i figli degli antichi padroni di schiavi possano sedere insieme alla tavola della fraternità. Io faccio un sogno: che un giorno, anche lo Stato del Mississippi sia trasformato in un'oasi di libertà e di giustizia. Io faccio un sogno: che un giorno in Alabama i piccoli ragazzi neri e le piccole ragazze nere potranno stringere le loro mani con i piccoli ragazzi bianchi e le piccole ragazze bianche come se fossero fratelli e sorelle. Io faccio un sogno: che un giorno i miei quattro figli vivranno in un Paese in cui saranno giudicati secondo la loro personalità e non secondo il colore della pelle».

In quegli anni Martin Luther King e i suoi amici lottavano per i diritti civili e si trovavano spesso in una condizione di solitudine rispetto alla classe politica. Anche John Kennedy, il giovane leader democratico della «Nuova frontiera», non dimenticava la necessità di mantenere l'appoggio dei democratici del Sud, notoriamente razzisti. Gli fu semmai più solidale l'altro democratico Lyndon Johnson, benché fosse un uomo del Sud. In questi ultimi anni è venuto alla luce il ruolo che contro Martin Luther King svolse l'Fbi. Un documento interno di questo servizio lo definiva nel 1963: «il negro più pericoloso per l'avvenire del Paese». Lo controllavano, lo pedinavano, gli intercettavano il telefono. Quando le intercettazioni della polizia federale giunsero a scoprire le sue infedeltà coniugali, le prove gli furono inviate con una lettera anonima che conteneva nientemeno che un invito al suicidio.

Gli ultimi anni di Martin Luther King furono particolarmente difficili, nonostante la notorietà ed anche i successi conseguiti. Alla sua sinistra cresceva il movimento «Black Power», che lo criticava apertamente, trattandolo da «conservatore». Sulla sua destra veniva accusato di essere un pericoloso radicaleggiante. Quando delle sanguinose rivolte sociali esplosero a Detroit e nel New Jersey nell'estate del 1967, Martin Luther King comprese che la lotta si spostava ormai dai diritti civili ai diritti economici. Nel 1968 era andato a Memphis per organizzare un nuovo movimento, «La campagna dei poveri». Un movimento che si dissolse dopo il suo assassinio. Da allora, dopo di lui, la comunità americana di colore non si è riconosciuta in nessun altro grande leader. La nuova generazione pone oggi l'accento soprattutto sull'eguaglianza dei diritti economici. In America Martin Luther King è oggetto di un grande ricordo ed anche di un culto che circonda la memoria di questo grande apostolo della non violenza. Ma per i suoi successori «il 90% del dibattito razziale è in realtà economico».

Mustafa Kemal Atatürk

Craxi nel 1998 ricorda la vita e l'opera politica di Mustafa Kemal Atatürk (1881-1938), fondatore e primo presidente della Turchia, sottolineando l'importanza che la sua figura riveste nella Turchia contemporanea. Non trascura inoltre di chiedersi come Atatürk avrebbe affrontato la rivolta curda esplosa a partire dal 1984.

Nel novembre del 1938 moriva ad Ankara Mustafa Kemal Atatürk, il padre della Turchia moderna. Sessanta anni dopo la sua morte la sua figura non ha perso né la sua grandezza né la sua popolarità. Era nato nel 1881 a Salonicco, in Grecia, allora sotto la dominazione turca. Entrò giovanissimo alla scuola militare dove si guadagnò il soprannome di «Kemal» che significa «il perfetto». Nel 1912 e 1913 partecipa alle guerre che nei Balcani vedono l'Impero ottomano perdere gran parte dei suoi possedimenti europei. Nel 1915, scoppiata la Prima guerra mondiale, combatte a Gallipoli contro i francesi e gli inglesi. È in questa guerra che si comincia a parlare di lui come del «padre dei turchi» e cioè «Atatürk». Mentre gli alleati francesi, inglesi, italiani e greci sconfiggono il Sultano e occupano l'Impero ottomano, Mustafa Kemal viene inviato a mantenere l'ordine in Anatolia. Contro gli occupanti prende corpo un movimento di resistenza di cui il giovane generale non tarda a prendere il comando.

Nel 1919 lascia l'esercito e convoca un Congresso in Anatolia. Sono più o meno una quarantina di delegati a lui fedelissimi. Kemal li galvanizza: «Bisogna che la volontà nazionale, in futuro, si erga come potenza sovrana». È un movimento nazionalista che dà vita ad un governo provvisorio e che sfida l'autorità ormai fatiscente del Sultano. La Turchia viene umiliata dalle potenze vincitrici con il trattato di Sèvres. E tanto serve per incendiare ancora di più lo spirito nazionalistico turco. Nel 1922 caccia i greci dall'Anatolia. Nel 1923 proclama la Repubblica e strappa agli Alleati, a Ginevra, un altro trattato assai più favorevole alla Turchia. L'anno prima il sultano era stato cacciato. Nel 1924 è la volta del califfato, che Atatürk riesce ad abolire.

«Gazi», il vincitore, come veniva ormai chiamato, dopo di allora si dedicherà alla costruzione di uno Stato moderno. La sua ideologia si regge su sei punti: repubblicanesimo, laicismo, progressismo, solidarismo, statalismo e nazionalismo. La società turca è investita da una vera e propria valanga di cambiamenti e di riforme. Abolisce la poligamia e, nel 1934, riconosce alle donne il diritto di voto. Impone il sistema metrico, abolisce la «charia», la legge islamica, che sostituisce con leggi civili e penali di tipo europeo. Anche nel costume spinge per delle modifiche sostanziali promuovendo tra l'altro gli abiti all'europea e non più secondo la foggia turca tradizionale. Sono gli anni in cui Kemal Atatürk lancia una grande campagna di alfabetizzazione. Introduce l'alfabeto latino in luogo dei caratteri arabi. Il calendario gregoriano prende il posto del calendario dell'Egira. Il riposo settimanale è fissato alla domenica e non più nella giornata di venerdì.

Di fronte al suo popolo si presenta come il creatore di una Turchia moderna. Il liberatore e l'innovatore della nazione turca. Ancor oggi Atatürk è più che mai il padre della patria. Tutti in Turchia si riconoscono in lui seppure con motivazioni diverse. Tanto la sinistra che la destra interpretano alla loro maniera i suoi insegnamenti. La sua immagine è però ancora diffusa in tutta la Turchia e nell'anniversario della sua morte milioni di turchi hanno reso omaggio alla sua tomba. La sua figura è stata un mito anche in altri Paesi del Medio Oriente dove non sono mancate personalità che si sono ispirate a lui ed alla sua opera di modernizzazione e di laicizzazione. La Turchia moderna si interroga oggi sul suo avvenire ma si considera sempre figlia di Mustafa Kemal Atatürk. I militari e le Istituzioni repubblicane in particolare si considerano i guardiani della sua eredità storica. È vietato discutere e criticare il suo insegnamento, la sua opera e la sua vita. Meglio ripetere il suo motto «Felice è colui che può dire: io sono turco». Difficile dire come Kemal Atatürk avrebbe affrontato la rivolta kurda, così come essa è violentemente esplosa a partire dal 1984.

Olof Palme

La figura di Olof Palme (1927-1986), indiscusso leader del Partito socialdemocratico svedese, è qui tratteggiata da Craxi a dieci anni dal suo assassinio. Il ricordo personale si intreccia alla descrizione di ciò che Palme rappresentò per il suo Paese e per la comunità internazionale.

Rispondo volentieri all'invito di ricordare Olof Palme. Stoccolma 1986. Una città inebetita. Il dolore e lo sgomento si leggevano sugli occhi di tutti. Ero arrivato un giorno prima delle esequie. Mi ero subito recato a ritrovare il marciapiede e il luogo esatto dove Olof Palme era stato assassinato. La mano omicida era stata quella di uno sconosciuto che gli aveva scaricato addosso una Smith and Wesson 357 Magnum, sotto gli occhi inorriditi della moglie.

Molta gente si pigiava l'un con l'altro trattenuta da una specie di recinto. Riuscii a gettare dei fiori. Olof Palme era sempre stato un grande amico.

Lo avevo conosciuto a Stoccolma nel 1972, ad una riunione della Internazionale socialista. Come vicesegretario vi rappresentavo il Psi di cui allora era segretario Francesco De Martino.

Era il mio primo bagno politico internazionale d'alto livello. La riunione era stata convocata per il caso portoghese esploso in tutta la sua pericolosità per la libertà e la democrazia di quel Paese. Mario Soares, in lotta con il «golpe» militar-comunista, era stato il protagonista e Olof Palme era stato ad un tempo un grande ospite ed il sostenitore delle tesi della reazione più estrema. Soares allora aveva anche parlato di resistenza armata. Olof Palme con il suo tratto gentile e pieno di fascino era un combattente politico di razza.

Con lui, la piccola Svezia era una rispettosa autorità internazionale presente in diversi continenti, nei Paesi più lontani e sperduti, con missioni umanitarie, missioni politiche in difesa dei diritti dell'uomo, missioni economiche nel contesto della cooperazione con il Terzo Mondo.

Chi l'abbia ucciso e perché è rimasto sempre un mistero. Christer Peterson, ritenuto colpevole secondo un'inchiesta della polizia svedese, alla fine venne assolto. Dieci anni dopo, il mistero avvolge perciò ancora l'assassinio del grande leader socialdemocratico.

È invece di questi giorni la notizia di una nuova pista che, attraverso la figura di un mandante ormai scomparso, condurrebbe ancora a Peterson. La pista sarebbe quella di un assassinio politico per un principio di odio contro la Società e la sua organizzazione. Una pista e niente più. È purtroppo più che probabile che la morte di Olof Palme continui ad essere coperta dal mistero. Perché fu ucciso e da chi.

L'episodio riporta intero e ben nitido il ricordo della sua figura, del suo ruolo e di ciò che egli rappresentò per il suo Paese e per la comunità internazionale.

John Kenneth Galbraith

Diceva John Kenneth Galbraith (1908-2006) che «la politica è la scelta fra il disastroso e lo spiacevole». In questo articolo del 1999, a firma Edmond Dantès, Craxi riporta alcune osservazioni del «vecchio saggio», economista e intellettuale che ha profondamente influenzato il XX secolo con testi quali La società opulenta *e* Il nuovo stato industriale* *in opposizione alla teoria capitalista tradizionale.*

* J.K. Galbraith, *The Affluent Society*, Houghton Mifflin, 1958; trad.it. *La società opulenta*, Bollati Boringhieri, 1963 e *The New Industrial State*, The James Madison Library in American Politics, 1967; trad. it. *Il nuovo stato industriale*, Einaudi, 1968.

Nel 1945 John K. Galbraith veniva nominato direttore del settore «effetti generali» nell'ambito di una inchiesta sui bombardamenti strategici degli Stati Uniti. La Commissione diretta da Galbraith concluse i suoi lavori rilevando che i grandi attacchi strategici dell'aviazione in realtà non avevano ridotto in modo apprezzabile la produzione bellica in Germania. La guerra era stata vinta dalle truppe di terra appoggiate dall'aviazione tattica. Galbraith ricordando quelle vicende fa seguire una serie di osservazioni:

1. I cittadini delle città tedesche, Colonia, Amburgo, Berlino e infine Dresda, temevano assai più i bombardieri angloamericani che non il proprio governo.

2. In Giappone gli impianti industriali erano stati più vulnerabili, ma le vere vittime erano stati i civili, uomini, donne e bambini anche ad Hiroshima e Nagasaki.

3. La guerra contro il Giappone era stata vinta dalle truppe di terra che avevano combattuto isola per isola e dalla Marina, comprendente le portaerei.

4. In Corea la guerra fu portata a termine e vinta dalle truppe di terra.

5. Sul Vietnam e sulla Cambogia furono gettate il doppio delle bombe che sulla Germania, senza modificare il risultato del conflitto.

6. Nel Kuwait fu necessario l'intervento delle truppe di terra mentre Saddam fu rafforzato dalla reazione popolare rispetto ai bombardamenti.

7. I nostri bombardamenti in Kosovo è possibile che abbiano rafforzato Slobodan Milošević.

8. Ci si può almeno chiedere se molti dei profughi non abbiano lasciato il Kosovo a causa della minaccia aerea.

9. Con l'intervento aereo si spera di fare la guerra senza vittime evitando gli effetti politici che provocherebbe l'arrivo in patria delle bare.

10. La verità è che le innovazioni tecniche, le spese pubbliche e l'influenza dell'industria richiedono l'uso della forza aerea.

11. Le truppe di terra provocherebbero la stessa reazione

negativa che ha reso così popolare la forza aerea. Soprattutto non vanno consegnati i giovani alle miserie e alla morte quando c'è una soluzione migliore.

12. Dovremmo sospendere i bombardamenti e usare le nostre ampie risorse e le nostre capacità organizzative per aiutare i rifugiati e per sostenere finanziariamente l'Albania e la Macedonia.

13. Se la Nato ferma i bombardamenti e si rende disponibile a negoziare, alla fine la ragione trionferà.

14. La guerra non guarisce ed i suoi effetti sui partecipanti e sui malaugurati presenti sono evidenti a tutti.

John K. Galbraith non è un intellettuale da strapazzo, un mercante in fiera della cultura. Non è un pacifista alla moda né un antiamericano, con i colori dell'arlecchino. Galbraith è uno dei più grandi personaggi del secolo. È un vecchio saggio che conosce la storia e la vita.

Eduard Bernstein

Craxi il 4 maggio 1977 a Treviri, nel discorso Marxismo, socialismo e libertà *commenta: «Il discorso di Engels fu ripreso da E. Bernstein … Dal momento che nulla indicava che il sistema di mercato era allo stremo – questa in sintesi la tesi centrale di Bernstein – davanti al movimento operaio non restava che una via …: il metodo gradualistico basato sulle riforme sociali e politiche e la lotta di classe per il superamento dei limiti borghesi della democrazia liberale». In questo appunto scritto ad Hammamet per l'«Avanti!» Craxi sceglie e riporta alcune riflessioni di Eduard Bernstein (1850-1932), il quale con sue celebri tesi revisioniste in senso riformistico del marxismo divenne il punto di riferimento della socialdemocrazia europea al motto «il movimento è tutto, il fine è nulla».*

Quando appare il libro *Socialismo e socialdemocrazia* le critiche furono vivaci e da più parti.

Con la sua critica alle teorie marxiste Bernstein poneva le premesse teoriche per la confluenza tra dottrina socialista e liberalismo.

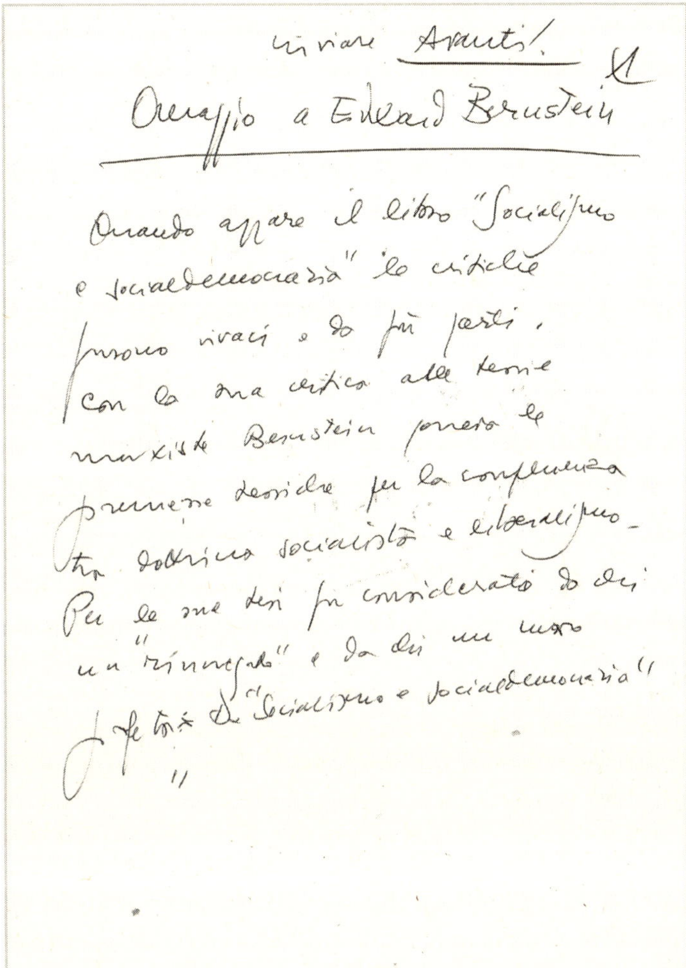
inviare *Avanti!*

XL

Omaggio a Eduard Bernstein

Quando apparve il libro "Socialismo e socialdemocrazia" le critiche furono vivaci e da più parti. Con la sua critica alle teorie marxiste Bernstein poneva le premesse teoriche per la confluenza tra dottrina socialista e liberalismo. Per le sue tesi fu considerato da chi un "rinnegato" e da chi un mostro [illegible] Di "Socialismo e socialdemocrazia" "

Omaggio a Eduard Bernstein, [marzo 1997 – gennaio 2000]

Per le sue tesi fu considerato da chi un «rinnegato» e da chi un nuovo profeta.

In una memoria indirizzata al Congresso socialdemocratico di Stoccarda del 1898, rispondendo alle critiche e alle accuse di apostasia dal marxismo, che da più parti erano state mosse contro di lui, così precisava la sua posizione: «Si pretende da parte di alcuni che il risultato pratico della mia teoria sarebbe la rinuncia alla conquista del potere dello Stato da parte del proletariato, organizzato politicamente ed economicamente. È una conclusione del tutto arbitraria che io respingo categoricamente. Non ho fatto altro che oppormi alle credenze in un prossimo crollo della società borghese e all'opinione che la socialdemocrazia dovrebbe regolare e subordinare la sua tattica a questa imminente grande catastrofe sociale».

Nel libro *Socialismo e socialdemocrazia* si esprimeva in questi termini:

«Se si domandasse a un numero qualunque di persone, senza distinzione di classe o di partito, di dare, in forma concisa, una definizione del socialismo, la maggior parte di queste sarebbe certamente alquanto imbarazzata. Colui che non ripete una frase colta a volo, deve innanzi tutto rendersi conto se deve definire uno stato di cose o un movimento, una teoria o uno scopo. Sfogliando la nostra letteratura socialista incontreremo le più varie definizioni di questa concezione, a seconda che esse riguardino una delle categorie menzionate. Noi la vediamo qualificata come una derivazione delle idee di giustizia (eguaglianza, equità), oppure sommariamente definita come una scienza sociale; identificata con la lotta di classe operaia nella società moderna e spiegata così: socialismo vuol dire gestione associata (*Genossenschaftliche Wirtschaft*).

«Solo occasionalmente queste varie spiegazioni hanno per base delle concezioni differenti in linea di principio, ma il più sovente non sono che i risultati di diversi apprezzamenti o presentazione della stessa cosa. La definizione più esatta del socialismo sarà evidentemente quella che si riallaccia all'idea dell'associazione, poiché questa idea esprime simultaneamente la sua natura economica e la sua natura giuridica. Non sarà certamente necessaria una lunga dimostrazione per far riconoscere che il carattere giuridico ha qui almeno altrettanta importanza di quello economico. Lasciando da parte la questione se e in qual senso il diritto sia un fattore primario o secondario della vita sociale, è incontestabile che il diritto dà l'immagine più concentrata del carattere di un'epoca. Noi caratterizziamo le società, non secondo le loro basi tecnologiche o economiche, ma secondo i principi fondamentali delle loro istituzioni giuridiche. Noi parliamo, è vero, dell'età della pietra, del bronzo ecc., del secolo delle macchine, dell'elettricità ecc.; ma parliamo dell'ordine sociale feudale, capitalista, borghese ecc. È così che il socialismo potrebbe essere qualificato come il movimento verso l'ordine sociale associativo o come la realizzazione di questo ordine sociale. È in questo senso che è, d'altronde, conforme all'etimologia della parola (*socius* = associato), che noi ora impiegheremo.»

XIII
Uno sguardo dal mondo

> Craxi ha l'aspirazione non solo di far uscire il suo Paese dalla stagnazione economica, ma anche di far esercitare all'Italia un'azione di primo piano nella scena politica mondiale.
>
> «LE FIGARO»

> Il suo approccio vigoroso, orientato al conseguimento degli obiettivi, ha rappresentato uno stimolo all'impegno, così come la sua volontà – differentemente dai politici più tradizionali – di vedere l'Italia svolgere un ruolo di guida internazionale.
>
> DIPARTIMENTO DI STATO USA, *documento «confidential»*

Craxi Story: la stampa internazionale su Craxi

Craxi riporta i giudizi e le considerazioni della stampa internazionale riguardo le sue azioni di governo. Con particolare riferimento alla politica estera italiana durante il suo mandato, la stampa sottolinea «lo stile» di Craxi nell'esercizio politico all'interno dello scacchiere internazionale. Tali considerazioni confermano la chiara percezione, a livello internazionale, dell'importanza attribuita ai grandi temi di politica estera da parte del leader socialista.

Il 24 maggio 1984 il quotidiano di Madrid «El País» scriveva: «Craxi, un misto di realismo e di intuizione». Era un modo per rispondere ai molti interrogativi che venivano sollevati nell'opinione pubblica mondiale dall'azione internazionale che andava svolgendo il governo italiano di quegli anni.

Quando Craxi aveva presentato il programma del suo governo, il «Times» di Londra aveva scritto: «Craxi ha parlato più come il capo di una coalizione di partiti di diversa ispirazione che non come il primo presidente socialista del Consiglio dei ministri italiano. Egli si è così guadagnato giudizi equamente divisi tra elogi e critiche». Il giornale inglese quindi sottolineava «la riaffermazione da parte di Craxi dell'importanza per l'Italia della Alleanza atlantica, quale perno dei legami politici e militari del Paese; della Cee, quale punto locale delle relazioni estere dell'Italia; e della pace nella sicurezza». L'obiettivo della pace nella sicurezza poteva essere raggiunto solo perseguendo un tracciato fatto di negoziati, disarmo, controlli e scambi di concessioni tra Est e Ovest.

La stampa internazionale, tanto in un campo che nell'altro, tendeva a riconoscere al governo italiano presieduto da Craxi la volontà di mettere in atto iniziative dirette ed autonome nel contesto internazionale. Questi, dal canto suo, si presentava sempre rigido e sovraccarico di diffidenze e tensioni. L'Italia in ogni caso era fedele verso i suoi alleati ma si considerava anche un Paese libero e sovrano.

L'«International Herald Tribune» metteva in evidenza problemi delicati: «Craxi aveva ereditato due impegni potenzialmente imbarazzanti per un premier socialista: il dispiegamento degli euromissili in Sicilia, nell'ipotesi, poi verificatasi, del fallimento dei negoziati di Ginevra, e la presenza di truppe italiane in Libano, come parte di una Forza multinazionale», e osservava: «Discostandosi dalla prassi, Craxi ha preferito riservarsi un potere di iniziativa, pur consapevole dei rischi di critiche che ciò gli avrebbe potuto procurare sia a destra che a sinistra dello schieramento politico italiano».

Il governo italiano era anche allora un governo di coalizione. La presenza di cinque partiti diversi tra loro poneva di per sé non pochi limiti alle varie iniziative possibili, e a questo fattore interno si aggiungevano i condizionamenti derivanti dalle permanenti e continue contrapposizioni Usa-Urss sullo scacchiere mondiale. Il dinamismo italiano prese tuttavia egualmente una notevole consistenza e gli osservatori internazionali non tardarono a rimarcarlo.

Per il «Financial Times» l'iniziativa di Craxi, che era dovuta anche «al suo profondo interesse personale per gli affari esteri» rendeva particolarmente incisiva l'azione del governo italiano sui temi della sicurezza e della distensione. In un articolo del 23 dicembre 1983, si sottolineava come Craxi fosse stato «particolarmente attivo sul problema degli euromissili, cercando prima di moderare la posizione degli Stati Uniti, quando ancora erano in corso i negoziati di Ginevra, e, successivamente, agendo perché le trattative potessero riprendere».

Il 4 gennaio il quotidiano polacco «Życie Warszawy» riconosceva che «sempre più spesso il primo capo socialista di un governo italiano manifesta di fronte alle tensioni mondiali» e lo vedeva perciò impegnato in «una trama di dialogo costruttivo con i Paesi socialisti e nel promuovere iniziative di moderazione nell'instabile situazione del Medio Oriente». Il «The Guardian» in diversi articoli analizzava l'interesse speciale di Craxi per le drammatiche vicende del Libano e sottolineava i suoi tentativi volti ad aprire la strada ad un dialogo di riconciliazione nazionale, e nei quali utilizzava le sue relazioni personali con i leaders libanesi.

Tutti allora segnalavano il «forte impegno che Craxi avverte per una maggiore presenza dell'Italia sul piano internazionale» e si scriveva della sua volontà di far crescere il peso ed il ruolo internazionale dell'Italia. Scriveva «Le Figaro»: «Craxi ha l'aspirazione non solo di far uscire il suo Paese dalla stagnazione economica, ma anche di far esercitare all'Italia un'azione di primo piano nella scena politica mondiale». «L'Italia» annotava «sembra potere effettivamente svolgere un ruolo di pace e di stabilità, fondato sul pieno rispetto dell'indipendenza dei popoli, come indica ad esempio l'imparzialità con cui il governo di Roma si sta muovendo nella difficile situazione in Libano.»

«Le Nouvel Observateur» dedicò un articolo alla «indipendenza di Craxi». Vi si poteva leggere della «determinazione del premier italiano a conferire maggior respiro e più autonomia ad una politica estera che la sinistra italiana tende a giudicare ancora troppo provinciale ed eccessivamente appiattita sulle opzioni, grandi e piccole, di Washington». Per il settimanale francese il governo italiano, facendo sentire «la propria voce» e sviluppando «l'indipendenza» della politica estera dell'Italia avrebbe potuto anche entrare in qualche rotta di collisione con i suoi alleati occidentali.

La stampa estera analizzò quelle che venivano chiamate «le riflessioni di Lisbona». La materia era il negoziato sulle forze nucleari intermedie. Il «Wall Street Journal» osservò che il primo effetto di una attenta valutazione «dei suggerimenti di Craxi» avrebbe dovuto comportare la rinuncia da parte di Mosca a pregiudiziali negative. Erano queste infatti che continuavano a rappresentare l'ostacolo più grande sulla via che avrebbe potuto portare ad un accordo. La posizione di Craxi era seguita con interesse e con attenzione ma suscitava anche contrasti ed opposizioni. Di certo tuttavia nessuno poteva escludere che in date condizioni si sarebbe dovuto «discutere degli obiettivi e delle modalità negoziali» così come indicavano le riflessioni di Craxi.

Da Belgrado prese posizione l'autorevole «Politika». Vi si poteva leggere dell'irritazione e delle critiche con cui alcuni ambienti avevano accolto idee del presidente italiano e come Craxi «ha risposto con decisione e dignità». Secondo «Politika» riflettere su idee nuove, che potevano contribuire alla ripresa del dialogo Est-Ovest, non significava affatto «ritrattare» impegni assunti nei riguardi delle proprie alleanze.

Una franchezza quindi, quella che veniva usata da Craxi, che rivelava semmai un pensiero originale. Si trattava certamente di un nuovo modo di affrontare il dialogo internazionale. «Lo stile Craxi» rompeva con quella «pratica di compiacere l'interlocutore», senza però giungere mai in questo modo a nessuna soluzione concreta.

Un rilievo particolare aveva assunto di fronte all'opinione internazionale la risposta che Craxi aveva dato l'8 ottobre 1983 al presidente del Presidium del Soviet Supremo dell'Urss. In questa risposta il presidente Craxi aveva respinto le accuse di immobilismo mosse da Andropov, e, argomentando, le aveva ritorte contro di lui. Si scrisse allora di una «pagina di storia dei rapporti internazionali».

«Archiv der Gegenwart», una rivista scientifica specializzata, chiese di potere pubblicare integralmente il messaggio di Craxi ad Andropov. Altri apprezzamenti vennero persino dalla stampa cinese con commenti favorevoli del «Renmin Ribao» (Quotidiano del Popolo, organo ufficiale del Pcc) e della Xinhua (Nuova Cina, agenzia di stampa ufficiale).

Recandosi in visita nella Germania dell'Est, primo tra i presidenti occidentali a compiere questo passo, Craxi usò egualmente con i suoi interlocutori comunisti un linguaggio improntato a grande franchezza. Aprendo un dialogo personale e diretto con il presidente Honecker gli rivolse parole chiare. Il «Die Welt» e il «Süddeutsche Zeitung» scrissero che Craxi con coraggio aveva espresso il suo auspicio che «oltre al muro di sospetto e di sfiducia» fra Est ed Ovest «possano cadere anche altri tipi di muro che rappresentano i rimasugli della guerra fredda».

Delle iniziative internazionali promosse dal governo Craxi si occupò anche la stampa ungherese. Il «Magyar Hírlap», l'organo ufficioso del governo ungherese, scriveva: «In questi giorni, l'attività della diplomazia italiana ha avuto una sorprendente accelerazione di ritmo». Craxi e Andreotti, ministro degli Esteri, hanno «intensificato i loro contatti per esercitare una maggiore influenza sui fatti internazionali». Tuttavia il «Magyar Hírlap» è contemporaneamente molto prudente e scrive che si vedrà «se sulla scia del nuovo attivismo di Craxi faranno seguito concreti segnali di cambiamento nella politica estera italiana». Più fiducioso invece a questo proposito si dimostra il «Magyar Nemzet», quotidiano del Fronte patriottico popolare. In un articolo dal titolo *L'esigenza del dialogo* scriveva: «L'attività internazionale dell'Italia si è fatta più intensa e articolata da quando l'anno scorso Craxi è diventato capo del governo». Ed ancora: «Craxi si è presentato come un politico deciso sostenitore delle riforme ed è grazie anche al suo operato che l'Italia domanda ora nuovamente maggiore spazio nella vita internazionale».

Due articoli successivi apparvero sullo «Życie Warszawy». Nel primo si parlava del «maggior peso assunto dall'Italia» e si sottolineava che: «Una cosa comunque appare chiara. Dopo cinque mesi di governo, il presidente Craxi ha dato una sua impronta alla politica estera dell'Italia».

Nel secondo articolo si osservava che in politica estera Craxi, pur mantenendosi pienamente leale alle alleanze dell'Italia, aveva mostrato la volontà di svolgere un'azione positiva, cercando di riservare all'Italia un ruolo più incisivo nell'arena internazionale, soprattutto per quanto concerneva i rapporti Est-Ovest. In particolare veniva notato che: «Quanto ai problemi degli equilibri militari e della sicurezza, la politica di Craxi resta legata alla linea della Nato; tuttavia sulle questioni europee la sua posizione non manca di connotazioni indipendenti basate sulla convinzione della necessità di un dialogo continuo con i Paesi a diverso ordinamento socio-politico».

La politica estera italiana è sotto gli occhi dei commentatori stranieri, sia occidentali che dell'Est europeo. Il «Wall Street Journal» pubblica il 5 dicembre 1983 un lungo articolo con il titolo *Il leader italiano e il papa forgiano una inusitata alleanza per la pace*. Vi si legge degli «sforzi separati ma coordinati» (del governo italiano e della Santa Sede) «che hanno evidenziato il più elevato profilo mondiale dell'Italia sotto la guida del presidente del Consiglio socialista Bettino Craxi; che hanno confermato la determinazione dell'Italia di agire come un ponte fra Washington e Mosca sulla questione degli euromissili; e che inducono a pensare che papa Giovanni Paolo II sia preparato a passare dalle parole all'azione diplomatica nella sua crociata per la pace».

Il tema viene ripreso dal «Frankfurter Allgemeine Zeitung»: «Una mediazione italo-vaticana fra Est e Ovest? Craxi e Andreotti ricevuti dal papa». Per il «Neues Deutschland», quotidiano tedesco orientale: «È certo incoraggiante che sia la Rdt che l'Italia, membri di alleanze diverse, ritengano di grande importanza raggiungere accordi nell'interesse della salvaguardia della pace malgrado le differenti opinioni sulle cause della pericolosa situazione mondiale. ... I due statisti nei loro colloqui ufficiali hanno sottolineato che essi vogliono la fine della corsa agli armamenti, la limitazione e la riduzione degli attuali sistemi di difesa, nel rispetto delle reciproche esigenze di sicurezza, nonché la preservazione dell'equilibrio militare strategico al più basso livello possibile, tutti elementi ritenuti indispensabili alla pace».

Ma la politica estera italiana era anche particolarmente impegnata nella lotta contro la miseria, la fame ed il sottosviluppo nel mondo. Anche questo aspetto delle iniziative del presidente Craxi è motivo di analisi degli osservatori internazionali. Il «New York Times», all'indomani di un vertice a Londra, avvertiva come l'Italia sembrasse indicare con chiarezza i rischi di ordine politico ed economico connessi con il permanere di forti disparità di ricchezza tra società industriali e nazioni emergenti. La stampa estera sottolineava come nella politica di pace del governo italiano emergesse la consapevolezza che povertà e sottosviluppo si trasformavano in fattori di instabilità, che l'instabilità alimentava la richiesta di armamenti e questa a sua volta provocava nuove tensioni nei rapporti internazionali.

L'Italia svolgeva in quegli anni un ruolo internazionale di alto profilo e Craxi prendeva la parola, ascoltato e accolto con rispetto ed amicizia, nei vertici internazionali, negli incontri bilaterali, alla Casa Bianca, e di fronte al Congresso degli Usa come al Cremlino. Le realizzazioni concrete non mancarono. Il prestigio italiano fu costantemente in crescita, e la stampa internazionale lo annotò sempre puntualmente. Si aprirono poi finalmente le porte del negoziato, del disarmo, della distensione a cui fecero seguito clamorosi sviluppi che travolsero l'impero comunista. L'installazione degli euromissili non provocò la corsa al riarmo come si era temuto e denunciato ma aprì la strada al negoziato e alla eliminazione di quelle armi. Ne riconobbero pubblicamente merito all'Italia tanto Weinberger che Shevardnadze [ministro degli Esteri Urss. *NdC*]. L'Italia può scrivere nelle pagine della sua storia di non essere stata in quegli anni cruciali per la pace nel mondo né passiva né assente. Al contrario essa riuscì a dare un proprio grande contributo che fu di equilibrio, di coraggio e di saggezza politica.

Il governo palestinese su Craxi

Craxi nel 1998 si appella alle grandi nazioni per sostenere il popolo palestinese. E aggiunge: «Mi è capitato molte volte nella vita di conoscere e anche di sostenere persone ricercate dal loro Paese come estremisti, terroristi, nemici dello Stato e del popolo o in cerca di asilo politico. Erano uomini e donne che lottavano per la libertà, per l'indipendenza e per i diritti del loro popolo».
Nel testo che segue Craxi riporta una dichiarazione del governo palestinese sulla sua persona e sulla necessità di fare i conti con la storia.

Il governo della Palestina rende merito a Bettino Craxi. Lo fa in modo ufficiale e clamoroso per impedire il protrarsi di una ingiustizia. Craxi ha sempre sostenuto che, svolgendo importanti ruoli di responsabilità politica, ha, in più occasioni, attivamente solidarizzato con i grandi movimenti di liberazione nazionale e con i movimenti di indipendenza dei popoli. I suoi difensori hanno sempre chiesto che le sentenze dei giudici non negassero verità riferite da Craxi e che la storia poteva testimoniare. Nel nostro Paese coloro che, stando al di qua del Muro di Berlino, svolgevano un ruolo riconosciuto e protetto dal regime sovietico ricevono persino onori e potere. Alcuni dei nomi più noti di questo comunismo italiano non sono mai comparsi nelle sedi giudiziarie. Oggi si vanno manifestando ufficialmente i riconoscimenti dell'importante ruolo storico svolto da Craxi per la libertà dei popoli. Sarebbe tempo che anche le sentenze dei giudici si riconciliassero con le verità della storia per cancellare il torto fatto ad essa con le false verità.

The Craxi factor: il Dipartimento di Stato americano su Craxi

Nel maggio 1987 il Dipartimento di Stato americano riceve un rapporto «confidential» da John W. Holmes, numero due dell'ambasciata Usa a Roma: il documento si intitola The Craxi factor in italian foreign-policy *e offre un giudizio panoramico degli «anni di Craxi». Nel documento si ripercorrono e si giudicano le linee di politica estera perseguite da Craxi durante il suo governo. Le diverse questioni – dall'affaire Sigonella alla lotta al terrorismo e alla politica mediterranea, passando per la questione dell'istallazione in Europa dei missili Cruise e il ruolo dell'Italia in Europa – mettono in luce lo stile di Craxi che lo ha portato a diventare «il simbolo e il portavoce di un'Italia che insiste nell'essere considerata, nel definire e realizzare i propri interessi, e di parlare per conto proprio». «Per gli interessi degli Usa» conclude il documento americano «la nota di avvertimento è chiara: … questa più solida Italia richiederà una considerazione più attenta.»*

15 maggio 1987 - 18605957

OGGETTO: IL FATTORE CRAXI
NELLA POLITICA ESTERA ITALIANA - UN'ANALISI

DA: AMBASCIATA DI ROMA
A: SEGRETERIA DI STATO WASHINGTON DC

1. *Omissis*

RIASSUNTO

2. Bettino Craxi, un socialista filo-occidentale e pro-Nato, si inserisce tranquillamente nel filone della politica estera italiana tradizionale. Il suo stile irruente e diretto, tuttavia, occasionalmente lo porta fuori dagli schemi, sebbene mai in maniera irrimediabile. Più spesso la sua forza di persuasione, l'intensità di espressione, il suo sentirsi sicuro dell'umore dell'opinione pubblica italiana gli ha permesso di ottenere politicamente buoni risultati, ed è stato messo di fatto a capo della politica estera (oltre che di quella interna). Un caso degno di nota è stata la posizione forte assunta dell'Italia sul terrorismo a seguito del dirottamento dell'*Achille Lauro* e l'assalto del dicembre 1985 all'aeroporto di Fiumicino a Roma.

3. Gli anni di Craxi come primo ministro hanno visto un evidente miglioramento delle condizioni politiche ed economiche dell'Italia. Craxi non ha creato questo miglioramento (sebbene abbia contribuito), ma lo ha compreso, gli ha risposto e lo ha espresso forse meglio di qualsiasi altro leader italiano. Egli è andato a incarnare una aumentata tendenza nazionalistica italiana, condannata dai suoi detrattori, a parlare apertamente in maniera avventata e senza debita considerazione. Un episodio avvenne durante la sua visita a Lisbona nel maggio del 1984. Nel discutere con la stampa le prospettive delle negoziazioni Inf (Intermediate-Range Nuclear Forces) Craxi opinò che se le negoziazioni fossero riprese e i sovietici si fossero mostrati pronti a parlare se-

riamente, sarebbe stato logico rimandare l'attuazione dello schieramento Inf in Europa dell'Ovest. Essendo quello un periodo di grande ansia riguardo l'impegno di almeno alcuni dei Paesi a fare da base a questo schieramento, ed essendo fatta dal leader di un Paese che in origine aveva assunto un ruolo guida nell'accettare di ospitare alcuni missili, questa osservazione – conosciuta poi come «la riflessione di Lisbona» – ha causato un trambusto considerevole. A seguito di un sollecito consegnato personalmente dall'ambasciatore Rabb, Craxi è ritornato sui propri passi, ha negato di aver inteso parlare di «moratoria» e ha mandato un messaggio di rassicurazioni al presidente Reagan. Ciò nonostante è interessante che in seguito i comunisti si lamentarono del fatto che ogni volta che addebitavano a Craxi un'insufficiente attività internazionale, la risposta che ottenevano era un riferimento alla «riflessione di Lisbona». Chiaramente, qualunque cosa Craxi abbia avuto in mente quando parlò apertamente la prima volta, non si è preoccupato di trarne il vantaggio che poteva.

FORZE NUCLEARI BRITANNICHE E FRANCESI

4. In un settore correlato, Craxi ha mostrato, per un lungo periodo, una tendenza ricorrente ad affrontare pubblicamente la questione dell'esclusione delle forze nucleari britanniche e francesi dai negoziati Usa-Urss facendo notare che dopo tutto «non sono sulla luna». Anche se è abbastanza vera messa in questi termini, l'affermazione era in contrasto diretto con la dottrina dell'alleanza costituita, e in particolare con la posizione molto sentita di almeno tre membri chiave della Nato che avevano lavorato ampiamente per mantenere l'esclusione. In ogni caso, non ci fu mai alcuna reazione percettibile all'osservazione di Craxi.

5. *Omissis*
6. *Omissis*
7. *Omissis*
8. *Omissis*

IL RAID ISRAELIANO

9. Molti hanno accusato Craxi di esagerazione nella sua reazione al raid israeliano ai danni dei quartieri generali dell'Olp a Tunisi nel 1985. La sua dichiarazione alla stampa («una violazione ... crudele ... inaccettabile e inqualificabile ... al di là della comprensione umana ... un atto di aggressione) ha attirato una risposta (fra gli altri) dell'allora primo ministro Peres, a cui Craxi ha replicato con un altro comunicato che dichiarava: «Mr. Peres ha fatto una dichiarazione su di me che non onora né la sua intelligenza né la sua buona fede». Craxi, che ha un particolare riguardo per la Tunisia (possiede una villa lì), non ha mai fatto marcia indietro da questa posizione e infatti in seguito ha dichiarato che la successiva risoluzione delle Nazioni Unite sul raid ha dimostrato che lui aveva ragione.

LA «LOTTA ARMATA» DELL'OLP

10. L'Olp figura anche in un altro risvolto, quando Craxi, sul punto di ricostituire il suo governo a seguito della crisi dell'*Achille Lauro*, quasi ruppe le uova nel paniere con una espressione improvvisata di simpatia per il ricorso dell'Olp alla «lotta armata». «Questo è un Craxi d'annata» abbiamo riportato all'epoca «irruente, ostinato e noncurante.» Come abbiamo anche riportato, tuttavia, il discorso di Craxi, che aveva lanciato un appello all'Olp per evitare la violenza, sembrava volto a giustificare le sue passate posizioni sull'Olp, ed in quel caso non impedì al suo governo di guadagnarsi agevolmente il voto di fiducia.

11. Craxi si è inoltre distinto nel dire la sua riguardo la situazione in Cile, impresa non da poco in Italia, che non ha interessi in Cile, dove il regime di Pinochet non ha difensori che contano, e dove la stroncatura del Cile è uno sport popolar-politico. Craxi ha fatto una speciale (e diplomaticamente impropria) menzione del Cile nel suo intervento in una sessione congiunta del Congresso degli Usa nel marzo

1985. Prima ancora che l'inchiostro della protesta del Cile avesse il tempo di asciugarsi, Craxi era tornato all'attacco, questa volta perché era stato frainteso dalla stampa qui [in Italia. *NdC*] per il voto dell'Italia in favore di un prestito della Banca Mondiale al Cile. La performance ben studiata del suo ministro del Tesoro (cristiano-democratico) dello scontro tra terreno tecnico e politico in tali decisioni è stata ignorata da Craxi, che ha continuato a navigare contro il Cile al punto che ufficiali italiani esperti sia a Santiago che a Roma credettero che le relazioni fossero sull'orlo della rottura. Le relazioni sopravvissero, ma Craxi non ha dimenticato, e il direttore esecutivo dell'Italia presso la Banca Mondiale ebbe istruzioni permanenti a votare no a tutti i prestiti per il Cile. Più recentemente, Craxi ha aggiornato l'attacco, apparendo come relatore di primo piano a una «Conferenza internazionale sulla democrazia in Cile» a Bologna e criticando aspramente «il reazionario ... dittatoriale regime in Cile».

COMUNITÀ EUROPEA – IL SUMMIT A MILANO

12. L'impegno verso la comunità europea e l'integrazione europea. È il dogma della politica estera italiana e le posizioni italiane tendono a essere all'avanguardia sulle mosse da fare in vista di una unione sempre più perfezionata. Ciò nonostante la mano di Craxi è stata evidente durante il summit del giugno 1985, nel suo proprio collegio elettorale, Milano, che concluse il turno italiano alla presidenza della comunità europea. Di fronte all'opposizione conosciuta e determinata all'interno della comunità, Craxi ha forzato un voto di maggioranza a favore del suo obiettivo di una conferenza intergovernativa sull'unità europea. Mentre i funzionari in altre capitali (inclusa Washington) fumavano di rabbia di fronte all'approccio dirompente di Craxi, egli è stato generalmente – seppur in forma vaga – sostenuto dalla stampa italiana. Gli ufficiali italiani, stufi della fase di stallo imposta da una minoranza all'interno del-

la comunità, erano consapevoli che avrebbero dovuto far fronte alla ricucitura dello strappo, ma erano compiaciuti di aver spezzato una lancia in favore dell'unità europea. La loro soddisfazione rifletteva un elevato senso di fiducia e orgoglio verso la coraggiosa mossa di Craxi.

ACHILLE LAURO/ABU ABBAS/SIGONELLA

13. Il profilo di Craxi nella serie di avvenimenti altamente sensibili che seguirono il dirottamento dell'*Achille Lauro* è stata meno una questione di mosse coraggiose quanto di un lavoro politico tempestivo ed efficace. Mentre si agitava la polemica sul rilascio del leader dei terroristi Abu Abbas, e il ministro della Difesa Spadolini provocava una crisi di governo, Craxi ha tenuto un discorso al Parlamento per spostare l'attenzione sul contrasto tra le forze italiane e statunitensi alla base aerea di Sigonella per il controllo dell'aereo egiziano atterrato. Craxi si è calato nel ruolo di difensore della sovranità e orgoglio nazionale, ed è risultato come il chiaro vincitore politico. Egli ha inoltre acceso alcuni voli di patriottismo, cosa che ha destato preoccupazione in alcuni italiani accorti e che è divenuto immediatamente per noi un fattore da valutare sempre più attentamente nel considerare la successiva attività militare in quell'area.

FIUMICINO E LAMPEDUSA

14. Il senso di tradimento dell'Italia causato dai terroristi arabi, che era già a un alto livello in seguito ai fatti dell'*Achille Lauro*, è divenuto sdegno a seguito dell'assalto terroristico di dicembre all'aeroporto di Fiumicino a Roma. Craxi si è mosso velocemente per assumere un ruolo guida nello sfogare questa emozione, e mentre altri politici si azzuffavano per non rimanere indietro (e Spadolini, che era stato sempre duro con il terrorismo sin dall'inizio, si è perso nella moltitudine), Craxi ha incarnato un evidente rafforzamento dell'atteggiamento italiano nella lotta al terrorismo.

15. Craxi ha affermato di essere stato il primo, a seguito dell'attacco missilistico libanese dell'aprile 1986 dopo il raid di rappresaglia americano, a fare una serie di affermazioni durissime. Egli ha iniziato con la promessa che un'altra azione del genere non sarebbe mai più stata affrontata (così come quella) con una nota diplomatica, e ha concluso con una osservazione pubblica che in alcune circostanze (in modo specifico implicanti la Libia) l'Italia avrebbe aperto per prima il fuoco. Per quanto ne sappiamo, questa è stata l'affermazione più belligerante pronunciata da un leader italiano dalla Seconda guerra mondiale ed è in netto contrasto con le convenzionali dichiarazioni italiane. Come al solito, tuttavia, non ha mal valutato il suo pubblico politico; nessun accenno di esitazione o protesta si è sollevato in alcun luogo d'Italia.

G5/7

15. Craxi ha provocato qualcosa di più controverso quando, nel febbraio 1987, ha ordinato un boicottaggio italiano del summit G7 già programmato in segno di protesta contro un immediatamente precedente meeting G5. Alcuni italiani – evidentemente compreso il ministro degli Esteri Andreotti – hanno pensato che egli si fosse spinto troppo in là nel minacciare apparentemente di cancellare il summit di Venezia del giugno 1987. I consiglieri di Craxi hanno chiarito che egli intendeva preservare i lavori del summit agendo in sostegno delle decisioni prese (cioè spronando l'establishment del G7 al fine di includere Italia e Canada). Le diverse impressioni, tuttavia, sono state, qui e altrove, che nel rendere così vistosa una lamentela sulla «ragione» dell'Italia a far parte di tali incontri, Craxi aveva cercato una volta ancora di calarsi nel ruolo di principale difensore della sovranità e orgoglio nazionali, mietendo un vantaggio politico nel mutare gli incontri G5/7 di Parigi in ciò che la stampa definì una «Sigonella fiscale».

16. Un'analisi degli episodi più eclatanti non cattura naturalmente l'intero quadro in maniera equilibrata, ma è interessante notare che il consigliere diplomatico di Craxi (Antonio Badini, il quale ha goduto lui stesso di grande attenzione) ha citato recentemente alcuni di questi risvolti come risultato diplomatico di Craxi. Ha detto Badini:

– L'azione G5/7 è stata necessaria per sostenere la decisione presa al summit di Tokyo, e per «salvaguardare gli interessi italiani» in un'area – come quella monetaria – dove «la sovranità nazionale è più minacciata».

– La «riflessione di Lisbona» può aver contribuito ai negoziati Inf, che in quel momento erano bloccati e che ora sono in corso con ampio sostegno.

– Obbligare al voto al summit europeo del giugno 1985 fu all'epoca criticato come divisivo, ma si è concretizzato in un passo in avanti (seppur appena impercettibile) nell'integrazione europea.

– «Aver preso la decisione» a Sigonella «fu molto doloroso», ma «è in seguito stata riconosciuta la ragione di aver resistito alle intimidazioni esasperate degli Usa».

17. Giusto o sbagliato, il ritratto di Craxi che emerge da questi episodi è un ritratto largamente condiviso in Italia: un leader combattivo, pronto a parlare apertamente, non sempre in termini misurati, e sensibile agli affronti alla dignità nazionale, sia che siano di origine araba, europea o americana. Vorremmo tuttavia sottolineare che lui è molto spesso più che passionale e suscettibile. Come altri politici che operano sul piano internazionale, Craxi ha diversi uditori. Per quanto spontanei e sinceri siano i suoi sfoghi è comunque vero che sempre riescono a gratificare almeno uno dei suoi uditori. Certamente il pubblico italiano è il più importante per lui, e ha ripetutamente ottenuto buoni risultati lì.

LO SCHIERAMENTO INF

18. Gli sfoghi non dovrebbero tuttavia far travisare una lettura più generale. Un punto molto importante è lo schieramento dei missili *Cruise* a Comiso, una azione frequentemente citata dai sostenitori di Craxi. Lo stesso Craxi vedeva lo schieramento Inf come fosse stato giustificato da una eventuale volontà sovietica di ritornare ai negoziati e raggiungere un differente accordo Inf. Privatamente lui e altri socialisti italiani avevano messo in contrasto la loro posizione con l'«irresponsabile» linea sulle armi nucleari tenuta dal partito socialdemocratico tedesco e dal partito laburista inglese. Persino tra gli italiani che non avevano una grande simpatia per Craxi, la decisione sull'Inf (in particolare la sua importanza nel dare ai tedeschi l'aiuto necessario per lo schieramento) è citata come indicativa del contributo italiano alle preoccupazioni sulla sicurezza generale della Nato.

MEDIO ORIENTE

19. Gli interessi italiani di vecchia data in Medio Oriente, e segnali di crescente attivismo nella politica estera italiana anche precedenti a quando Craxi entrasse in carica, hanno contribuito ad alimentare i timori statunitensi sul fatto che la presidenza dell'Italia della Comunità europea (gennaio-giugno 1985) avrebbe potuto produrre una qualche speciale, probabilmente sfortunata, iniziativa a guida italiana sul Medio Oriente. In realtà, invece, nulla è accaduto. Un fattore è stato senza dubbio l'accordo Hussein-Arafat del febbraio 1985, che effettivamente ha occupato la scena. È anche vero, tuttavia, che durante il periodo gli ufficiali italiani ci hanno garantito che si rendevano conto che non avrebbero potuto esserci iniziative utili nell'area che non fossero state completamente coordinate con gli Usa.

20. Alcuni dei segnali di attivismo italiano nell'area erano benvenuti: un contingente italiano nelle forze multina-

zionali a Beirut e la partecipazione nel Mar Rosso all'operazione anti-mine sono gli esempi migliori. Sviluppi più recenti, comunque, come il noto sequestro dell'*Achille Lauro*, l'assalto a Fiumicino, e l'attacco missilistico a Lampedusa, sono serviti ad aumentare la percezione dell'Italia dell'esposizione e vulnerabilità nella regione. Il raid americano su Tripoli ha toccato ancora questi nervi, e a sua volta ha intensificato la percezione dell'Italia della necessità di porre più attenzione ai propri interessi nazionali particolari. Craxi, che era esploso a seguito del raid israeliano a Tunisi e che si è opposto agli Usa a Sigonella, aveva fortemente bisogno di enfatizzare la sua posizione a riguardo: ma il messaggio a noi, nelle dichiarazioni pubbliche, votando alle consultazioni dopo i fatti e rigettando soluzioni militari al terrorismo, era chiaro.

21. Il gruppo di supporto mediterraneo, un'iniziativa di Craxi con precedenti radici in Italia, è meno chiaro. Come obiettivo politico cerca di coordinare le azioni virtualmente di tutti i Paesi che affacciano sul Mediterraneo ma che non sono direttamente coinvolti nei conflitti. Riconoscendo che questo produce un gruppo diverso, l'idea cerca di sfruttare il fatto che differenti Paesi avrebbero influenza in differenti cerchie. Craxi a quanto si dice ha ottenuto responsi positivi su questo da Francia, Spagna, Egitto e forse altri. Quali che siano i meriti dell'idea, tuttavia, essa sembra piuttosto un tentativo di autopromozione di Craxi, e il suo futuro a questo punto è altamente discutibile.

LO STILE DELLA OSTPOLITIK ITALIANA

22. Sia Craxi che Andreotti hanno lavorato a un tentativo descrivibile come volto ad incoraggiare e restaurare il dialogo con l'Unione Sovietica e l'Europa dell'Est – conosciuti nel gergo diplomatico italiano come «Paesi con differenti sistemi socio-politici». Sin dal 1984 i due hanno fatto viaggi in Ungheria, Germania dell'Est e Unione Sovietica e diversi leader del blocco, compresi Gromyko e Honecker,

sono stati ricevuti qui [in Italia. *NdC*]. Gorbaciov, da diverso tempo, non ha ancora stabilito una data, mentre Jaruzelski è stato ricevuto solo dopo uno stallo protratto e dopo una negoziazione degli italiani.

23. Dopotutto vi è stato un impegno modesto con i contatti dell'Est di gran lunga inferiori a quelli dell'Ovest, durante lo stesso periodo. Inoltre, nonostante l'enfasi italiana sul dialogo e le speranze per fiorenti rapporti commerciali, come anche le vecchie idee di essere in grado di «fare da intermediario» tra Est e Ovest, non vi è indicazione che Craxi abbia sottodimensionato le posizioni dell'Ovest nella speranza di gratificare o di stringere un qualche accordo con i suoi interlocutori dell'Est. Né egli è riuscito a pareggiare il bilancio dell'Italia dei pagamenti Est-Ovest, che per il 1986 era pari a 1,3 bilioni di dollari a favore dell'Est.

24. Nei fatti, vi erano segnali ricorrenti di solidità. Passando per Roma durante il suo viaggio verso gli Usa, Yelena Bonner ha chiamato Craxi per ringraziarlo per essere intervenuto per suo conto con Gorbaciov durante la sua visita a Mosca. Inoltre, i consiglieri di Craxi hanno raccontato con soddisfazione il desiderio quasi disperato di Jaruzelski di venire a Roma prima di Gorbaciov, come dimostrazione di indipendenza e per vedere il papa. Gli italiani sono stati «molto decisi» nel trarre vantaggio da questo, hanno detto, insistendo sul miglioramento dei diritti umani in Polonia prima di accettare la visita di Jaruzelski. I leader del partito laburista polacco Michnik e Lys sono stati liberati proprio in quel periodo, e l'Italia può prenderne ragionevolmente parte del merito.

L'ITALIA E I SUOI AMICI

25. Nonostante la ricerca di un ruolo più ampio a livello internazionale e l'insistenza, guidata da Craxi, sull'inclusione nei forum delle superpotenze, l'Italia è rimasta fuori dai veri gruppi di élite. Qualunque sia stata a questo punto la situazione del G5/7, i pieni diritti dell'Italia sembrano

consolidati in maniera incompleta. Infatti, è la persistenza di dubbi su questo punto che riassume la permanente sensibilità di Craxi e compagnia sulla questione.

26. Il problema critico sembra risiedere in Europa. Mentre l'Italia regolarmente seppur coraggiosamente continua a parlare delle «grandi quattro» nell'Europa dell'Ovest, gli altri tre Paesi (Gran Bretagna, Francia e Germania dell'Ovest) sono sempre più impegnati in ogni consultazione più stretta e più significativa che lascia fuori l'Italia più o meno totalmente. Il costante giro di consultazioni intraeuropee, con le periodiche consultazioni per i «summit» bilaterali, è stato seguito con serietà dalla compagine italiana, e lo staff di Craxi ha occasionalmente fatto rapporto di incontri estremamente cordiali e utili con, ad esempio, Mitterrand e la Signora Thatcher. La nostra impressione, tuttavia, è che l'unico leader europeo con cui Craxi ha realmente relazioni strette è Felipe González di Spagna – i due si incontrarono per la prima volta anni fa come rappresentanti dei giovani socialisti – e ci è stato raccontato che si siano piaciuti reciprocamente in modo sincero.

27. L'Italia sin dall'inizio delle proprie aspirazioni all'inclusione nei consigli importanti ha supplicato gli Usa per avere sostegno, e come gli italiani esperti sono, come minimo, consapevoli, noi abbiamo tentato di essere di aiuto. Gli amici europei dell'Italia, d'altro canto, hanno mostrato meno sensibilità e affidabilità su questo punto, forse parzialmente a causa di ben radicati pregiudizi nazionali intraeuropei. È anche possibile che i Paesi vicini dell'Italia non siano ancora convinti come lei della sua nuova forza e importanza, o in ogni caso sono riluttanti a diluire relazioni già costituite.

28. I legami dell'Italia con gli Usa sono probabilmente anch'essi parte di questa equazione. L'Italia rimane legata agli Usa a un grado insuperato dagli altri maggiori Paesi europei: i politici qui ancora cercano, anche se non è proprio un chinare la testa, cenni di consenso da parte degli Usa, e la sindrome delle «generazioni future» così critica

dovunque non è il maggior problema in Italia. Qui come negli Usa ciò è visto come parte dell'essere un vero amico e alleato fedele – ma ciò è stato notato con una certa asprezza soprattutto dalla Francia.

VARIE

29. Altri ambiti sono di minore priorità nella politica estera italiana, e Craxi tende in questi ambiti a adattarsi alla folla – come infatti l'Italia stessa tende a fare riguardo questioni che non trova direttamente importanti. Un colpo craxiano è avvenuto quando il leader nicaraguegno Ortega scrisse a Craxi nella speranza di un sostegno. La risposta di Craxi è stata un'abile critica che ha enfatizzato fattori antisandinisti come il pluralismo politico, l'economia mista, «la vera libertà democratica» ed un «ampio consenso interno». Differentemente da Ortega, Craxi ha prontamente reso pubblica la sua lettera.

30. Gli anni di Craxi hanno visto un marcato aumento dell'assistenza estera e della cooperazione internazionale italiana – soprattutto con gli Usa – contro il terrorismo, il crimine organizzato e il narcotraffico. Molti fattori e molte persone oltre a Craxi hanno il merito di questo, ma rimane significativo che ciò accadde sotto la supervisione di Craxi: non solo egli non lo ha impedito, ma il suo approccio vigoroso, orientato al conseguimento degli obiettivi, ha rappresentato uno stimolo all'impegno, così come la sua volontà – differentemente da politici più tradizionali – di vedere l'Italia svolgere un ruolo di guida internazionale. La cooperazione contro il terrorismo e il crimine sono argomenti in questione.

IL FATTORE ANDREOTTI

31. La politica estera italiana durante l'amministrazione Craxi è naturalmente fortemente influenzata dal ministro degli Esteri democristiano Giulio Andreotti, egli stesso

un ex primo ministro (per quattro mandati) e una potenza nella politica italiana per quasi quaranta anni. Il principale divario tra i due uomini si è consumato quando Craxi ha portato avanti un inasprimento dell'atteggiamento italiano contro il terrorismo a seguito del dirottamento dell'*Achille Lauro* e l'assalto terroristico all'aeroporto di Roma. Andreotti, etichettato per lungo tempo (non proprio completamente ad onor del vero) come filoarabo, antisraeliano e «tollerante con il terrorismo», è stato visto come rappresentante di ciò che c'era stato di sbagliato nell'approccio dell'Italia, ed è andato incontro a un periodo di tentativi di recupero qualche volta vicini alla disperazione, asserendo debolmente di non aver mai sostenuto il terrorismo.

32. Generalmente, tuttavia, hanno avuto simili visioni in politica estera e anche nel Medio Oriente hanno largamente perseguito politiche analoghe. Nonostante l'assenza evidente di ogni affetto personale, i due hanno lavorato a stretto contatto e in armonia nell'impegno riguardo la «Ostpolitik», e in sintesi fanno entrambi parte della corrente dominante della politica estera italiana. La loro principale differenza è stilistica, con Craxi più portato verso discorsi schietti e posizioni dure. Andreotti, sebbene non estraneo a gaffes, parla solitamente più in termini astutamente misurati, riservandosi di esprimere la propria opinione e preservando le proprie scelte.

CONCLUSIONI

33. Come testimoniato da molti commenti all'epoca, l'Italia stava diventando più attiva a livello internazionale già prima che Craxi diventasse primo ministro. Il suo forte interesse negli affari esteri, e il suo stile energico e irruente, tuttavia, hanno contribuito senza dubbio a un suo ulteriore aumento.

34. Analogamente, il suo approccio più risoluto – distinto da attivo – non è interamente una creazione di Craxi. Piuttosto esso proviene in parte da ciò che ampiamente è stato

visto come un marcato miglioramento della condizione italiana. Gli anni Ottanta sono in netto contrasto con «gli anni di piombo» degli anni Settanta cavalcati dal terrorismo: la crescita economica, l'inflazione in declino, il lavoro per la pace, la stabilità del governo senza precedenti nella storia moderna italiana – tutto questo ha alimentato una maggiore sicurezza nazionale.

35. Craxi non ha inventato questo non più di quanto egli abbia realizzato l'abbassamento dei prezzi del petrolio che aveva contribuito a rendere il tutto possibile. Egli è stato primo ministro durante la maggior parte di questo buon periodo, ma tuttavia grazie al suo effettivo controllo della scena politica interna ha contribuito a parte di questo; come politico efficace ha ottenuto molto più credito.

36. Ancora più significativamente, grazie al suo incarico a Palazzo Chigi ha svolto la sua funzione come una incarnazione della nuova fiducia, il simbolo e il portavoce di un'Italia che insiste nell'essere considerata, nel definire e realizzare i propri interessi, e nel parlare per conto proprio.

37. Per gli interessi degli Usa, la nota di avvertimento è chiara: mentre il cambiamento è stato solo di grado, e non più di quello, questa più solida Italia richiederà una considerazione più attenta. Le operazioni militari statunitensi che coinvolgono in qualche modo l'Italia sono i casi di rilievo da tenere in considerazione, con l'Italia sensibilizzata sia dall'incidente di Sigonella sia dal raid su Tripoli. Analogamente, mentre le lamentele italiane sul fatto di essere lasciata fuori dalle decisioni e dalle consultazioni importanti hanno una lunga storia, noi dovremmo aspettarci un aumento della loro intensità.

38. Ci sono due fattori compensativi, uno di fatto e uno ipotetico:

– il fatto: qualunque siano i cambiamenti occorsi nella politica estera italiana, l'impegno verso le istituzioni e i valori dell'Ovest, in particolare la Nato, è incrollabile;

– l'ipotesi: la nuova fiducia italiana può aiutare ad affrontare il suo complesso del «ventre molle della Nato»: che significa che mentre la cooperazione può essere difficoltosa, essa – ed il processo di *decision-making* che c'è dietro – sono probabilmente meno assaliti da problemi riguardanti una flessibilità eccessiva.

39. Come è stato notato sopra, Craxi non ha inventato questo stato d'animo. Egli lo ha colto e lo ha fatto proprio, tuttavia, e in questo processo ha sottolineato dei punti chiave che i futuri leader italiani ignoreranno a proprio rischio e pericolo politico, almeno fintanto che egli è nel giro.

John W. Holmes

«Grazie Bettino»: Ricardo Lagos su Craxi

L'11 marzo 2018 il Cile rende omaggio a Bettino Craxi per il suo impegno nella difesa dei diritti del popolo cileno, intitolandogli una «plazoleta» nel «Cementerio General de Recoleta» di Santiago del Cile, luogo dove oggi riposa Salvador Allende.
Ricardo Lagos, politico socialista e presidente del Cile dal 2000 al 2006, rivolge il suo sguardo su Craxi e sul suo sostegno alla causa di liberazione dalla dittatura di Pinochet: furono infatti migliaia i profughi e combattenti cileni aiutati da Craxi e dal Partito socialista italiano in quegli anni e che trovarono in lui un punto di riferimento politico. Egli non esitò a perorare la causa cilena anche nel suo intervento al Congresso degli Stati Uniti nel 1985, ribadendo che «in America Latina tutti i Paesi democratici debbono coordinare i loro sforzi e le loro possibilità per contestare ogni involuzione autoritaria, ogni ricorso ingiustificato alla violenza, senza tolleranze per i dittatori che parlano talvolta in nome dell'Occidente e che con l'Occidente e con la democrazia non hanno e non possono avere nulla in comune».
Quella che segue è la prefazione dell'ex presidente cileno al primo numero speciale della rivista «leSfide», Craxi e il Cile, *del febbraio 2018.*

Bettino Craxi fu alla guida del governo più stabile d'Italia dopo quasi quarant'anni, il che lo proiettò a livello internazionale, non solo nel suo Paese ma anche in seno al Partito socialista di cui faceva parte.

Realizzò la sua prima visita in Cile nel 1973, quando era già uno dei principali esponenti del Partito socialista italiano e il responsabile della Sezione internazionale. In quel momento si trovò come altri ad assistere alla complessa situazione in cui verteva il Paese e ad esigere la libertà dei prigionieri politici dopo il colpo di Stato militare di Augusto Pinochet.

In quel periodo viaggiavo molto e per quel motivo non ci incrociammo. Feci personalmente la sua conoscenza a Buenos Aires, dieci anni dopo, a dicembre 1983, durante l'ascesa al potere di Raúl Alfonsín, evento che diede il via a un nuovo capitolo della democrazia dell'America Latina.

Mi trovavo a Buenos Aires in qualità di presidente della delegazione dell'Alleanza democratica, la prima coalizione di forze che combatteva contro Pinochet. Durante la cerimonia, e come gesto di riconoscimento verso il Cile, il presidente Alfonsín decise che dovevo sedermi in prima fila, a livello dei tre illustri rappresentanti del socialismo mediterraneo: il primo ministro francese Pierre Mauroy, Felipe González, presidente del governo spagnolo, e il primo ministro italiano, Bettino Craxi.

Questo straordinario gruppo di leader europei che si trovavano lì per rendere omaggio all'Argentina ebbe la gentilezza di ricevere la delegazione cilena dopo la cerimonia. Tra tutti, tenemmo una conversazione franca e diretta. Il primo ministro Felipe González ci disse che la nostra proposta di mandare via Augusto Pinochet e di formare un governo provvisorio doveva essere ulteriormente affinata in quanto «non esiste il vuoto in politica», e che dovevamo trovare una formula che consentisse di identificare automaticamente il successore di Pinochet se quest'ultimo se ne fosse andato. Fu una doccia fredda di realismo.

Dopodiché, il primo ministro francese ci disse: «Vi ricevo, compagni, come militanti di una stessa causa: la lotta per la democrazia, e qui a casa mia, Lei, signor presidente (riferendosi a me), la ricevo come compagno socialista. Io, primo ministro francese, come statista e rappresentante del presidente François Mitterrand, non posso avere un atteggiamento di parte; ma quando lascerò questo incarico, andrò in Cile a stare con Lei».

Quando arrivò il momento di incontrare Bettino Craxi, il suo appoggio fu immediato e ci chiese con fare pragmatico: «Qual è il vostro problema principale?». A quel tempo, senza Internet, senza Twitter, senza Facebook o le tecnologie digitali odierne, rispondemmo: «Un mezzo di comunicazione», in quanto la censura era totale e non potevamo comunicare con il resto del Cile. Craxi allora disse: «Ora che in Argentina c'è un presidente democratico, è possibile installare un ripetitore sul suolo argentino che trasmetta il segnale in Cile. Io vi finanzio la radio». Il suo progetto era logicamente inattuabile, in quanto era inconcepibile che un presidente argentino accettasse di collocare una stazione radio nel suo Paese per attaccare l'altro lato delle Ande, anche se si trattava della dittatura di Pinochet.

Ad ogni modo, ci fu chiaro che avremmo avuto in Bettino Craxi un orecchio disposto ad ascoltarci e a sostenerci, perché quella era la sua caratteristica: un uomo impegnato a portare avanti le sue idee per ottenere un mondo migliore.

Il momento della democrazia sociale arrivò con lui in Italia all'inizio degli anni Ottanta e non a caso si aggiunse a una primavera come quella che si era svolta in Portogallo e poi, con Papandreou, in Grecia. Era l'epoca dei socialismi mediterranei. In quel momento, l'Italia fu uno dei primi Paesi a non riconoscere il regime imposto da Pinochet dopo il colpo di Stato militare e ad aprire la sua ambasciata ai perseguitati politici, gesto che il Paese mantenne per tutta la dittatura e che apprezzeremo sempre.

In tale contesto, l'aiuto di Bettino Craxi risultò molto importante. Ogni volta che passavamo da Roma, che fosse primo ministro o parlamentare, ci accoglieva sempre in modo affettuoso e impegnato. Una dimostrazione di tale sostegno fu il suo intervento dinanzi al Congresso degli Stati Uniti nel 1985, quando invitò il governo di quel Paese a favorire «la lotta per la libertà del popolo cileno».

Dopo il plebiscito del dicembre 1988, tornò a visitare il Cile, questa volta per celebrare e mostrare solidarietà, come tanti altri, con l'opposizione. All'epoca noi socialisti avevamo creato il Partito per la Democrazia (Ppd), un partito strumentale, come si diceva al tempo, perché come Partito socialista ci proibirono di registrarci per partecipare alle elezioni secondo la Costituzione di Pinochet del 1980.

Come presidente del Ppd, spettò a me riceverlo. Ricordo che organizzammo una serie di interviste con l'opposizione e poi celebrammo un grande evento in un teatro della città di Santiago con capacità per circa duemila persone. Addirittura affiggemmo sui muri della capitale alcuni poster con il volto di Bettino Craxi, invitando la gente ad ascoltarlo.

Fu una giornata memorabile. Bettino parlò con forza, senza bisogno di traduzioni, perché tutto ciò che diceva lo distingueva come il grande oratore alle masse che era. L'avevo già sentito parlare in passato, insieme a migliaia di sostenitori, in un grande Congresso del Partito socialista che si era tenuto in una vecchia fabbrica rinnovata agli inizi del XX secolo, a Milano.

Successivamente, durante gli anni Novanta, ciò che era considerato normale nella Repubblica italiana entrò in un'altra fase. Arrivò il momento dei giudici e quello che fino al giorno prima era legale divenne reato. La storia giudicherà.

Alla fine del XX secolo, furono quelle menti in grado di promuovere il socialismo europeo che parteciparono alla caduta del Muro di Berlino nel 1989. Ma il collasso del sistema sovietico diede inizio a un nuovo ordine mondiale caratterizzato dalla rivoluzione delle tecnologie dell'informazione, da complesse trasformazioni sociali e da una crescente globalizzazione che configurò una società molto più frammentata, quanto ai vincitori e ai perdenti di tale processo. Oggi è necessario riproporre il cuore dell'ideologia socialdemocratica. Ma Bettino non c'è, né ci sarà per affrontare questo dibattito ideologico, in cui sarebbe invece stato di grande aiuto.

In questa pubblicazione che commemora la sua visita in Cile e il suo impegno verso la democrazia, desidero, con queste parole, riconoscere tutto ciò che ha dato al nostro Paese. Eccovi Bettino Craxi, combattente per la libertà e difensore dei diritti umani, ovunque questi venivano violati.

Il suo sostegno alla democrazia cilena è indubbio e in tal senso noi cileni nutriamo un sentimento di gratitudine per tutti coloro che ci hanno teso la mano. Per questo oggi mi sento di dire: grazie Bettino Craxi per il tuo appoggio e impegno verso la libertà del Cile.

Ricardo Lagos

Caleu, 6 febbraio 2018

XIV

«Caro Bettino»

Jiří Pelikán

Ben prima di diventare leader del Partito socialista Craxi si era schierato in prima linea per appoggiare il dissenso nei Paesi del blocco sovietico. Quando nel 1968 Jiří Pelikán, attivista cecoslovacco e promotore della primavera di Praga, giunge a Roma come consigliere d'ambasciata, si mette subito in contatto lui, ormai esule nel nostro Paese, per sapere cosa fare per poter aiutare i riformisti in Cecoslovacchia anche dopo l'invasione del Paese da parte delle truppe del Patto di Varsavia. In realtà Pelikan aveva scelto il nostro Paese per cercare appoggio e collaborazione da parte del Pci per continuare la battaglia politica contro la «normalizzazione» e dar voce a coloro che nel suo Paese erano condannati al silenzio, ma dal Partito comunista più forte di Occidente non ricevette mai alcun sostegno politico. Proprio Craxi darà un contributo determinante alla battaglia di Jiří Pelikán promuovendo la sua elezione al Parlamento europeo e finanziando la pubblicazione della rivista dell'opposizione socialista cecoslovacca «Listy».

In questa lettera del 1998 Jiří Pelikán, già gravemente malato, scrive a Craxi per salutarlo e comunicargli che approfitterà delle numerose presentazioni del suo libro-intervista per sottolineare il contributo di Craxi nella caduta dei regimi comunisti e la sua attività per la libertà in Italia e nel mondo.

Forse hai potuto seguire, che a Praga abbiamo il primo governo socialdemocratico dopo la rivoluzione del 1989 (un ex-comunista con altro nome!). Molti miei amici sono diventati ministri e deputati. Peccato che a causa della mia malattia, non posso essere più utile. Adesso scrivo le mie memorie, nei quali sarà un posto d'onore sulla Tua attività per la libertà e democrazia in Italia e nel mondo. Spero che la salute mi permetterà di concludere questo lavoro.

Se posso esserTi utile in qualsiasi modo, sono sempre alla Tua disposizione!

Ti auguro buona salute, resistenza di ferro e il Tuo presto ritorno in Italia e nella vita politica!

Ti abbraccio con calore

Jiří Pelikán

Jiří Pelikán a Craxi, 22 agosto 1998

Djerba, lì 22 agosto 1998

Caro Bettino,

dopo avere partecipato ad una decina di programmi televisivi dei vari Paesi (niente per la Rai) per ricordare il trentesimo anniversario dell'invasione della Cecoslovacchia nel 1968 sono scappato con Jitka per dieci giorni per riposarmi qui, approfittando della pausa nella mia cura di chemioterapia che dura già da un anno.

Voglio mandare i miei più cordiali saluti a te, Anna, Bobo, Stefania e tutta la famiglia. Ho già spedito a te alcuni brani del mio libro-intervista, che adesso è uscito e ha suscitato varie reazioni (spero che hai visto il discorso di Achille Occhetto a quell'occasione, pubblicata dall'«Unità»). Ti spedisco un esemplario del libro e ti manderò da Roma altri commenti. Ho ricevuto molti inviti a varie presentazioni a Firenze, Bari, Messina, Lecce etc. ed approfitto di queste occasioni per parlare del tuo contributo alla caduta dei regimi comunisti nei Paesi dell'Est.

Forse hai potuto seguire, che a Praga abbiamo il primo governo socialdemocratico dopo la rivoluzione del 1989 (un ex-comunista con altro nome!). Molti miei amici sono diventati ministri e deputati. Peccato che a causa della mia malattia non posso essere più utile.

Adesso scrivo le mie memorie, nei quali sarà un posto d'onore sulla Tua attività per la libertà e democrazia in Italia e nel mondo. Spero che la salute mi permetterà di concludere questo lavoro.

Se posso esserti utile in qualsiasi modo, sono sempre alla Tua disposizione!

Ti auguro buona salute, resistenza di ferro e il Tuo presto ritorno in Italia e nella vita politica!

Ti abbraccio con calore

Jiri Pelikan

Yasser Arafat

Nel 1995 Yasser Arafat, presidente dell'Autorità palestinese e presidente del comitato esecutivo dell'Olp, viene in visita ufficiale in Italia dove non può incontrare il suo grande amico Bettino Craxi, già esule in Tunisia. Concluso il suo viaggio il leader palestinese decide di inviare una lettera nella quale ribadisce la sua amicizia ed esprime senza ambiguità il riconoscimento per il coraggioso impegno e supporto politico alla causa del popolo di Palestina.
La questione palestinese è uno dei nodi di politica estera nel quale Craxi ha investito grandi energie nel tentativo di costruire il terreno negoziale che conducesse a una soluzione stabile e duratura. Nella convinzione che non esistano alternative possibili alla pace, con forza e determinazione si è posto come principale interlocutore delle istanze palestinesi e ha lavorato con costanza alla realizzazione e all'apertura di canali di comunicazione in ambito internazionale attraverso i quali dar voce a tutte le posizioni e ricomporre politicamente le profonde fratture generate nel corso di decenni di conflitto. «Le lezioni della storia dovrebbero servire a qualcosa. La prima e più importante lezione che dobbiamo trarre dagli avvenimenti degli ultimi decenni è che non si trova nessuna soluzione definitiva nella bocca dei cannoni. ... Tutti i popoli e tutti gli Stati della regione devono vivere in pace all'interno di frontiere sicure, riconosciute, garantite. Ma per arrivare a questo risultato bisogna dare una soluzione giusta ed accettabile alla rivendicazione del popolo palestinese senza terra, né patria, né Stato.»

Roma, 11.09.1995

Caro Amico, Presidente Bettino Craxi,
mi è gradito scriverti per rinnovarti i sensi della mia amicizia e della mia più alta considerazione per i tuoi sforzi a sostegno della giusta lotta del mio popolo e per il coraggio cha ha sempre caratterizzato la tue prese di posizione anche nei momenti difficili.

A te, caro Amico, che ha partecipato alla fioritura del giardino del sostegno internazionale al mio popolo, il grande

Delegazione Generale Palestinese

O. L. P.

المفوضيــــــة العامــــــة
الفلســــطينية
منظمــة التحريــر الفلســــطينيــة

Roma, 11.09.1995 روما

Caro Amico, Presidente Bettino Craxi,

mi è gradito scriverti per rinnovarti i sensi della mia amicizia e demma mia più alta considerazione per i tuoi sforzi a sostegno della giusta lotta del mio popolo e per il coraggio che ha sempre caratterizzato le tue prese di posizione anche nei momenti difficili.

A te, caro Amico, che ha partecipato alla fioritura del giardino del sostegno internazionale al mio popolo, il grande merito per l'accordo di pace israelo-palestinese, che stiamo tuttora sforzandoci di sviluppare, fino al raggiungimento dell'obiettivo fissato, cioé la giusta pace che ci sarà quando sarà costituito il nostro Stato indipendente con Gerusalemme capitale.

I miei numerosi impegni non mi hanno fatto dimenticare un grande amico carissimo come te, per questo il mio auspicio è quello di incontrarti al più presto in occasione della mia prima visita a Tunisi e, nel frattempo, mi è gradito rivolgerti l'invito a visitarci in Palestina.

Rinnovo a te i sensi della più profonda amicizia e considerazione.

Yasser Arafat
Presidente dell'Autorità Palestinese
Presidente del Comitato Esecutivo dell'OLP

00198 ROMA - VIALE REGINA MARGHERITA, 269 - TEL. (06) 85.48.063 - 88.45.922 - FAX (06) 88.48.201

Yasser Arafat, presidente dell'Olp, a Craxi, 11 settembre 1995
(traduzione a cura della Delegazione generale palestinese)

merito per l'accordo di pace israelo-palestinese, che stiamo tuttora sforzandoci di sviluppare, fino al raggiungimento dell'obiettivo fissato, cioè la giusta pace che ci sarà quando sarà costituito il nostro Stato indipendente con Gerusalemme capitale.

I miei numerosi impegni non mi hanno fatto dimenticare un grande amico carissimo come te, per questo il mio auspicio è quello di incontrarti al più presto in occasione della mia prima visita a Tunisi e, nel frattempo, mi è gradito rivolgerti l'invito a visitarci in Palestina.

Rinnovo a te i sensi della più profonda amicizia e considerazione.

Yasser Arafat
Presidente dell'Autorità Palestinese
Presidente del Comitato Esecutivo dell'Olp

Ronald Reagan

Nel corso dei lunghi e complicati negoziati tra l'Alleanza atlantica e l'Unione Sovietica sul dispiegamento dei missili a medio raggio con armamento nucleare (Euromissili), già nel 1979 l'iniziativa di Craxi assegna all'Italia un ruolo attivo e determinante sull'andamento e la sorte delle trattative. Nel corso degli anni, da presidente del Consiglio, Craxi dà ancora maggiore forza alla proiezione internazionale dell'Italia come punto di riferimento e interlocutore autorevole nella costruzione del cammino che condurrà al disarmo. Fermo nella volontà di un ruolo attivo del nostro Paese, lontano dall'appiattimento acritico sulle posizioni statunitensi e proteso alla ricerca costante di aperture negoziali, Craxi assume la responsabilità del tentativo di mantenere aperto il dialogo e la comunicazione con l'Unione Sovietica anche quando l'intransigenza delle posizioni minaccia lo stallo indeterminato dei negoziati.
In questa lettera del 6 maggio 1984, in un momento di impasse nel dialogo con l'Unione Sovietica, Reagan si rivolge a Craxi come presidente del Consiglio di un Paese determinante per le politiche di sicurezza della Nato, consapevole dell'influenza che posizioni assunte

6

Ufficio del Consigliere Diplomatico
del Presidente del Consiglio dei Ministri

SEGRETO

TRADUZIONE NON UFFICIALE DELLA LETTERA DEL PRESIDENTE DEGLI STATI UNITI RONALD REAGAN AL PRESIDENTE DEL CONSIGLIO DEI MINISTRI (6 Maggio 1984).

Caro Bettino,

il Segretario di Stato Shultz ha scritto al Ministro degli Esteri Andreotti in merito alle sue recenti osservazioni sui negoziati FNI. Vorrei io stesso discutere questo importante argomento con Lei personalmente.

Quando ci siamo incontrati a Washington lo scorso autunno, abbiamo entrambi sottolineato l'importanza che attribuiamo al programma dell'Alleanza sul controllo e sulla modernizzazione delle FNI, ed il ruolo molto significativo che l'Italia ha svolto in questo contesto. Quel programma si è dimostrato di successo, e tale rimane ancora oggi. L'Unione Sovietica non è riuscita a spezzare l'unità dell'Alleanza, nonostante la sua non giustificata interruzione dei negoziati di Ginevra e la sua continua campagna di propaganda.

Gli Stati Uniti attribuiscono un altissimo valore al ruolo positivo che l'Italia ha svolto non solo nel programma di schieramento dei missili FNI ma nella formulazione di una realistica e globale politica dei rapporti Est-Ovest. L'Italia ha chiaramente assunto un ruolo di guida nello sviluppo e nella realizzazione delle politiche relative alla sicurezza dell'Alleanza, e il suo personale contributo a questo sforzo è stato molto utile nel forgiare una rinnovata coesione nello ambito della NATO.

./.

Ronald Reagan, presidente degli Stati Uniti d'America, a Craxi, 6 maggio 1984
(traduzione non ufficiale)

dal nostro Paese sono in grado di determinare sugli equilibri interni ed esterni all'Alleanza atlantica.

SEGRETO

6 maggio 1984

Caro Bettino,

il Segretario di Stato Shultz ha scritto al ministro degli Esteri Andreotti in merito alle sue recenti osservazioni sui negoziati Fni. Vorrei io stesso discutere questo importante argomento con Lei personalmente.

Quando ci siamo incontrati a Washington lo scorso autunno, abbiamo entrambi sottolineato l'importanza che attribuiamo al programma dell'Alleanza sul controllo e sulla modernizzazione delle Fni, ed il ruolo molto significativo che l'Italia ha svolto in questo contesto. Quel programma si è dimostrato di successo, e tale rimane ancora oggi. L'Unione Sovietica non è riuscita a spezzare l'unità dell'Alleanza, nonostante la sua non giustificata interruzione dei negoziati di Ginevra e la sua continua campagna di propaganda.

Gli Stati Uniti attribuiscono un altissimo valore al ruolo positivo che l'Italia ha svolto non solo nel programma di schieramento dei missili Fni ma nella formulazione di una realistica e globale politica dei rapporti Est-Ovest. L'Italia ha chiaramente assunto un ruolo di guida nello sviluppo e nella realizzazione delle politiche relative alla sicurezza dell'Alleanza, e il suo personale contributo a questo sforzo è stato molto utile nel forgiare una rinnovata coesione nell'ambito della Nato.

Noi potremo convincere l'Unione Sovietica a ritornare al tavolo dei negoziati e a negoziare seriamente solo se manterremo la nostra unità. Sono rimasto perciò molto preoccupato allorché mi è stata riferita la notizia che Lei ha suggerito la possibilità di un'interruzione negli spiegamenti durante i negoziati fra le due parti, quale mezzo per indurre i sovietici e riprendere le trattative.

Dal momento che abbiamo appena iniziato il nostro programma, l'Unione Sovietica ha ancora una massiccia superiorità, che potrebbe essere mantenuta da una simile proposta. I sovietici non avrebbero nessun incentivo a pervenire ad un accordo se possono mantenere le nostre forze a livelli minimi solo attraverso un indefinito negoziato. Una decisione politica da parte della Nato di riprendere gli spiegamenti creerebbe una situazione altrettanto difficile di quelle che abbiamo vissuto lo scorso autunno.

Sono anche preoccupato per le implicazioni della Sua proposta per gli altri membri dell'Alleanza, in particolare i Paesi Bassi dove le decisioni relative allo spiegamento devono ancora essere prese. Noi dovremo essere molto attenti a non fare nulla che possa contribuire ad accentuare la pressione politica su governi alleati e rendere le loro decisioni più difficili.

Io ritengo che sia nell'interesse di tutti i membri dell'Alleanza che noi restiamo uniti e che evitiamo sorprese sul tema delle Fni. Come ho detto il 16 gennaio noi realizzeremo un rapporto più costruttivo con l'Unione Sovietica solo sulla base di un fermo realismo, della forza e dell'unità occidentale.

Con i migliori saluti

Ronald Reagan

Siad Barre

Nel 1989 Siad Barre, presidente della Repubblica Democratica Somala, invia una lettera a Craxi, il suo principale e importante interlocutore sulla scena politica internazionale. Da presidente del Consiglio realizza con la Somalia il suo modello di cooperazione non assistenzialistica ma veicolata attraverso progetti di sviluppo e la Somalia diviene il primo beneficiario degli aiuti italiani destinati alla realizzazione di progetti infrastrutturali, piani sanitari e alimentari. Nelle parole di Craxi, pronunciate nel corso della dichiarazione programmatica del 10 agosto 1983 alla Camera dei Deputati, la sua visione di cooperazione nel più vasto contesto dell'ordine mondiale: «Il primo dovere del governo sarà quello di assicurare l'attiva presenza e lo sviluppo del ruo-

JAMHUURIYADDA DIMUQ. SOOMAALIYA **SOMALI DEMOCRATIC REPUBLIC**

MADAXWEYNAHA THE PRESIDENT

Caro Bettino,

il rapporto che ormai ci lega mi permette di pensare a Te come un fraterno amico della Somalia e mio personale e la Tua azione resta e restera' indimenticabile suggello a questa profonda amicizia.

L'amico Mugne mi ha recentemente riferito della nuova incisiva azione che stai intraprendendo per rendere possibile in tempi brevi l'urgente invio di generi alimentari e medicinali di prima necessita' per soccorre le nostre popolazioni del Nord. Inutile che sottolinei gli aspetti umani di questa azione di soccorso, resi evidenti dalle condizioni disastrose in cui versano le popolazioni di Hargeisa e degli altri centri del Nord. Vorrei invece sottolineare come questa azione di assistenza costituisca un contributo alla stabilita' ed alla pace sociale in quelle travagliate regioni.

Infatti, nonostante la propaganda contraria sostenuta anche in sede internazionale dai nemici della Somalia, le popolazioni del Nord intendono ritornare nei loro luoghi di origine e riprendere la loro vita ordinaria. Elemento fondamentale e' quindi assicurare loro un piano alimentare e sanitarie di emergenza che possa garantire la sopravvivenza fino al ripristino delle attivita' tradizionali. Dando loro questa sicurezza si promuovera' anche la pace sociale dell'area.

Spero quindi che - grazie alla Tua azione - si possa contare subito sull'arrivo di un primo contingente di generi di prima necessita' per via aerea (farina, olio, riso, zucchero e medicinali) per dare il via a questo fondamentale programma di assistenza e reinsediamento.

On. Bettino Craxi
Segretario del Partito Socialista Italiano
Via del Corso
R O M A

Mohamed Siad Barre, segretario generale del Partito socialista rivoluzionario somalo, a Craxi, 12 dicembre 1989 *lo pacifico del nostro Paese. La pace al di sopra di ogni cosa, la sicurezza come presidio della pace e dell'indipendenza dell'Italia, condizione e garanzia del suo libero avvenire. La pace che viviamo è tormentata da più parti. Lo è innanzitutto sul fronte del sottosviluppo, della miseria miserabile, della mortalità, in cui continuano a sprofondare grandi aree del mondo. Non c'è pace dove si muore di fame, di malattie, di stenti. La grande questione della eguaglianza, che un secolo di lotte politiche e sociali ha fortemente ridotto nella sua drammaticità e per tanti aspetti risolto nelle grandi e piccole nazioni del mondo industrializzato, campeggia invece sulla scena del mondo nell'enorme divario Nord-Sud come la grande questione sociale del nostro tempo. L'Italia è scesa in campo in questi anni, predisponendo misure d'aiuto e anche più cospicue risorse, ma il suo impegno non può non essere considerato ancora del tutto iniziale e limitato. Il governo chiederà al Parlamento di potenziare questo sforzo, non sottraendosi al dovere di verificare strumenti, indirizzi e obiettivi in vista di un efficace sviluppo della politica della cooperazione e dell'aiuto, che deve in primo luogo rivolgersi verso i Paesi del continente africano amici dell'Italia».*

Mogadiscio, 12 dicembre 1989

Caro Bettino,
il rapporto che ormai ci lega mi permette di pensare a Te come un fraterno amico della Somalia e mio personale e la Tua azione resta e resterà indimenticabile suggello a questa profonda amicizia.

L'amico Mugne mi ha recentemente riferito della nuova incisiva azione che stai intraprendendo per rendere possibile in tempi brevi l'urgente invio di generi alimentari e medicinali di prima necessità per soccorrere le nostre popolazioni del Nord. Inutile che sottolinei gli aspetti umani di questa azione di soccorso, resi evidenti dalle condizioni disastrose in cui versano le popolazioni di Hargeisa e degli altri centri del Nord. Vorrei invece sottolineare come questa azione di assistenza costituisca un contributo alla stabilità ed alla pace sociale in quelle travagliate regioni.

Infatti, nonostante la propaganda contraria sostenuta

anche in sede internazionale dai nemici della Somalia, le popolazioni del Nord intendono ritornare nei loro luoghi di origine e riprendere la loro vita ordinaria. Elemento fondamentale è quindi assicurare loro un piano alimentare e sanitario di emergenza che possa garantire la sopravvivenza fino al ripristino delle attività tradizionali. Dando loro questa sicurezza si promuoverà anche la pace sociale dell'area.

Spero quindi che – grazie alla Tua azione – si possa contare subito sull'arrivo di un primo contingente di generi di prima necessità per via aerea (farina, olio, riso, zucchero e medicinali) per dare il via a questo fondamentale programma di assistenza e reinsediamento.

Ti sarei infine grato di poter avere le Tue indicazioni ed il Tuo giudizio sui colloqui che hai avuto negli Stati Uniti d'America con il presidente George Bush nei riguardi del mio Paese e dell'atteggiamento americano nei confronti della Somalia.

Il Tuo giudizio sarà per me fondamentale per la comprensione e l'adeguamento della linea politica interna ed internazionale del mio governo.

Nella speranza di poter contare sempre sul Tuo aiuto e la Tua fraterna amicizia, Ti auguro ogni successo e ti saluto con la più grande gratitudine e cordialità.

Mohamed Siad Barre

Mohamed Hosni Mubarak

Il 23 ottobre 1983 a Beirut due camion bomba guidati da kamikaze fanno esplodere le caserme nelle quali alloggiano i marines americani e i militari francesi causando 297 vittime. Come conseguenza del terribile attentato si levano sempre più insistenti e pressanti le voci di quanti chiedono che la forza multinazionale di pace lasci il Libano. Il presidente egiziano Mubarak quattro giorni dopo si rivolge a Craxi quale più determinato e attivo interlocutore internazionale nella ricerca di soluzioni politiche per la ricomposizione del drammatico caos libanese. In quei giorni Craxi in Senato ribadisce

Embassy of the Arab Republic
of Egypt
Rome

The Ambassador

TEXTE DU MESSAGE EN DATE DU 27 OCTOBRE 1983
ADRESSE A S.E. ONOREVOLE BETTINO CRAXI,
PREMIER MINISTRE ET PRESIDENT DU CONSEIL
DE LA REPUBLIQUE ITALIENNE PAR S.E. MONSIEUR
MOHAMED HOSNI MUBARAK, PRESIDENT DE LA REPUBLIQUE
D'EGYPTE.

MONSIEUR LE PREMIER MINISTRE,

" L'ATTENTAT ODIEUX QUI A COUTE LA VIE A PLUS DE DEUX CENTS MEMBRES DE LA FORCE MULTINATIONALE A BEYROUTH NE VISAIT PAS UNIQUEMENT CETTE FORCE DE PAIX EGALEMENT LES EFFORTS TENDANT A TROUVER UNE SOLUTION PACIFIQUE AU PROBLEME LIBANAIS ET AU PROBLEME PALESTINIEN.

JE TIENS A VOUS DIRE L'INDIGNATION ET LA TRISTESSE DU PEUPLE ET DU GOUVERNEMENT EGYPTIEN FACE A CE CRIME ODIEUX ET A VOUS EXPRIMER EGALEMENT MON INQUIETUDE QUANT AUX CONSEQUEENCES POLITIQUES QUI PEUVENT EN DECOULER.

JE CRAINS EN EFFET QUE LES SENTIMENTS JUSTIFIES D'OUTRAGE ET D'INDIGNATION NE POUSSENT CERTAINS A DES MESURES DE RETORSION OU DES MESURES COERICITIVES QUI METTRAIENT EN DANGER LA PAIX. A MON SENS, LA REPONSE LA PLUS APPRO+ PRIEE DEVRAIT ETRE DE NOTRE PART A TOUS DE REDOUBLER D'EFFORTS POUR PARVENIR A UNE SOLUTION PACIFIQUE, EN VOUS ADRESSANT A LA RACINE MEME DU MAL QUI SEVIT AU MOYEN-ORIENT C'EST-A-DIRE L'INJUSTICE INFLIGEE AU PEUPLE PALESTINIEN DEPUIS PLUS DE TROIS DECENNIES ET L'OCCUPATION MILITAIRE INFLIGEE AU PEUPLE LIBANAIS DEPUIS JUIN 1982. MAIS JE SUIS CERTAIN QUE LE GOUVERNEMENT ITALIEN TROUVERA DANS CET INCIDENT TRAGIQUE MEME DES RAISONS DE PERSEVERER DANS SON ACTION EN FAVEUR DE LA PAIX ET DE L'INDEPENDANCE

Messaggio di Mohamed Hosni Mubarak,
presidente della Repubblica d'Egitto, a Craxi, 27 ottobre 1983

la posizione dell'Italia innanzi alla gravità di tale drammatico avvenimento: «La Forza multinazionale rappresenta in questo senso un fattore che con la sua stessa presenza contribuisce a tenere aperte quelle vie dell'accordo e della soluzione politica che noi auspichiamo siano percorse con coerenza e determinazione dalle forze libanesi interessate. C'è molto avventurismo nelle posizioni di chi ostacola le vie della pace e batte strade diverse. ... In tutte queste settimane è cresciuta la pressione contro la forza multinazionale di pace. Veniva e viene da chi non vuole una soluzione pacifica, negoziata, di riconciliazione nazionale. Viene da parte di chi vuole una "soluzione finale", per attuare la quale ci sarebbero solo altri massacri ed al termine la fine della Nazione libanese». E aggiunge: «Venir meno ad un dovere di solidarietà in un momento così tragico, di fronte ad una più grande paura e ad una più grande minaccia, sarebbe equivalso ed equivarrebbe a disonorare l'Italia di fronte alle Nazioni amiche ed al mondo. Noi abbiamo assunto un impegno e questo impegno intendiamo mantenere».

27 ottobre 1983

Signor Primo Ministro,

l'odioso attentato che è costato la vita a più di duecento membri della forza multinazionale a Beirut non è diretto solo a questa forza del Paese ma anche agli sforzi tendenti a trovare una soluzione pacifica al problema libanese e al problema palestinese. Ci tengo a dirvi l'indignazione e la tristezza del popolo e del governo egiziano di fronte a questo odioso crimine ed ad esprimervi la mia inquietudine riguardo alle conseguenze politiche che ne possono derivare. Temo in effetti che i sentimenti giustificati dall'oltraggio e dall'indignazione spingano alcuni a delle misure di ritorsione o a delle misure coercitive che metterebbero in pericolo la pace. A mio parere, la risposta più appropriata dovrebbe essere da parte nostra verso tutti di raddoppiare gli sforzi per arrivare ad una soluzione pacifica, avvicinandoci alla radice stessa del male che imperversa in Medio

Oriente, cioè l'ingiustizia inflitta al popolo palestinese per più di tre decenni e l'occupazione militare inflitta al popolo libanese dopo il giugno 1982. Ma sono sicuro che il governo italiano troverà in questo stesso tragico incidente motivi per perseverare nel suo operato in favore della pace e dell'indipendenza e della sua integrità territoriale. Da parte sua l'Egitto avvia una serie di contatti diplomatici con buona parte dei Paesi arabi, con i palestinesi, con gli Stati Uniti, con la Gran Bretagna e con la Francia per ribadire l'urgenza di prendere nuove iniziative che possano fornire un nuovo impulso al processo di pace. Vogliate Signor Primo Ministro essere certo della mia più alta considerazione.

Mohamed Hosni Mubarak

Fonti documentarie

Sul Consiglio Europeo di Atene, 4-6 dicembre 1983

Archivio Craxi

II. Attività istituzionale, 2. Presidenza del Consiglio dei ministri, 3. Relazioni internazionali, 2. Consiglio Europeo

Simposio internazionale «Prospettive delle relazioni Maghreb-Cee», 5 novembre 1990

Archivio Craxi

I. Attività di partito, 3. Discorsi

Sull'elezione del presidente tunisino Ben Ali, 10 ottobre 1999

Archivio Craxi

III. Attività degli anni 1994-2000, 3. Rapporti con i mezzi di comunicazione, 2. Comunicati

Multipolare, [dicembre 1998]

Archivio Craxi

III. Attività degli anni 1994-2000, 4. Articoli e altri scritti, 1. Articoli per quotidiani e periodici

Craxi ad Andrea Ceccherini, [febbraio] 1997

Archivio Craxi

III. Attività degli anni 1994-2000, 3. Rapporti con i mezzi di comunicazione, 1. Interviste

Omaggio a Eduard Bernstein, [marzo 1997 – gennaio 2000]
Archivio Craxi
III. Attività degli anni 1994-2000, 4. Articoli e altri scritti, 1. Articoli per quotidiani e periodici, 1. Rubriche per l'«Avanti!»

Jiří Pelikán a Craxi, 22 agosto 1998
Archivio Craxi
III. Attività degli anni 1994-2000, 7. Corrispondenza

Yasser Arafat, presidente dell'Olp, a Craxi, 11 settembre 1995
(Traduzione a cura della Delegazione generale palestinese)
Archivio Craxi
III. Attività degli anni 1994-2000, 7. Corrispondenza

Ronald Reagan, presidente degli Stati Uniti d'America, a Craxi, 6 maggio 1984
(Traduzione non ufficiale)
Archivio Craxi
II. Attività istituzionale, 2. Presidenza del Consiglio dei ministri, 3. Relazioni internazionali, 4. Rapporti epistolari

Mohamed Siad Barre, segretario generale del Partito socialista rivoluzionario somalo, a Craxi, 12 dicembre 1989
Archivio Craxi
I. Attività di partito, 9. Relazioni internazionali, 2. Corrispondenza e materiale informativo

Messaggio di Mohamed Hosni Mubarak, presidente della Repubblica d'Egitto, a Craxi, 27 ottobre 1983
Archivio Craxi
II. Attività istituzionale, 2. Presidenza del Consiglio dei ministri, 3. Relazioni internazionali, 4. Rapporti epistolari